谷川健一と谷川雁

精神の空洞化に抗して

Maeda Hayao
前田速夫

冨山房インターナショナル

装幀・カバー写真……………………毛利一枝

谷川健一と谷川雁　――精神の空洞化に抗して　目次

◇凡例　西暦を主に、ところにより年号を補う。『　』は書名。「　」は作品名。引用文中には、今日の人権意識に照らして不適切な表現があるが、原文のままとした。括弧内の＊は引用者註。

谷川健一と谷川雁

——精神の空洞化に抗して

序

編集者、歌人、小説家、民俗学者、日本地名研究所のリーダーの兄・谷川健一。詩人、思想家、変革者、事業家、教育者の弟・谷川雁。一見、正反対の兄弟が、意外と近いところに位置し、お互いが深いところで感化しあっていたのではないかという、ある意味この当たり前な事実に私が気づいたのは、たまたま知り合いから借用した私家版『無の造型』の冒頭に掲げられた雁自筆の詩篇原稿の筆跡が、見馴れた健一の筆跡と見まごうばかりだったという、ごく単純な発見がきっかけだった。

早熟な弟にくらべると、自分は晩成で鈍才だからと、謙遜していた健一。他人に対しては常に傲然と胸を聳《そび》やかしながら、唯一兄の前では礼儀正しく、畏敬の気持を素直にあらわした雁。それでいて、兄弟の関心はときに交錯し、火花を散らした。キイワードは原郷であり、根拠地であり、共同体である。流亡、漂流と言い換えてもいい。両者には大和朝廷にまつろわぬハヤトの王（その長驅を見よ）の風貌があり、遅れてやってきた維新の志士の面影があった。

健一と雁。兄弟の仕事と思想のベクトルは異なっているが、私たちのすぐ前の時代を生きて、精神の空洞化に抗し、失われた共同性の回復に取り組んだことで共通する。

純文学もそうだが、世間ではいま民俗学は、斜陽の最たるもののように思われてしまっている。ところがどうして、柳田國男がわが国で民俗学を立ち上げたそもそもの動機は、明治中期から大正にかけての共同体崩壊期に、経世済民を構想することだった。健一、雁兄弟は、崩壊がいっそう進んだ戦後に、その遺志を継いだだけではなくて、身をもって実行し、闘ったのである。それがどのような性

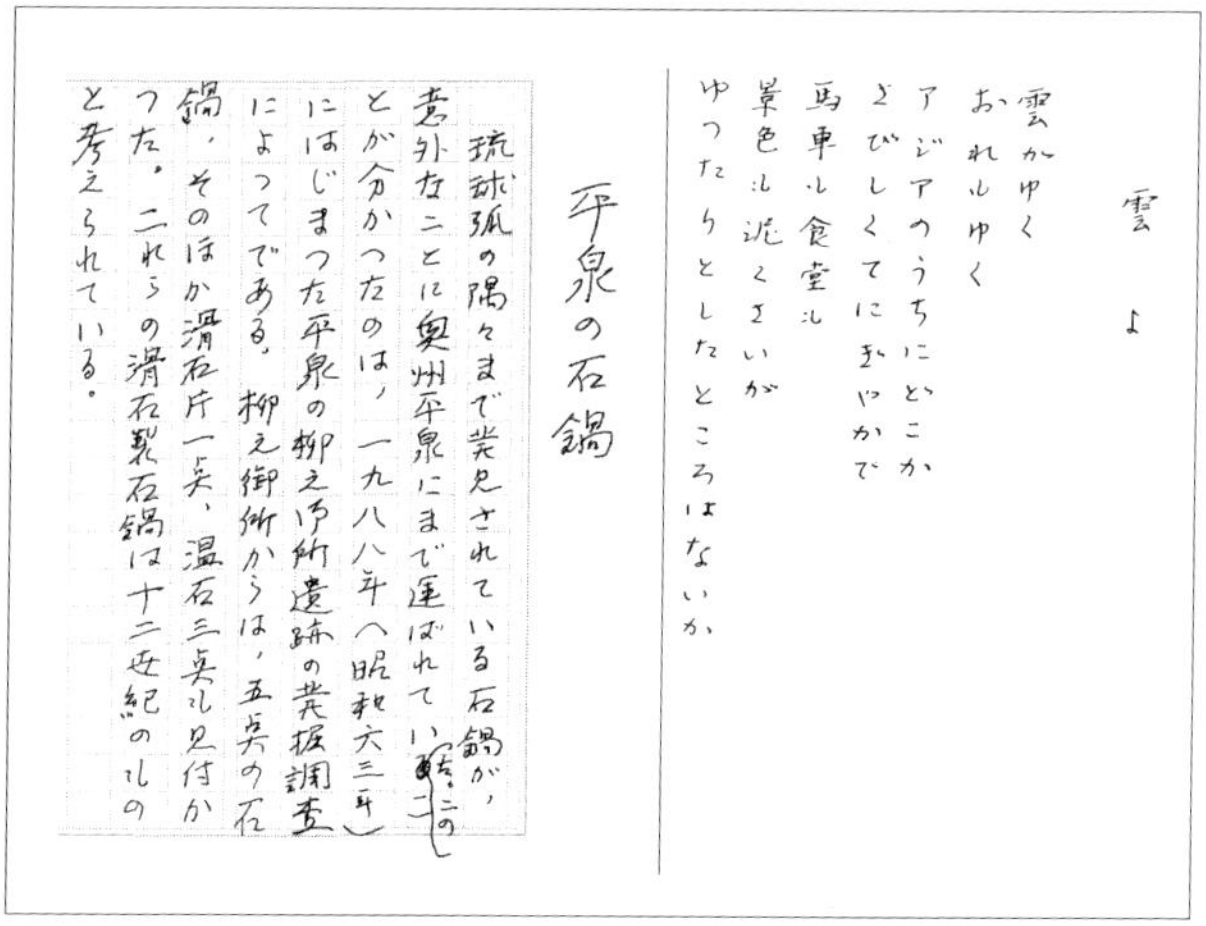

雲よ
雲がゆく
おれもゆく
アジアのうちにどこか
さびしくてにぎやかで
馬車も食堂も
景色も泥くさいが
ゆったりとしたところはないか

平泉の石鍋
琉球弧の隅々まで発見されている石鍋が、意外なことに奥州平泉にまで運ばれていたことが分かったのは、一九八八年（昭和六三年）にはじまった平泉の柳之御所遺跡の発掘調査によってである。柳之御所からは、五点の石鍋、そのほか滑石片一点、温石三点も見付かった。これらの滑石製石鍋は十二世紀のものと考えられている。

谷川健一・雁の筆跡　右：雁「雲よ」（私家版『無の造型』），
左：健一「平泉の石鍋」（未発表原稿）

質のもので、私たちにどのような意義をもたらしたかを考察することが、本書の主題である。

　いまや、世界の底は抜けてしまったも同然で、個はばらばらに切り離されたまま、瀕死の状態にある。新型コロナウイルスの世界的な蔓延は、人と人との緊密な繋がりを分断し、私たちの社会がいかに脆いものの上に成立していたかを露呈した。ポストコロナ社会を見据え、現在各界で盛んに取り沙汰されているデジタル社会への備えより何より、ずっと大切なのは、身近な人間や社会への関心をどう取り戻し、他者とどう共生していくかであろう。

　敗戦時、零歳だった私に対して、最後の戦中派ともいうべき健一と雁は、二十四歳と二十二歳。ともに青春期を悪夢のような戦争のただなかで過ごし、戦後もあちらこちらで壁に頭をぶつけながらも、お仕着せの進歩主義、民主主義の欺瞞と擬制を横目に見ながら、少数派の道を歩んだ。

　私は一九四四年の生まれだから、戦後日本の歩みと共に年齢を刻んできたことになる。ひもじかった幼年期。ザリガニ獲りに興じ、近くの善福寺川で泳いだこともあった小学校の低学年期。プロ野球、大相撲、プロレス、プロボクシングの全盛期で、テレビジョンにかじりついた中学・高校時代。振り返れば、一身にして二世も三世も経たごとく、往時茫々である。

大学に入学した六四年の秋は、アルバイト先の出版取次会社の倉庫の返品された雑誌の山の上で、休憩時間に東京オリンピック開会式のラジオ放送を聞いていた。人並みに戦後派の小説や、実存主義の著作にも目は通したが、文学や思想の基本を小林秀雄、河上徹太郎、福田恆存らに学んでいたこともあって、さほど共感できなかった。それより、チェーホフ、ドストエフスキー、トーマス・マン、カフカ、フォークナー、ロレンス、ヘンリー・ミラーといった作家たちのほうが、豊かで深遠で人間味にあふれ、よほど面白かった。

キャンパスには、さまざまなセクトの立て看が並び、アジ演説が飛びかっていたが、どれも素通りした。親からの仕送りに甘んじている身で、天下国家を問題にするならともかく、ごく私的な学費値上げに反対の声を上げるなど、なんとみみっちい奴らだと軽蔑した。といって、全共闘による反体制運動が、私の中に何も残さなかったわけではない。権力に従順で、既成の秩序に従うのみの学者や教師の世界に、もはや興味はなかった。

安田講堂が炎上する直前の六八年の春に卒業し、たまたま出版社に職を得て、文芸編集の仕事一筋で来て、定年近くになって民俗学方面の研究に横滑りした私は、どう見てもはぐれ者である。

入社してすぐに配属された月刊文芸誌に長編小説を連載中だった三島由紀夫の自決に衝撃を受け、川端康成の自殺にも遇って、文学者の業の深さに向き合わされるその一方で、世の中は大阪万博や高度経済成長に浮かれた。三島が危惧し、予言した通り、人々は目のまえの繁栄を追うばかりで、いよいよ愚民化し、世界はノッペラボーになっていった。

サブカルチャーやエンターテインメントの蔓延。大学の幼稚園化。スマホ社会。大小の書店の壊滅。相も変らぬテレビのワイドショー・グルメ・お笑い番組。そして、もうずいぶん前になるが、何かの番組で、電車に乗り合わせた大学生同士が、「日本は前にアメリカと戦争したことがあったんだってよ」「えッ、ウソー」と言い交していたと誰かが話しているのを聞いて、これは笑いごとではないと思った。私の知り合いの編集者から聞いた話だが、先の朝鮮戦争を明治時代のことだと思っていた若者もいたとのこと。「納豆」という漢字を見て、「ノー豆って何？」と聞いた女子大生も。

谷川健一

熱しやすくて冷めやすい、付和雷同型の日本人像は、いままでにもさんざん指摘されてきたが、3・11の激甚な津波災害、原発事故に見舞われてもなお改まらぬ、この健忘症、つまり、老いも若きも国民全体が自国の歴史を忘却し、記憶喪失に陥っているこの状態は、常軌を逸している。

わが国の戦後について言うと、誰しも指摘するのが、圧倒的ともいえるアメリカの影である。戦後民主憲法をはじめとして、政治経済社会はもとより、文化や風俗のすみずみにまでアメリカニズムは浸透していて、極端にいえばアメリカの意向を無視しては、何ひとつできない国と化してしまった。

最近では、トランプ大統領の攻勢が目立った。お隣の朝鮮半島や、中国、ロシアの動向も脅威だ。長引く不況、格差の拡大、少子高齢化、地方の衰退、恒例化した大規模自然災害、停滞する政治と、国内での諸困難に加えて、安全保障や防衛の面でも暗雲が立ち込めている。

数年前、私は『「新しき村」の百年〈愚者の園〉の真実』（新潮新書）という小さな本を著わした。ご存じの方もおられようが、この「新しき村」は一九一八年（大正七）十一月、白樺派の作家武者小路実篤が、自他共生、人類共生を理想に創設したユートピア共同体である。折から、シベリア出兵、コメ騒動と、国内外は多事多難だった。第一次世界大戦のさなかで、スペイン風邪が上陸し、翌年にかけて二十五万人（政府統計）もの死者が出たのも、このとき。

一世紀を経て、時代はひとめぐりした。今日私たちをとりまく困難は、百年前以上である。国や自治体はあてにならず、企業は人を使い捨てにするだけ、教育現場は荒れ、家族すら崩壊に瀕している。野放図なグローバリゼーションとＩＴ化、ＡＩ化の流れは止まらないだろう。テロや暴動や戦争こそ、いまだ国内では現実にはなっていないとはいえ、事態はもっと深刻かもしれない。

批判するだけなら簡単だが、どれも容易には解決のつかないことばかり。であればこそ、私と公共、個と社会とをつなぐ健全な中間項（コミュニティ）が、いまほど求められているときはなく、それを世界に先駆けて実行してきたのが、「新しき村」だった。しかも、この「新しき村」は、他のユートピア共同体が早々と消滅するか、さもなければ個よりも全体を優先した結果、カルト化してしまったのに対して、「人は人　我は我なり　されど仲良き」で、何よりも個を尊重しながら、他と共働して理想郷を運営してきた実績がある。「新しき村」が、その名前のごとく「新しい」所以である。

谷川雁

両親が「新しき村」の村外会員で、私自身は武者小路実篤の最晩年、自伝小説『一人の男』の雑誌連載を担当したこともあって、その「新しき村」が幾多の困難を乗り越えて創立百周年を迎えたというのに、超高齢化による極端な人口減少、後継者難、累積する赤字で、このままでは消滅せざるを得ないことに、無関心ではいられなかった。
「新しき村」が直面している困難は、今日、日本が、世界が直面している困難に等しい。「新しき村」が消滅すれば、日本も、世界も消滅する。いまこそ底力を発揮すべき時で、まさにその真価が問われている。そういう強い気持で、私は本を著し、実際にもまずは当事者である私たちが、「新しき村」再建の運動を軌道に乗せるなかで、二十一世紀に相応しい新たなコミュニティの姿を打ち出していこうと、ほうぼうに呼びかけて、「日々新しき村の会」を結成、以来、組織固めから始めて、会報の発行、実行可能な改革案の提示、将来のヴィジョン、そのための資金集めや人材の調達方法と、さまざまに取り組んできた。

しかし、である。いまや高齢者八人に減少した村内の会員は、私たち村外の会員が本気になればなるほど、固く殻を閉ざした。自活の原動力だった養鶏が不調となり、かわりに起死回生の収入源として期待した太陽光発電の導入が裏目に出て預金が底を尽き、一般財団法人組織であるため、広大な農地も勝手には処分できないことから、このままではあと数年で手放すしかないのは目に見えている。これは何より村内の会員自身の死活問題なのに、そのことと向き合うことを避け、余計なことはしてくれるなと言わんばかり。新しき村の理想もなにも、その日その日の暮らしがすべてで、自分たちさえよければ、あとはどうなろうと知ったことではないのである。

いつか理解してもらえる。認識を共有して、ともに協力しあえるようになる。それまでの辛抱だと、三百名近い仲間の応援を受けて頑張って来た私たちの働きかけは、ことごとく無視され、退けられて、空しいものになろうとしている。

なぜ、そうなってしまったのか。私たちにも非があるとすれば、それは何なのか。話が横へ逸れたようだけれども、そうではない。私はこれを、私たちだけの小さな挫折経験で終らせたくないのだ。なぜなら、あえて大げさに言うと、このことは、私たち一人ひとりは、他者とどう繋がり、国家や共同体とは何で、民俗や社会はどう営まれるべきかという問題にほかならないと思うからである。

いったい、私たちのこれまでの戦後の歩みは何だったのか。そこでの課題はどう決着がつき、何が未解決のまま残されているのか。はたまた、今日招き寄せてしまった衰弱と空洞化から脱するには、どうすればいいのか。私のなかでは、文芸編集の仕事も、民俗の研究も、「新しき村」再建の運動も、一つである。

思えば、戦後一貫してこうした問題と取り組んできたのが、谷川健一と谷川雁ではなかったか。健一も雁も、スタートは文学で、しばしばそこへ回帰している。いと小さき者への共感と、民俗にたいする関心。社会の不正や欺瞞への抗議。組織づくりに発揮した抜群の手腕。旺盛な実践活動。両者からは、示唆を受け、学べることが、無限にあるのだ。

イデオロギー上の分類でいえば、保守と革新ということになるのだろうが、そのようにしてレッテルを貼るだけで済むほど、ことは単純ではない。両者の歩みと、その入り組んだ思想を辿り直し、比較検証することで、私たち戦後生まれの日本人が見落としてきたことが、はっきり見えてくるのではないか。足りなかったことや、今後に残された課題も……。

かつての私がそうであったように、健一のことを知っている人は、案外、雁のことを知らない。また逆に、雁のことを知っている人は、案外、健一のことを知らない。そして、さらに言うなら、雁のことでも、上京以前のことを知っている人は、上京以後のことを知らないし、上京以後のことを知っている人は、上京以前のことを知らない。これは不幸なことだ。

本書は、戦後の日本を直接には体験することのなかった、平成生まれの若い人たちに向けても書いている。二人の仕事の一端に触れてもらい、これからの時代を生きていくにあたって、どこか心の片隅に留めておいてもらえればと願ったからである。

私は編集者時代に、谷川健一の主宰する日本地名研究所の大会に出席して面識を得て以来、文芸誌での担当者として、『神に追われて』や『四天王寺の鷹』の取材に同行したことがきっかけで、いつのまにか氏の感化を受けて、以前は思ってもみなかった民俗研究の道に足を踏み入れることになってしまった者だ。

他方、谷川雁とは、職業柄、どこかで出会っていたとしても不思議はないのに、生前、ついに面識を得ることはなかった。したがって、客観的には私自身、圧倒的に健一サイドの人間なのだが、この際あえて雁サイドからの視点も導き入れることで、両者を相対化してみた。本書の性格上、一部をのぞいて敬称は略したことをお断りする。

1　最後の戦中派

大正末年生まれ

谷川健一・雁兄弟が生まれたのは、熊本県水俣である。後年、水俣病が発生して大きな社会問題となるが、その頃は八代湾に面した静かな漁師町だった。長男の健一は、一九二一年（大正一〇）七月、次男の雁（本名は巌）は二三年（同一二）十二月の生まれで、二つ違い。

ちなみに、健一と同年生まれには、山本七平、庄野潤三、藤原審爾、五味康祐、谷内六郎らがいて、雁と同年生まれには、司馬遼太郎、池波正太郎、遠藤周作、田村隆一、三國連太郎、三波春夫、吉田満らがいる。

その前後、大正年間に生まれた著名人は、深沢七郎、木下順二、丸山眞男（大正三）、梅崎春生、野間宏、小島信夫、横井庄一（四）、五味川純平、会田雄次（五）、島尾敏雄、岡野弘彦（六）、福永武彦、中村真一郎、田中角栄、中曽根康弘、堀田善衛、正力亨（七）、加藤周一、水上勉、やなせたかし、大野晋、宗左近、金子兜太（八）、長谷川町子、石垣りん、内村剛介、川上哲治、三船敏郎、森光子、安岡章太郎、古山高麗雄、鮎川信夫、中薗英助、村上一郎、阿川弘之（九）、瀬戸内寂聴、清岡卓行、山田風太郎、水木しげる、山下清、三浦綾子、橋川文三、鶴見俊輔、小野田寛郎（一一）、安部公房、吉行淳之介、越路吹雪、鶴田浩二、山崎豊子、吉本隆明（一三）、三島由紀夫、丸谷才一、

水俣の海と漁村

梅原猛、辻邦生、田中小実昌（一四）、安野光雅、宮尾登美子、河野多恵子、井上光晴、黒田喜夫、渡邉恒雄、植木等、星新一、今村昌平、前登志夫、山口瞳（一五）ら。太平洋戦争開戦時は、十六歳から二十五歳の若者だったから、文字通りの戦中派世代である。

　弟谷川雁は、一九九五年（平成七）年二月、享年七十一で旅立ち、兄健一は九十歳を越えてなお矍鑠《かくしゃく》としていたが、二〇一三年（同二五）八月、帰らぬ人となった。享年九十二。私からすると父親世代である、これら戦中派といわれた人のほとんどが、いまや鬼籍に入ってしまった。時の過ぎ行くこと、まさに矢のごとし。

　昭和がレトロで語られ、戦後が霞んでしまった現在、戦中派と言ってもピンと来ない読者が大部分だろうが、青春のさなかに絶えず死と向き合わされてきた彼らには、他の世代とは異なるきわだった特性がある。

　たとえば、戦中派の論客として知られた村上兵衛は、以下のように書いている（「国破レテ四十年」より、抜萃）。

《戦争が終って、すでに十年がたっていた。この年（＊一九五六）は、また『経済白書』が「戦後は終った」とうたい、いわば平和な日常生活が回復されたことを、エコノミストが宣言した年としても記憶される。

　この「戦後」終結のフレーズに対して、私たちはつよい違和感をおぼえた。

――戦争は終った？　経済的にはどうかしらないが、われわれの精神にぞくする領域では、戦後は何ひとつ終ってはいないし、いや、戦争だって本当に終ったといえるのかどうか。少なくとも戦争によって受けたわれわれのキズは、なにひとつ癒《いや》されてはいない。問題はすべて未整理のまま投げ出されているのではないか。……

あれは鮮烈で、奇妙な体験だった。もし、われわれが戦争のなかで、どれほど骨身に徹した惨苦を味わったとしても、あの「平和」の到来とともに起ったこの国の思想の逆転に遭遇しなかったならば、われわれが「戦中派」という世代意識をやしない、それにこだわることもなかったのではないか、と思う。

……戦後、この国では、あの戦争はすべて侵略戦争で、愚かな軍人たちが国民をダマして行ったことであり、そして軍国主義は滅び、民主主義は勝利した、めでたし、めでたし――といった単純な歴史の図式が、一世を風靡した。そしてわれわれ軍務につき、戦場に赴いた若者たちは、戦争のお先棒を担いだ〝戦争責任者〟の片割れに分類された。

私たち世代にも、たぶん多くの言い分があるはずだった。しかし、それが意味のある表現にまとまることは、まずなかった。われわれが背後にかかえた体験は重く、その意味を説明するに足る知識も、言葉すらわれわれは発見していなかった。

今日では、「戦中派」とは、青春期をあの戦争に捧げて生き残り、そして戦後の日本の経済復興、その繁栄のためにやみくもに働いてきた世代――として、一般に理解されている。この世代は、働くことは知っていても、遊ぶことを知らない気の毒な世代だ、ともいわれる。あるいは、この世代は戦争と戦後の窮乏期に青春時代を過し、基礎の学問もできなかった犠牲の世代、ともいう。

「戦中派」という世代意識は、おそらくわれわれのさいごのひとりが死に絶えるまで、生き残りつづけるだろう。「戦中派」とは、別の見方をすれば、結局、あの戦争とは何であったか、という重い宿題を背負い、そして多くの若くして死んだ仲間の意味を問いつづけざるを得ない世代、ということもできる。》

世代論が危ういのは個々別々な人格とそれぞれの思いを十把一からげにしてしまうことだが、この場合に限っては、よく理解できる。村上は、これに続けて、「われわれは、その体験から、人間が歴史のなかに生きているという否応のない事実を、骨身に沁みて学んだ。そして歴史に学ぶということは、われわれの現在のため、明日のため、将来のためにほかならない」とも書いている。おそらく、健一も雁も戦中での体験は同じでなくても、あるいは戦争に対する考え方が異なったとしても、生き延びて戦後を迎えたときの思いは、同じだったのではないか。それだけに、これからの時代をどう生きていくか、めいめいが大きな課題を背負って新たな一歩を踏み出したのである。

宗教的人間vs.政治的人間

二人の父親は開業医（眼科）で、母親は士族の娘。母方の祖父は西南戦争で西郷軍に加担して、官軍の捕虜となったが、戦後は小学校の教師として後に孫文の革命運動を支援したことで知られる宮崎滔天（兄八郎は西南戦争で共同隊を率いた）を教えたことがあった。父方の祖母は無類の癇癪持ちで、大勢の弟妹たちはもとより、親戚の男たちをも睥睨《へいげい》していた。長キセルを、何本もかみ砕いたという。

健一は祖母に溺愛されて育った。幼時に結核を患い、以後病気がちだったのは、晩年の祖母の結核が感染したかららしい。子守りのトセの回想によると、癇が強く、三歳児だったある夜、籠に盛った生卵の山をとって、次から次に土間に投げたとのこと。これを聞かされた健一は、後年「何事によらず、中途でとめることのできないのは、よくもあしくも、私の一生についてまわった性分であった」（「私の履歴書」『妣の国への旅』）と、苦笑いしている。

近所には、後年、水俣病患者の救済に生涯をささげた石牟礼道子が住んでいた。小学校一二年生のとき谷川兄弟の妹徳子と同級生だったので、よく遊びに行き、おやつにカステラが出たのが珍しかった、と自伝に書いている。

谷川兄弟と父　右から健一，雁，道雄，公彦，左後ろは父侃二（1941年夏）

《わたしはどういう姿で伺っていたのだろう。後年になって気がついたのだが、そのお家こそ、かの谷川四兄弟、谷川健一・谷川雁・谷川道雄・吉田公彦氏らを生んだ名家なのであった。お母さまは、縁側に背筋を伸ばして端然と座られ、わたしは野生児まる出しで、よそさまの庭を探検し、駆け回り、はては枇杷の木によじ登って徳子さんを呼び寄せ、枇杷の実を勝手にもいでは投げ落とし、拾わせることまでやらかしたのである。お母さまは縁側に座って見ていらしたが、ひとこともお叱りにならなかった。》（『葭の渚』）

文中、谷川道雄とあるのは、『隋唐帝国形成史論』『隋唐世界帝国の形成』等で、魏晋南北朝時代の貴族・豪族を理解する上で画期となった豪族共同体論を展開した歴史家（京大教授）。内藤湖南、宮崎市定の流れをくむ京都学派の泰斗で、名古屋大時代は網野善彦が同僚だった。吉田公彦は、養子に入ったので姓が変わったが、「日本読書新聞」の編集者として活躍後、日本エディタースクールを創設し、現代ジャーナリズム研究所事務局長や日本出版学会会長を務めた。道雄は雁と二つ違い、公彦は道雄と五つ違い。いずれ劣らぬ、秀才ダンゴ兄弟である。

数え年六歳になった年の初夏、家の中庭に立葵の青い花が咲いていたと憶えているほどだから、その時の衝撃はよほど強烈だったようだ。日曜学校に通っていた友達に誘われて見に行った「キリストの一生」という映画で、健一はヘロデ王の嬰児虐殺やキリスト磔刑の場面を見て、「今まで乳が流れていた血管に、真っ赤な血が流れめぐるような」衝撃を受けた。

少年時代の柳田國男が祠の玉石を見て妙に興奮し、しゃがんだままよく晴れた青空を見上げると、昼間なのに数十の星が見えて異常心理に陥った体験（『故郷七十年』）にも比すことができようか。直後突然、高い空を鵯《ひよどり》がピーッと鳴いて通った。その拍子に体がギュッと引き締まって、初めて人心地がついたという柳田の場合は、両親と離れて利根川辺りの布川で暮らし始めた十四歳のときのことだから、健一の方がもっと早熟だ。この鋭敏な感応力は、健一が柳田と同様、生来、宗教的な人間であったことを表す。

一方、弟の雁は健一以上に早熟で、『ピーター・パン』を四歳数か月で「ルビつきだけれども全訳で読んだ」（『ピーター・パンの世界』）。雁一流のホラと疑えないこともないが、生前最後の作で幼年時代を回想した『北がなければ日本は三角』で、次のように書いているのを読むと、いかにもとの思いもしてくる。

《ある晩、夕食をすませた父が「おまえはピーター・パンの話をおぼえたんだって。ぼくにも聞かせろよ」といいました。

兄弟一番の不器用が通り相場だった私は大いにためらいましたが、とうとう〈ジョリイ・ロジャー号での決闘〉の場面を暗唱する破目になりました。ウェンディにかわってマストにしばられたふりをしているピーターが、女物の青いマントをかなぐりすて、勇ましく名のりをあげるところにくると、父ははげしい拍手を送りました。》

さぞ得意満面だったことだろう。空想癖が強く芝居気たっぷりな妖精ピーター・パンと、幼い谷川雁。後年の自己顕示欲の強さも、すでにこの頃、萌芽があったのである。

同著には、兄弟の性格の相違を示す、以下のような愉快なエピソードも記されていたので、ついでに引いておく。

《あらさがしができるから、修身は大好きでした。女先生が産休をとったあとを、篤実をもって鳴る教頭先生がひきうけました。ある日、『ヨクバルナ』と題して、例のイソップ寓話が出てきました。――肉をくわえた犬が小川の橋を渡りかけます。水面にうつった顔も肉をくわえています。おろかな犬はそれもほしいと、ワンと一声。あたら口中の肉は水に落ちて、それっきりというやつ。「なぜ犬はその場で肉を食べてしまわなかったのですか」「というと?」「ヨクバリだったら、そうすると思います」「でも、そのときはあまりおなかが空いてなかったのでしょう」「だったら、川の中の肉もほしがらないのじゃないですか」「あとでまとめて食べようとヨクバッタのです」「それは食欲でしょう。食欲がなければ動物は死んでしまいます」

欲望について先生は一しきりのべ、ひとの物を盗むような欲は悪いし、漢字をたくさんおぼえたいというような欲は善いし、食欲などはおさえることも必要だと結論しました。私はこの犬はすこしチエが足りなかっただけで、とくべつヨクバリではなさそうな気がするとゆずりませんでした。

放課後、謹直な教頭は父をたずねて来、めずらしく笑い声をふりまいて帰りました。父は私を呼び、おまえは将来検事になるがよいといって、秋霜烈日という文字を教えました。それ以外の職業は、たぶん何をやってもだめだというわけです。

一部始終を聞かされた三年生の兄は、いいました。落ちた肉を犬は追いかけるだろうよ。あきらめるもんか。あきらめたら、ヨクがないことになる。話はまだ終っていないのに、みんなバカだ。おまえはとくにバカとつきあって満足するから、一番のバカだ。》

健一が宗教的人間とすれば、雁は政治的人間といえようか。後年、健一は「私の弟　谷川雁」と題して、次のように書いている。

《私は生まれつき病弱であったが、雁は浅黒い身体つきの元気な子で、幼少の頃から無類の負け嫌いであった。そのために小学生の頃は級友からいじめられることも多く、夕食時、家族一同食卓を囲んでいると、ボロボロと口惜し涙を流して皆を心配させることがしばしばあった。そこで級友に事情を聞いてみると、雁のほうに非がある場合も少なくなかった。

雁は自己主張したら、最後まで自分の意見を押し通して譲ることがないので、友人を辟易させ、しまいには撲られたりしたのであった。この負け嫌いの性格を雁は死ぬまで貫いた。私のように直ぐ周囲と妥協してしまう弱気な人間にとっては、雁の横紙破りの、強情な言動は、羨望に値した。》

なるほど、雁は幼いときからそうであったろうが、こういう健一も、父親が自分のあとを継いで医師になることを望んだのに逆らって、旧制高校の理科を受験の際に答案を白紙で提出して一年を棒に振るのだから、相当なものである。

水俣の小学校を卒業すると、健一は熊本に出て、旧制熊本中学（現熊本高校）に入学、母方の祖父母の家から通った。祖母は細川藩の大身の出。西郷軍に囲まれて熊本城が炎上すると、阿蘇方面に避難した。「私は動乱の子」と言うのが口癖だったという。

一年生の夏休み、たまたま黒岩涙香が翻訳した『巌窟王』を読んで、文学に開眼する。二年生の頃は、江戸川乱歩や木々高太郎のほかに、夢野久作の「巡査辞職」や「氷の涯」を夢中になって読んだ。後年、『夢野久作全集』（三一書房）を企画編纂する出発点である。日向くさい民具や習俗を相手にするおおかたのそれと違って、健一の民俗学が目に見えない影の部分に着目し、謎解きに似たスリリングな要素を潜ませているのも、こうした性向によるのかもしれない。

熊本には、じき雁が合流した。二人はすぐ近くの熊本県立図書館から本を借り出しては、競い合うようにして乱読する。健一のクラス担任は国語教師の山崎貞士。三十歳に満たぬ気骨稜々たる熱血漢で、かつ歌人。授業の合間に、啄木、白秋、牧水、茂吉を教わり、熊本に関係のある宗不旱、斎藤瀏、山頭火の話も聞いて、たちまち短歌のとりことなり、自分でも歌を作ることに熱中した。

旧制中学時代の二人が、学内の雑誌「江原文集」に発表した作文を読むと、健一が情緒的で魔に引き込まれやすいのに対して、雁は快活で健康的である。

ある記憶　　四ノ四　谷川健一

《春休みに故郷へ帰つた時の事であつた。家族とお茶を飲み乍ら雑談をし夜も大分更けたので、もう寝まうかと思つて、一人離れの寝所に行つた。ここは母屋と離れた別の棟である。寝床に入つて、暫くあれこれと色々な事を思つてゐる中に、何時の間に寝入つて了つた。外では昼から降り出した春の雨が、何かしら、め入る様な、なつかしい様な、春の気配をふくんで、烟つたやうに降り灑いで居て、枕許の床の間に生花にした何も知らぬ木の真白い花の匂が室中に立ち罩めてゐた。―それから幾時間も立つたであらうか。向ふの室にかゝつてゐる大時計が重々しい響で一時を打つのを、ぼんやり聞き乍ら、ほつかりと目を醒した（或はらしい。と云ふのは実際目を覚したか、覚さなかつたか自分にも判らぬのである）さうして、ひよいと向ふの障子を見ると、その障子に電燈の光が煌々と輝いてゐる、その頃家ではいつも電燈を消して寝てゐたので、可笑しな事もあるものだと思つて、夢心地に呆然見てゐると、わーつと人々が大勢笑ふ声がする……》

夏日　　　三ノ三　　谷川巌

《久かたぶりに、郊外の海辺にある旧師の家を訪れようと親類で同級だつたKと一緒に家を出たのは、もう二時に近かつた。（中略）

先生は何を言つても喜ばれ何を話しても笑はれた。私達も無性に嬉しくなつた。

「先生、泳ぎませうか。」Kが言つた。

先生は、「うん、泳がう。」と言つて奥には入られた。僕等もその間に用意をした。

掃き清められた上に松葉がチリ〳〵こぼれてゐる庭の土に立つと、素足がひやりとして快かつた。

十米もそこから降りると海である。僕とKは大きな岩の上で関節を動かして体操をした。

僕がまづ海に走つて飛び入つた。Kもは入つて顔を洗つた。先生も海水着を着て来られて笑つて眺められた。僕等は首をあげて気持よく泳いだ。大空は果てしなく拡がつてゐた。》

乱読、雑読に明け暮れた中学時代、健一が思想的にもっとも影響を受けたのは、『荘子』だった。

《突然日常の卑小な秩序倫理が覆され、広大無辺な宇宙の虚無の只中に放り出された感をおぼえて、戦慄した。生噛《かじ》りにすぎなかったとはいえ、「荘子」に病みつきになった私は、この世の中のことが些末で馬鹿馬鹿しく見えた。あげくの果は、星が茶碗のように大きく光るどこかの山の岩の上で、「荘子」の冒頭の「逍遥遊」の一説を朗々と誦《しょう》したいと本気で夢想するまでにいたった。》（「私の履歴書」『妣の国への旅』）

対して、雁は枕頭の書に『老子』を挙げている。兄に対抗したわけでもないだろうが、『荘子』が宗教的なのに比べて、『老子』は政治的である。こんなところにも、両者の思想傾向の違いが現れている。ちなみに、雁の五高時代の漢文テキスト『老子王弼注』の「谷神不死是謂玄牝」のところには、「urmutter」（ドイツ語で「原始の母」の意）と書き込みがされていて（中国史家の道雄が「谷川雁展」の際に出品した）、のちに「原点が存在する」でその原点のありかをこの老子の一節に求めた根

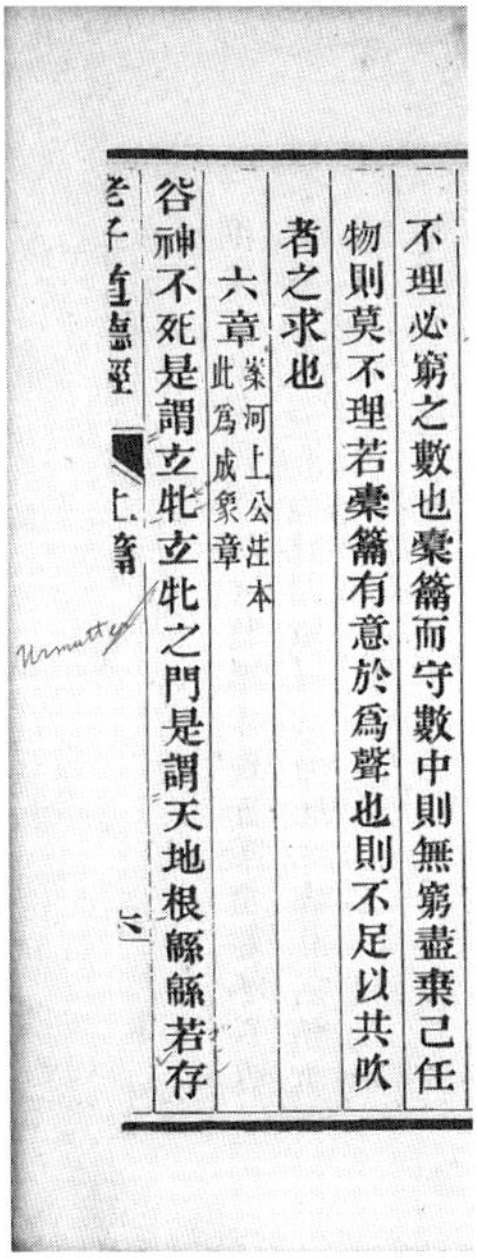
不理必窮之數也槖籥而守數中則無窮盡棄己任
物則莫不理若槖籥有意於爲聲也則不足以共吹
者之求也
六章 案河上公注本此爲成象章
谷神不死是謂玄牝玄牝之門是謂天地根緜緜若存

漢文テキスト『老子王弼注』
左の欄外に「**urmutter**」の
書き込みがある　くまもと
文学・歴史館提供

本の動機が、早くも見出される。ほかに、聖徳太子と中大兄皇子を、思想家と実行家というそれぞれの立場から語らせた歴史小品「蒔く人、刈る人」（「龍南」二四八号、皇紀二千六百年記念作文特集）などもあって、早熟ぶりを発揮している。

健一が父親に逆らって一年浪人して進学した先は、雁と違い、大阪の府立浪速高校文科（現大阪大学）。この当時の愛読書は、パスカル、梶井基次郎、親鸞、トルストイ（対して、雁は宮澤賢治、モーリアック、道元、ヴァレリィ、マルクス、フロイトなど）。

歌作は、高校時代も続けた。しかし、一九四一年十二月八日、日本が太平洋戦争に突入した日に、次の二首ほかを作って、やめる（掲載誌は浪速高等学校文芸班編「文科」）。再開するのは、半世紀後である。

つゆ霜の降れる朝けにうなじ垂れ聞きゐしことのおろそかならず
身はたゞにわが身ならずと知りしときいにしへかよふ山河の音

それぞれの戦中と戦後

開戦より以前、四一年の秋に、健一は浪速高校の友人と紀伊半島を旅した。串本から船で紀伊大島に渡って、樫野崎の魚見櫓から沖合を眺めると、濃い醬油色の流れが、西から東へ悠々と流れていた。黒潮である。このとき健一は、一国の動乱とか、権力の交代とかいったこととは別の、もっと根源的な動きのあることを電撃的に悟ったと、後年語っている。柳田國男が伊良子岬でヤシの実が流れ寄るのを見て、「海上の道」に思いを馳せ、また折口信夫が志摩の大王崎で沖の黒潮を見て、「根の国・妣《はは》の国」や「マレビト」の想念に思い当たったのと同じ心の動きである。

旧制高校は大阪と熊本とに分かれたが、東京大学で二人は再び合流、同じ本郷の下宿から通った。雁は文学部の社会学科。健一は、年譜に文学部とのみあって長らく学科が不明だったが、私は没後、雑誌の企画で長男の章雄さん（早稲田大学人間科学学術院教授・近世考古学）と対談した折に尋ねたところ、仏文科で卒業論文はラディゲだったとのこと、これは意外だった。作品が少ないから、好都合だったのでしょうとは、氏の言。

飛び級で進学した雁の入学は、四二年。健一は、高校時代に肋膜炎で一年休学したから四三年の入学と、ここで兄と弟の進度が逆転する。高校進学前に、一年間浪人時代があるから、ふつうより二年の遅れである。両者のジグザグな歩みは、このときから始まっている。

「本郷」と題する雁の詩がある。

うき世の何丁目何番地
ひもじい風につられて　蚤めもなにか
歌うらしい
あわれ本郷の古き屋根の下
ポケットには電車の釣銭が鳴る

ああ足裏のやける夜を
若い睫毛にきらつくものは
乞食学生の麵麭屑のような思想か

鼠のなみだか
さみしい夢を眠らせている十八歳の
ランプの火皿みたいな頭蓋骨
そいつが微塵になる日の夕焼けを
昨日もちょっと考えてみた
これで人生第一部はおわった
あとは娑婆の案内書を破るばかりだ

秀才とうたいはやされて十年
故里の竈は今日もいわしを焼くか

勉学意欲旺盛な二人ではあったが、戦時下とあっては、勉強どころでなかった。おまけに、大学入学後一か月もたたない秋のある日、健一は洗面器いっぱいの鮮血を吐いて救急搬送され、翌年からは熊本医大付属病院ほかで療養を余儀なくされた。

戦後、ストレプトマイシンのような特効薬が出現するまで、結核は不治の病とみなされていて、安静、療養以外に手がなかった。戦場にこそ送られなかったが、目の前の死と対面させられた日々は、兵士と変わらなかったろう。病床でじっとしたまま、その日を待つ気持は、戦場にいる兵士以上だったかもしれない。

雁は、四三年秋、学徒出陣壮行を祝う会で、日響の演奏で、尾高尚忠指揮のベートーヴェン『第九交響曲』を、今生の別れの思いで聴き、代々木練兵場での閲兵分列行進には参加しなかった。社会学科の壮行会での演説は、早くも雁ならではの面目が躍如とする。

「たとえ奴隷になっても、寓話ぐらいは書けるだろうではないか。イソップは奴隷だった」。

健一も証言している。出征前夜、水俣のわが家で壮行会が開かれたとき、大伯父が入隊時に持参する国旗に激励の文字を書こうとすると、雁はすかさず、「日の丸は白地に赤ときまっている」と言って断り、お守りも持っていかなかったとのこと（「私の弟　谷川雁」）。

入隊先は千葉県印旛郡の陸軍野戦重砲隊。時すでに戦争末期。兵隊生活は八カ月で、上官ににらまれて送りこまれた営倉では、白木の香りのする独房で「春の嵐ヘルマン・ヘッセ嵐山」などと嘯《うそぶ》いて過ごした。

ここで、健一・雁と同世代の人間の、戦中・戦後を一瞥しておこう。健一と同年生まれで、デビュー前に健一同様長らく療養生活を送ったのは、作家の藤原審爾。三歳で母と生別、父とは六歳で死別して、祖母に育てられた。青山学院高等商業部を肺結核のために中退、肋骨を切除する大手術をした。雑誌社の仕事を手伝うなどして食いつなぎ、疎開先の岡山で空襲に遭う。四七年に発表した『秋津温泉』が注目されて、作家生活に入り、敗戦後の荒廃した風俗や世相を活写するなど、主に中間小説誌を舞台に旺盛な創作活動を続けた。

評論家で政治思想史が専門の橋川文三は二二年（大正一一）一月一日の生まれだから、健一と同学年。広島出身で一高、東大法科へ進んだ。卒業後は編集者となり、丸山眞男ゼミにも参加、一時共産党に入党したこともあったが、六〇年、『日本浪曼派批判序説』を刊行して、保田與重郎や右翼農本主義者が果した意義を問いなおした。柳田國男や三島由紀夫の評伝も著している。

ほかに、同年生まれでは、大阪の帝塚山学院長の息子で、詩人の伊東静雄に師事し、九州帝大で島尾敏雄と同窓だった庄野潤三（戦後は大阪朝日放送勤務）、一年下に、『戦中派不戦日記』の山田風太郎、ラバウル戦線で片腕を失った漫画家の水木しげる等がいる。フィリピン・ルバング島からの帰還兵、小田野寛郎も同い年。

一方、雁と同年生まれで、雁と同じ四二年に東大法学部に入学した吉田満は、四三年海軍予備学生として学徒出陣、四四年副電測士として「戦艦大和」に乗艦（予備少尉）、四五年四月、徳之島沖で米軍の襲撃に遭って海上を漂い、九死に一生を得た。『戦艦大和ノ最期』は、その折の体験をつぶさに沈着に記録した名著。戦後は日本銀行に勤務し、ニューヨーク駐在を経て、青森・仙台支店長、国庫局長、監事を歴任した。

ほかに同年生まれは、司馬遼太郎、遠藤周作、田村隆一と多士済々だが、ここでは雁とは九州で同じ共産党員として活躍し、その後除名された、三歳下の井上光晴に触れておく。井上は佐世保育ち。一家が困窮して、小学校高等科を十四歳で中退、炭鉱で働いた。十六歳のとき独学で旧制中学卒業資格を得る専検に合格、戦中は熱烈な軍国少年に。戦後、天皇制を否定する考えもあり得たのかと衝撃を受け、日本共産党に入党、九州地方常任委員となり、谷川雁、大西巨人などを知る。五〇年、「新日本文学」に発表した「書かれざる一章」が反党的との理由で除名処分を受け、五四年に離党した。小説は、『虚構のクレーン』『死者の時』『地の群れ』『他国の死』など多数。原一男監督によるドキュメンタリー映画『全身小説家』は、記憶に新しい。

忘れてならないのは、健一よりも四歳上の島尾敏雄と、雁の二歳下の三島由紀夫である。島尾敏雄は四三年、九大を繰り上げ卒業し、奄美群島加計呂麻島の第一八特攻震洋隊の指揮官として赴任した。島の娘ミホと熱烈な恋愛をし、四五年八月十三日、「特攻」の発動命令が下って待機。敗戦が決まって出動を免れた。しかし、生き延びたとはいえ、戦後の生活はいっそう難儀で、結婚したミホとのあいだに演じられた修羅場が、『死の棘』に書かれた。

三島由紀夫は学習院から東大法学部に進学するが、四五年二月に応召するも、徴兵検査に不合格で即日帰郷。敗戦後、天皇の人間宣言に失望する。代表作は『仮面の告白』『禁色』『潮騒』『金閣寺』『鏡子の家』『憂国』『英霊の聲』など。七〇年十一月、連載中だった『豊饒の海』最終巻『天人五衰』の原稿の最後を書き終えた日に、楯の会のメンバーと自衛隊の市ヶ谷駐屯地に乱入、自衛隊員の前で決起を促す演説をしたのち割腹した。私は、この日の昼、原稿を受け取るので庄野潤三宅にいたが、テレビのニュースを見ていた夫人の知らせでそのことを知り、あわてて編集部に戻った。編集部はてんやわんやで、その朝、約束通り先輩の女性担当者が原稿を受け取りに行くと、本人はもう出かけていて、原稿の最後は「完」となっていた。

戦後日本に欠落したもの

「戦艦大和」の悲劇から奇跡的に生還した吉田満は、遺稿「死者の身代りの世代」（一九七九）の中で、次のように述べている。戦後三十四年が過ぎ、食道静脈瘤出血で入院したときに書いたものだ。

《われわれを戦地に駆り出そうと迫る暴力に対して、われわれが苦しみながらもそれを受入れたのは、歴史の流れがすでに逆戻りを許さぬ深さまで傾いていることを知ったからである。先輩たち、すなわち戦前派の世代は、今に至るまで様々に釈明を試みているけれども、結局は彼らの責任において、日本は果てしない長期戦の方向に決定づけられた。しかし戦火に身をさらしたのは、彼らではなく、われわれの世代であった。

昭和六年以来の大戦争が、遠からず日本の完敗に終るであろうことを、軍の実情を知る立場にいたわれわれは、正確に予感していた。日本をしてそこまで戦争に深入りさせたものは何か。このような形で敗れねばならないのは何故か。敗れたあとに来るものは何か。われわれが学徒兵として、学業半ばに志を曲げて死ななければならないのは何故か。日本人はこの巨大な浪費と、そのあとにくる無残な破局から、何を学びうるのか。

そのために死の代償まで求められたわれわれが、こうした命題の究明に真剣でなかったはずはない。少なくとも、戦前派の大多数のように、開戦劈頭《へきとう》の大戦果に酔い痴《し》れるような振舞は、戦中派にはありえなかった。自由主義者を自認する人たちでさえ、思いがけず祖国日本が米英の横暴さに一矢を報いる場面を、狂喜して歓迎した光景が今も忘れられない。われわれに精神の自由と人格の尊厳とを説いてきた教師や社会人が、一夜にして日本主義者に変身した異様な印象を、忘れることができない。

「日本人とは、何ものか。どこへ行こうとするか」こうした設問と真っ向から取組みながら、われわれは次第に戦局の核心に追い詰められていった。実はわれわれ自身にはこの設問の解明に参画する権利はなく、許されていたのは戦争のために死ぬことだけであり、戦争のために死ぬことを通して、そのようにわれわれを殺すものの実体を探り当てることだけであった。》

だが、そうであったなら、幸いにも生き延び、死に損なった彼らは、戦後の社会のなかで、いっそうそのことを追求すべきであったろう。ところが、その点になると、とたんに口ごもってしまい、「戦後日本に欠落したもの」（一九六八）の中では、こう書いていた。

《戦後日本がその出発にあたって、抹殺すべきでないものまで抹殺し、存立の基盤であるアイデンティティーまで喪失したことの愚を、その大きな欠落を、われわれ戦中派は黙視すべきではなかった。戦争のために死んだ多くの仲間にむかって、彼らの死の意味を解き明かし、納得させるためには、日本人のアイデンティティーがどのように戦後世代に引きつがれ、戦後の世界に開花するかを、見とどけなければならなかった。そこにこそ、戦争経験世代の生き残りであるわれわれの使命が、あったはずである。

われわれがそのことに、まったく気づかなかったわけではない。終戦直後から、すべてのことが急転直下、あまりに順調に滑り出した事実に、違和感を覚えてはいた。ほとんどすべての日本人が、それぞれの場でともかくも死を賭けて戦ったという過去が事もなげに無視され、自分が戦ったという事実の重さ、割り切れない苦しさ、憤りが、一夜にして消え失せたことに、なにか欺瞞《ぎまん》のようなものを、探りあててはいた。

しかし、そうした違和感の核心をつかむには、戦中派世代の体験は、一面的であり過ぎた。しかもわれわれは、つねにある「うしろめたさ」の感覚を免れることができなかった。

なぜなら、戦中から戦後までを一貫するアイデンティティーの確認こそが、戦後生活の出発点であると予感しながらも、それではアイデンティティーの中身は何か、自分が日本人であることの意味を具体的にどのように捉えるのか、と問われれば、答える用意がなかったからである。》

そして、左は遺稿と同時期に書かれて、絶筆となった「戦中派の死生観」の一節。

《戦中派は、自分の一身を鳥の羽か虫っけらのように扱うことを長年教えこまれ、戦中から敗戦まで徹底的に肉体を酷使され、戦後の混乱期からようやく立ち直ると、ただがむしゃらに、戦争協力者の汚名をそそぐには身を粉《こ》にして働くほかはないようにして働き、妻子の愛し方も人生の楽しみ方もろくに知らず、肉体酷使の習性を身につけたまま、五十を幾つも過ぎないのにぽっくり逝《い》ってしまう奴が実に多い。腹立しいほど不器用な、馬鹿正直な男たちである。（中略）

「故人老いず生者老いゆく恨かな」菊池寛のよく知られた名句である。「恨かな」というところに、邪気のない味があるのであろうが、私なら「生者老いゆく痛みかな」とでも結んでみたい。（中略）

　戦後日本の社会は、どのような実りを結んだか。新生日本のかかげた民主主義、平和論、経済優先思想は、広く世界の、特にアジアを中心とする発展途上国の受け入れるところとなりえたか。政治は戦前とどう変わったか。われわれは一体、何をやってきたのか。》

最後まで自問自答をくりかえしながら、結局、ある無力感に苛まれている。

だが、谷川健一・雁兄弟の戦後の歩みは、これまでのどの戦中派とも違う。同じように腹立たしいほど不器用で、馬鹿正直と、共通点は多々ある。しかし、幸い主流からははずれていたせいで、あっちへぶつかり、こっちへぶつかりしながらも、しだいに独自の頭角（圭角？）をあらわし、他の戦中派が果たせなかった課題を、思いがけない方向から着々実行していくのである。

2　遅れてきた青年

蘇峰・蘆花兄弟

熊本県水俣に生まれ、その風土を一身に背負いつつ、類まれな在野の知識人としての生を歩む兄弟の戦後の足跡を辿ろうとして、どうしても思い浮かべざるを得ない同郷の人物がいる。こう言えば、もうお分かりであろう。徳富蘇峰（猪一郎）・蘆花（健次郎）兄弟である。

徳富蘇峰（一八六三―一九五七）は明治・大正・昭和の三代にわたって君臨した大言論人。蘆花は、いうまでもなく、『不如帰』『自然と人生』『思出の記』『みみずのたはこと』などで一世を風靡した小説家。やや遠回りになるが、両者の歩みについて概観しておく。

二人の父一敬は、維新の志士横井小楠（新政府に参画するが、暗殺された）の高弟で、維新後県政を主導した。母久子の妹は小楠夫人。蘇峰は実学派（小楠の指導のもと、藩政改革を進めた開明的なグループ）の雰囲気のなかで育ち、幼時は漢学を学んだ。維新のときは五歳。西南戦争時は十四歳。いわば、遅れてきた青年であった。

当時、熊本は神風連の乱やそれに続く西南戦争など、新政府の方針に反対する不満分子の巣窟の感があったが、その一方で、宣教師ジェーンズを受け入れ　開明的な動きも顕著だった。

水俣の惣庄屋兼代官の家に生まれた蘇峰猪一郎は、一八七〇年（明治三）七歳の秋、父の一敬が任

右：徳富蘇峰，左：徳冨蘆花
国立国会図書館ウェブサイト「近代日本人の肖像」より

官するのに従って、熊本市郊外大江村に移住する。七六年、熊本洋学校、花岡山バンドを経て、京都の同志社に入学、新島襄から洗礼を受ける（やがて、離脱）。同年十月、神風連の乱が起きたときは熊本にいなかったが、翌年の西南戦争は、身近に目撃している。

この頃から言論人として身をたてることを志し、新聞記者を目指して上京、福地源一郎（桜痴）に面会を求めるも果たさず、すぐに帰郷して相愛社に加盟して自由民権運動に参加、やがて元田永孚《ながざね》（維新後は宮内省に出仕、「教育勅語」を作成）の斡旋で、熊本の自宅に大江義塾（松陰の松下村塾に倣ったのだろう）を創設、英学、政治学、経済学などを講じて青年を啓蒙した。西南戦争で戦死した協同隊のリーダー宮崎八郎を兄に持つ宮崎滔天は、門下生の一人である。

この間、高知や東京にたびたび出かけて板垣退助や中江兆民と接触する一方で、八四年には『明治廿三年後ノ政治家ノ資格ヲ論ス』『新日本之青年』（『第十九世紀日本ノ青年及其教育』増補改題）を著し、八六年、田口卯吉に認められて『将来之日本』を刊行すると、一躍文名が高まった。

八七年、またも上京、今度は民友社（蘆花、山路愛山、国木田独歩らが入社）を興して、「国民之友」（誌名はアメリカの雑誌「ネーション」からとる。中江兆民『三酔人経綸問答』を掲載）を発刊する。このとき、わずか二十五歳。雑誌は日本の近代化の必然性を認めつつも、政府が推進する欧化主義を批判、三宅雪嶺、志賀重昂、陸羯南《くがかつなん》ら政教社の掲げる国粋主義には反対した。ついで、雑誌が成功すると、新聞経営にも乗り出して、九〇年、「国民新聞」を創刊、オピニオン・リーダーとしての地位を不動のものにする。

ところが、日清戦争前夜に、『大日本膨張論』を著す頃から国家主義的な傾向が現れはじめ、三国干渉を受け入れたについては政府の弱腰を弾劾、翌年海外事情を視察するために長途の旅に出発（ロシアではトルストイを訪問）、帰国するや、松方・大隈連立内閣の参事官に就任、変節の非難を浴びて、「国民新聞」に「不如帰」を連載して好評を博していた蘆花も、兄に反対して社を去った。

この頃より山縣有朋、桂太郎に接近、日露戦争の際は桂内閣の方針を支持し、日比谷焼き討ち事件ではポーツマスでの講和条件に不満な民衆に新聞社を焼き討ちされるなど、さんざんだった。一九一〇年、日韓併合後は朝鮮で唯一の日本語新聞、京城日報社を監督。一三年、大正政変に対しても第三次桂内閣を支持したため、「桂の御用新聞」とみなされて再び襲撃を受け、同年十月、桂が死去するのを機に政界を離れ、以後は「文章報国」を標榜して、言論人に立ち返る。

一八年、執筆を開始した『近世日本国民史』（織田信長以降）は蘇峰畢生のライフワーク。三一年、満州事変以降は、日本ナショナリズム、皇室中心主義思想をもって軍部と結び、「白閥打破」「興亜の大義」「挙国一致」を唱え、四二年には自ら日本文学報国会を設立して会長に就任、四五年、ポツダム宣言の受諾に反対、昭和天皇の非常大権発動を画策したが、実現しなかった。

同年九月、自らの戒名を「百敗院泡沫頑蘇居士」とし、公職追放処分により貴族院勅撰議員などの公職を辞して静岡県熱海に蟄居。文化勲章も返上するが、敗戦後も日記を続け、五一年には中断していた『近世日本国民史』の執筆を再開し、翌年、全百巻が完結する。その後も執筆を続け、五七年（昭和三二）十一月、死去。享年九十五であった。

思想家、教育者、言論人としての蘇峰は、平民主義、自由民権に始まって、国民主義、国家主義、皇室中心主義と、時流便乗的な変節が目立つ。一三年刊行の『時務一家言』は、「福音が力であるのではなく、力こそが福音だ」と述べて、世界は表面はともあれ、弱肉強食の世界だとの認識に立って、福沢諭吉の「脱亜入欧」の思想とは逆に、白閥《ばっこ》の跋扈を打破することが大和民族の使命であるとの信念に基づいて、皇室中心主義を根本とし、内には国家社会主義を、外には帝国主義を唱えた論集で、蘇峰の思想上の転機をよく示す。戦前でもこうした態度に批判的な目を向ける識者は少なくなかったが、戦後は、当然のことに、皇国史観をリードした平泉澄《きよし》とともに、まっさきに槍玉にあげられた双璧であった。

けれども、蘇峰の『吉田松陰』（一八九三）は、今読んでも傑作の名に恥じない。松陰その人の魅力もさることながら、私はその若々しく朗々とした漢文調の筆致に魅了されたことを忘れない。

《彼（＊松陰）は多くの企謀を有し、一の成功あらざりき。彼の歴史は蹉跌《さてつ》の歴史なり。彼の一代は失敗の一代なり。然《しか》りといえども彼は維新革命における、一箇の革命的急先鋒なり。もし維新革命にして伝うべくんば、彼もまた伝えざるべからず。彼はあたかも難産したる母の如し。自《みず》から死せりといえども、その赤児は成育せり、長大となれり。彼れ豈《あ》に伝うべからざらんや。》

平民主義から国家主義へ思想的に転向したことの正否は措いて、他の多くの知識人が弁解したり口をつぐんだりしたのに対し、その『終戦後日記』を読んでも、蘇峰にすこしも卑下するところがないのは、それなりに立派である。

一方、兄より五歳下の蘆花健次郎（一八六八—一九二七）は、『不如帰』が、尾崎紅葉の『金色夜叉』と並ぶ明治文学屈指のベストセラーとなったことから、一般にはむしろ蘇峰よりも有名なくらいだから、詳しい説明はいらないだろう。主に兄との関係を中心にみてゆく。

一八七〇年（明治三）、父親の一敬が藩庁に出仕するため、熊本市内に転居したのに伴って、兄弟は郊外の大江村に移り、七八年兄に連れられて京都に上り同じ同志社に入学するが、二年後兄が上京したのに合わせて退学、帰郷後は兄の設立した大江義塾に入っている。この頃から政治小説に親しみ、八五年、前年受洗した母にならって、メソジスト教会で洗礼を受け、以後、曲折は経るものの、兄がすぐに信仰から離れたのに反して、生涯信者を通した。（父とは意見が合わずに反逆し、葬式に出なかったばかりか、赤飯を炊いた。）

新島襄夫人の姪との恋愛に敗れて鹿児島を放浪、一時鎌倉女学校で教鞭をとるも、八九年に上京、兄が設立した民友社に入り、「国民之友」の校正や海外の記事の翻訳に従事、やがて創作的な文章や紀行文なども寄稿するようになる。ここまでは兄に頼りっぱなしで、一九〇〇年、同誌に連載した『不如帰』（大山巌の娘信子の悲話が題材）が評判となり、直後に刊行した『自然と人生』も評価を得たことから、にわかに文名が高まって、ようやく兄からの経済的な自立を果たした。

《余は久しき以前より我等の傾向の次第に異なるを気づきたり。……強き君は自づから力に同情し、弱き余はおのづから弱きに同情す。複雑なる性格の君は、世に処して婉曲を辞せず。単純の余は偏に直截を好む。経世家として君は事功の上に立つ、折衷譲歩は事を成す者の金誠、君が一隻眼は常に利理の抱合点を離れず、君が眼中より見れば文学の如きは唯経世の一手段のみ。思想界に住む者は枉げざるを以て骨とす、文学に籍を置く余は自づから文学の独立を唱へ、美を通じて真善境に彷徨せざるを得ず。即ち経世の手段に於ても君は国力の膨張に重きを置きて、帝国主義を執り、余はユーゴー、トルストイ、ゾラ諸大人の流を汲むで、人道の大義を執り、自家の社会主義を執る。余は決して君を非とし、自らを是とせず。真理の山には峰多し。君は彼峰に立ち、余は此峰に立つも、畢竟山外に立つにはあらず。されば君が執る所の道と、余が歩まむと欲する所の道と、其差未だ必ずしも黒白の甚しきに到らず。甚しきに到らずと雖ども、我等が趣味の傾く所、着眼の向ふ所、同情の注ぐ所、要するに其動機の相同じからざるものあるは、断じて掩ふ能はず。》(『黒潮』第一篇・序)

ところが、兄に対するコンプレックスはなかなか抜けなかった。〇六年、兄をまねてトルストイを訪ね、翌〇七年、北多摩郡千歳村を永住の地として、美的百姓の生活に親しむようになってようやく落ち着いた。一〇年、大逆事件の報に接しては、一高での講演会で幸徳秋水の側に立って「謀叛論」を弁じるが、やがて心身に疲労を憶え、伊香保で静養中の二七年九月に没したが、死の直前、病床を見舞った兄と再会して和解したという。

《過去のすべてが兄の反射だ。俺の現在も兄の後を趁《お》ふ点が多い。同胞だから類似は自然で、弟だから兄の足跡を踏むやうにもなるのだ。然し俺と兄とは別だ。俺の〝馬鹿〟が兄とちがふ。而して其〝馬鹿〟は往々にして God's foolishness である。耶蘇意識が俺にあって、兄には無い》(一九二三・一一・六)

まことに、賢兄愚弟を絵に描いたような二人であった。この蘆花については、評論家で英文学者の中野好夫が浩瀚《こうかん》な『蘆花徳冨健次郎』で、微に入り細に渡って書いており、第一部のあとがきで、

「およそこれほど矛盾、撞着、欠点だらけの人間というのも珍しいであろうとさえ思っている。第一にまずおそるべき我儘人間であった。それでいてまた、これほど正直一徹の人間もまずいないのではないか。おそるべき癇癪持ちで、女好きで、衝動的で、嫉妬深く、まったくといっていいほど抑制ということの利かぬ。そのくせ、他方ではまたひどい弱虫で、偏屈で、たえず劣等感と悔いに苛まれているのである。」と、長嘆息している。ちなみに、著者は蘆花文学の位置づけといったことより、近代日本の命運に対蹠的にかかわった蘇峰・蘆花という稀有な兄弟の生き方のほうに関心があったとして、左のようにも述べた。

《それにしてもこの兄弟、その人生行路の軌跡には、こうした個人的性格などという問題をこえての対極的志向があった。これを一言にしていえば、前者（＊蘇峰）は明治大正という日本の、いうなれば光の面、ポジティヴの面、数学でいえばいわゆる正《プラス》の面を、ひたすら歩みつづけてきた典型的な人物であったのに対して、後者（＊蘆花）はわずかにその晩年の数年間を除けば、あとはその影の面、ネガティヴの面、またしても数学でいえば、負《マイナス》の面ばかりを、狂ったように、馬鹿のように、真実を求めて生きたともいえるのではあるまいか。》（第三部・むすび）

兄健一が蘇峰に、弟雁が蘆花に、比せられるというのではない。その早熟ぶり、社会との積極的な関わりという点では、むしろ雁に軍配が上がるから、逆である。しかも、世に出るのは、雁の方がずっと早かったし、名前も知られている。対して、健一は晩成型、だが、間違いなく大器である。

健一の礼状

健一・雁について見ていく前に、蘇峰・蘆花兄弟について述べたのは、もう一つ別の理由がある。以下は健一他界後、熊本近代文学館（現在はくまもと文学・歴史館と改称）の井上智重が神奈川県二宮の徳富蘇峰記念館で発見した、四百字詰原稿用紙八枚にわたる、健一の手紙である。一九五〇年（昭和二五）、病癒えて復学したときかその翌年に、熱海の居宅を訪ねた折のものだ。長文にわたるが、当時の彼を知る殆ど唯一の資料なので、あえて全文を引用する。今日の大学生で、これだけの文章を書ける人間が、はたしてどれだけいるだろうか。

《蘇峯先生

昨日は無名垢面の窮措大に快よく門をお開き下さいまして寔にありがたく存じました。身心の貧窮と無知とを糧としてその日をつなぐことを哀れな誇とせざるを得ぬ年少の徒も、先生の前では恰も春光射す縁側で遊ぶ孩児か狗子の如き無心になつて了ひました。英仏知的選士たちの交歓についての正確豊富な御説明、或ひは百科全書派を眼前にひいて親しげにお話しされましたとき、私は須臾の間に私の知り得なかった世紀――したがつて現実感覚とはなり得ない世紀を先生の中に取り戻しました。十九世紀末から出発しなければならなかつた私共はそれ以前の歴史の噴火も、冷却し固着した熔岩として受取る以外にはありません。大革命も米州独立も私共からしますれば、フランス人が嘗てペルシヤやシナを想像したやうに、たゞ想像裡の愉悦と恐怖を決定した歴史事実の中にどれ丈感情移入出来るかといふ問題が残されてゐるにすぎません。事実、先生は第三共和国の迷宮に入る前に生を享けられたのでございます。大革命の最后の余燼とも云ふべきパリコンミユンすら先生よりは若いのでございます。コンミユンに心を動かされたかと聞いて居ります西園寺公や兆民などの若かつた明治初年、既に気鋭の学者であられた先生の前に、大革命を準備した思想的担ひ手たちが、冷酷な唯物論者としてではなく、精神と情熱の果敢な点火者としてどれ程頻繁に立現はれ、どれ程親しい距離をもつて口を利いたであらうか――とお話の間に、普仏役の硝煙の彼方を、十七・八両世紀の交を思ひみて居りました。それは次の如き感慨でもありました。歴史とはなんと早く――そしてなんと遅くすぎ去つてゆくことか。

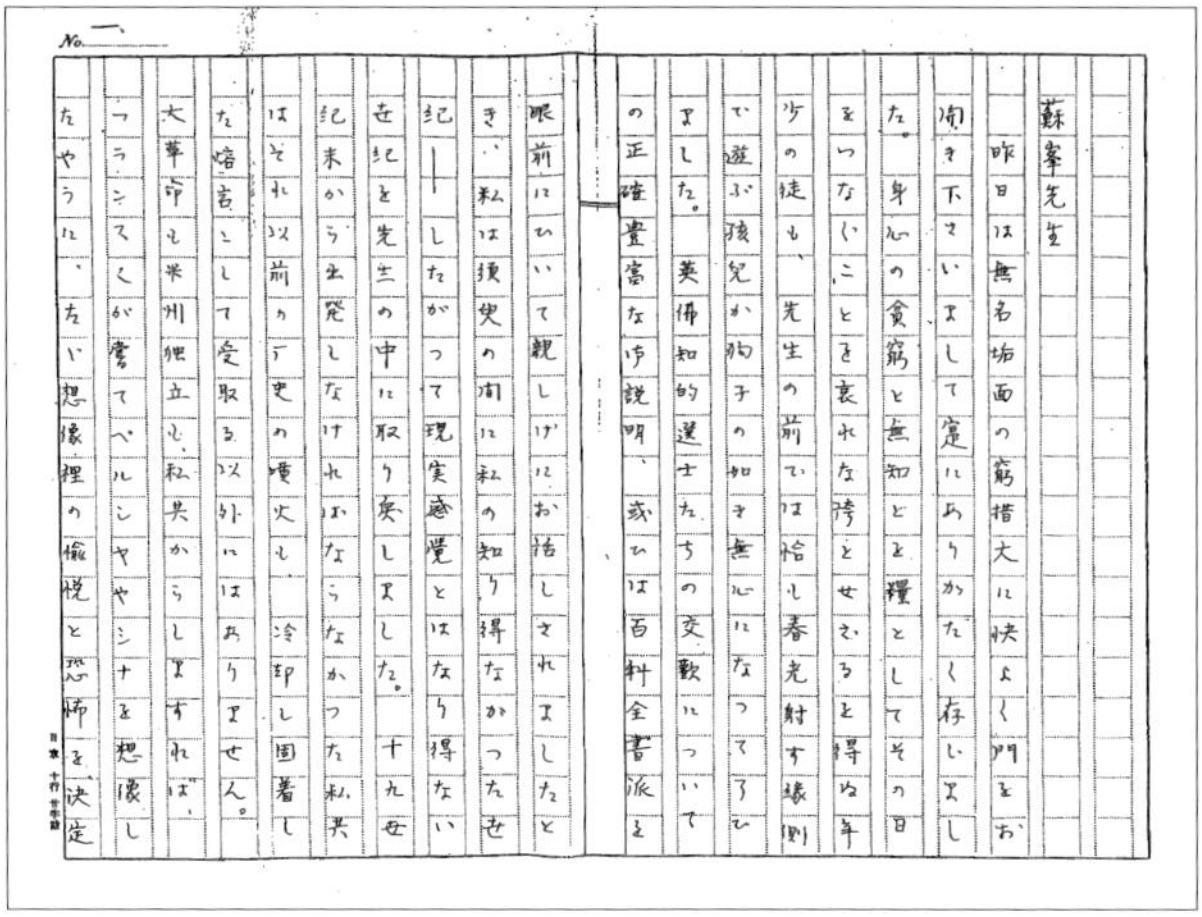
No.一、

蘇峯先生
　昨日は無名塲面の窮措大に快よく門をお開き下さいまして寔にありがたく存じました。身心の貧窮と無知とを糧としてその日をつなぐことを哀れな誇とせざるを得ぬ年少の徒も、先生の前では恰も春光射す縁側で遊ぶ孩児か駒子の如き無心になつて了ひました。英佛知的選士たちの交歡についての正確豊富な御説明、或ひは百科全書派を眼前にひいて親しげにお話しされましたとき、私は換史の間に私の知り得なかつた世紀――したがつて現実感覚とはなり得ない世紀を先生の中に取り戻しました。十九世紀末から出発しなければならなかつた私共はそれ以前の歴史の噴火も冷却し固着した熔岩として受取る以外にはありません。大革命も米州独立も、私共からしますれば、「フランス」が書てベルシヤやシナを想像したやうに、たゞ想像裡の愉悦と恐怖を決定

蘇峰への手紙　(公財)徳富蘇峰記念塩崎財団所蔵

　三代の歴史はこめてわが生涯にあり――とは蘆花子の言であつたかと記憶して居りますが、先生こそこの言葉を生涯の銘とすべき権利をお持ちでございます。先生の生涯はやがて祖国日本の悲劇的運命であります。先生の隻言片句は祖国が自らに向つて発する悲劇の台辞でございます。祖国の歴史を威勢よく否定するのも肯定するのも容易い。嘲弄的に或ひは苦し気に――だがいづれも観客の品定めにすぎません。沈黙すら舞台から中途退場した者の無言であります。たゞその中にあつて最后までふみ止まらうとする者だけが、運命に

傷つき、運命から割引することをしなかつた人だけが、身を以つて悲劇をわきまへ得る方だと考へて居ります。

まことに或る人々は先生の前に香華を焚き先生を栄光の裡に葬らうとするに忙しく思はれます。又なかには先生に根強い誤解を抱いたり、無関心だつたりする者も居ります。いづれも、先生の辿つて来られました一世紀に垂んとする道をほんとうに理解申すやり方でないと衷心思つて居ります。

先生の偉大な人間像はもつと違つた角度にかくされた統一を保つてゐると私は信じ、さう信じることによつて秘宝を探さうとする者のやうに、周囲の方々の嘲笑叱責を意に介せず或る企図を夢みて居ります。それは次のやうなことで御座います。私は以前ゴリキイのトルストイ追憶やエッケルマンのゲエテとの対話に無限の興をそそられたことがありました。それらのノオトは作品を解き、人物を了承するのに作品そのものより重要な鍵だと思はれました。作品や業蹟の上で軽々しく自己を語るのを潔しとせぬ傑物の前ではそれらは限りなく重要な価値を帯びて居ります。気楽な談話が、そのまゝ三代の文学史・思想史・政治史となるやうなお方に規則正しく接したいとねがふのは無理なことでございませうか。若し幸ひにして先生がそれをお許し下さいますならば、私は身を賭してやつてみたいと考へて居ります。黄嘴乳臭の自己を棚に上げ、非力無知を顧りみず申上げます所以のものは、無慈悲な歴史法則の埋没のなかから先生の正しい像を回復したいと、一個の文学的魂を抱いて推参する自分の気持に偽りのないことを認めたからでございます。私は先生にお会ひする前に漠然と次の如く夢みて居りました。歴史家。歴史家であるには生ま生ましい現実に心を動かさずにはすまない警世家。文明批評家。しかも肉感に貫かれた現実を決して虚妄だと捨て去らない政治家。政治家たるにはあまりにも理想主義者。ピユリタン風の熱情を抱きながら人間劇の犀利な観察者。一流の文学者の資質をもつたジヤーナリスト。革命家にして伝統主義者。蘆花子の狂気と熱情を具備し、それを叡智と去私によつて支配し克服された方。強烈な人格を寛容さの中に一致させようとされた方。幼時の田舎料理を忘れない世界人。極度の意識、極度の集中から苦もなく天衣の無縫に帰り得る達人、等々列記すれば限りありません。しかしかやうなことも先生にお会ひし、身心が大調和の中に溶けこむのを覚えては全くつまらぬことになつて了ひました。しかし、たゞ一つ。それは先生はかずかずの栄光の頂きを極められたにも不拘、先生にはきつと誰も押しはかつてみない胸の歎きがあり、それを終生抱きつゞけられてゐるに違ひない。それは決して私ごとき陋巷に窮迫する無名人の考へるやうなロマンチックなものではないが、人々の理解し難い、理解しようと欲せぬ何物かであるに違ひない。私が秘宝と申上げたものでございます。

偶々先生がミルトンを愛惜せられますことの深きを承はり、私はひとり勝手に合点したのでございます。怠惰な学生であります私も時折出入する教室の講義から、彼の詩人が十七世紀的定義にふさはしからぬ、極めて近代的な意識と性格を有してゐたことに異様な位驚いたことがございます。対比的感情思想の同時的存在になやみ、しかもそれを自らに許容しつゝ、無限に複雑な共鳴のなかから、自己への問を世界、いや天地創成まで押し拡げ、深化した人間。無数の人格を一身に受けた多面的運命の所有者。表面的に見れば彼は主観的詩人にして、逆に先生は客観的詩人でゐられます。しかし私は深い類比を見出してゐると申しましたならば、単に無知の少年の夢でございませうか。

山坂の御散策にお伴しました際、御高齢の衰へも見せられず若やいだ先生の御身体の重みを支へながら、私の幸福は自分の存知せぬ一世紀近い歴史の重みを自分は感ずることが出来てゐるのだ、といふことでありました。無情なほど晴れあがつた熱海の海を見わたす晩晴艸堂に悠々自若たる先生――私共の味ひ得ぬ生涯の劇を嚙みしめながら、凡てを了解し、自得されて居ります先生に対しまして、厚顔な愚言を列ねましたことを何卒海容下さいませ。たゞ衷心悪びれずに申上げた次第で御座います。
どうか私共弱小輩のために、生ける歴史の托身とも申すべき御高壽を保たれますことを伏して御願ひ申上げます。これにて拙い筆を擱くことに致します。
敬具
十月十八日
谷川健一拝》

一九五二年には大学を卒業し、平凡社に就職しているから、この礼状を書いたのは、その前年か前々年のことであろう。同郷の偉人に対する青年に特有の熱病じみた渇仰といえばいえる。しかし、このとき健一はすでに二十九歳ないし三十歳。しかも、戦前の赫々たる名声を失墜し、尾羽打ち枯らして熱海に逼塞していた蘇峰である。右翼であれ左翼であれ、知識人の多くが無反省に時流の民主主義に追随するなかで、独り己の志操に殉じたこの時期の蘇峰を、あえて訪ねないでいられなかった健一の心情は、なかなかに複雑なものがあったのではないだろうか。

ところが、これだけのことがあったのに、後年、私の知る範囲では、柳田國男の長男為正との座談で、父親が用心深かったことが話題になった折に、「私と郷里がいっしょだった徳富蘇峰が戦後、熱海の伊豆山におりました。蘇峰の秘書をしておりました方が伊豆山にやってきていて、蘇峰の家につめていたんです。私はその秘書に用があって訪ねていったんですが、蘇峰にも会いました。蘇峰は、もう九十を過ぎて身体もあまり動かなくて、両脇から支えられるようにしてました。散歩に行こうというので私もついていきましたが、蘇峰は玄関を出るときに後ろを向いて、見送りの女中さんたちに、自分の散歩中にものをとられないようにしろって（笑）、言ったんですね。私は蘇峰のアクの強さにおどろいたんですよ」（『父を語る　柳田国男と南方熊楠』）と、まるでついでに挨拶しただけのようで素っ気ない。

いまとなっては、健一の真意を確かめようがないのが残念だが、私は健一の戦後の精神形成を考えるうえで、このことを軽くは思いたくないのだ。

幕末からの風

蘇峰は十四歳で西南戦争を目撃したと書いた。蘆花は七歳で神風連の乱に、九歳で西南戦争に出遭っている。ともに、当事者となるには、幼なすぎて、幕末維新の動乱時代には「遅れて来た青年」として成長したのである。

谷川健一・雁兄弟は、それより二世代下だから、さらにさらに遅れてきた青年である。とはいえ、身内にはまだ乱の記憶を語る人たちが大勢いた。母方の祖母は、西郷軍に囲まれて、熊本城が炎上し、阿蘇方面に避難したときに生れたし、祖父は十九歳で西郷軍に加担する熊本隊の一員として戦闘に加わり、最後は人吉で捕虜になった。

後年健一は、小説のかたちで処女作『最後の攘夷党』と『私説　神風連』の二作を発表する。そのことは後に述べるとして、ここでは、差し当たって次の二つの文章があることを指摘しておきたい。

《慶応四年から明治元年にかけてはともかく、版籍奉還後も鎖国を主張する攘夷論者が存在したとは考えられない。攘夷論者の憤激は、鎖国から開国へと豹変した新政府の変節であり、政府の屈辱的な外交方針であった。それは主体性を欠いた国民不在の外交として心理的な抵抗なしにはすまなかった。この土着的心情を開化主義への反撥と重ねあわせていくとき、維新変革の精神が空洞化し形骸化するのをおぼえずにはすまなかったことが理解されよう。その精神が収斂するとき、反政府行動への契機が生まれることになった。こうして不穏な心情が形成され、暴発への踏み台が作られていったのである。戦後民主主義の虚妄という言葉にならって、明治開化主義の虚妄ということがあるとすれば、それにたいして魂の腐蝕を感じないではいられなかった士族の反乱を、たんに封建的軍事政権を志向する反乱とみなすことはできない。（中略）

士族反乱と自由民権に共通な情念の核は、中央への早激的な権力集中が、人民から自治の観念をふくむ土着の思想を、強制的に剝離していくことへの抵抗であった。この意味では、当時の守旧士族は、海外制覇の誇大な言辞にもかかわらず、大東亜戦争の侵略の片棒をかついだ反動派とはちがうのである。また自由民権運動は、占領下にはじまった戦後民主主義運動ともおのずから異なったものがあったのである。まして今日の右翼と左翼との相容れぬ対立を前提として「国権―武器―士族反乱」という一つの線と「民権―言論―自由民権」という截然とした線をひいて、前者を反革命の反乱、他方を革命的な運動と規定するだけでこと足れりとするならば、それは整理につごうのよいだけの話であって、明治維新変革の精神を受け継ごうとする後生《こうせい》にとっては、何の役にも立たない分類である。当時は、国家が統一され民族意識が形成されていく過程での熱い混沌があった。「国家」と「民族」はまだ未分化であり、革命、反革命、反反革命と渦まきながらつづく歴史の帰趨は当時の人びとにとって、にわかに断定しがたいものがあった。したがってそれらが分離して一方は国家主義へと上昇し、他方は民衆運動へと下降して凝固する作用は底流としては存在しても、地表に露呈するほどのものではなかった。このように明治初年から二十年代の前半までは、言論と武器、民権と国権についての意識が、集団においても、一箇の人間の内部においても、交換可能であり、相互補完的な概念であったことを念頭に置いておかないと、思想のつぎはぎの衣装をかぶせるか、生身《なまみ》をばらばらに切りはなしてしまうかのどちらかに終わるのである。》（「維新変革の虚妄と反乱者たち」）

《神風連の思想の中心は「うけひ」の思想である。これはすべての行動の決定を神慮のままにしたがおうとするもので、神におうかがいをたてた。たとえば結婚不可と出たらたとえ相思相愛の仲でも見合わせねばならぬ。しかしそれであきらめる必要はないので、時期を待つことだけが要求される。菅江真澄はエゾ地にわたろうとして神慮をうかがうと、三年待てといわれたので三年後に津軽海峡をわたるのであるが、昔の人はそのように神慮を畏《かしこ》んだものであった。しかし神風連はもっと徹底しておのれの死の時期までも、神託によってきめたのである。（中略）

神風連の行動のなかで私のもっともひかれるのは、その徹底した反状況主義である。神風連は、明治政府に批判的な全国各地の同志のなかでも、現実の状況に鋭敏で賢明な薩摩の不平士族たちだけは信用しなかった。そして敗北を見越して神慮の決定のままに立ち上がった。佐賀の江藤や萩の前原には、まだおのれをたのむところがあった。すなわち状況判断にたいする自信があった。しかし神風連はそうした配慮を放棄した。佐賀の乱や萩の乱が政治的反乱ではあり得ても思想的な反乱となり得ないのは、彼らが情勢にたよって、中途はんぱな姿勢で蹶起したからである。しかし神風連はそうではなかった。その思想的反乱は、百年近い今日でもなお考察に値するのである。》（「神風連の神慮と行動形態」）

右の二つの論考が発表されたのは、前者は一九六八年十二月、後者は同年一月、世間が明治百年を自画自賛していたときで、健一や雁がそうした風潮に批判的だったのは当然といえる。それゆえ、七〇年十一月、三島由紀夫が自決したことに対しては、彼の思想と行動に理解を示しながらも、後に次のような異和感を表明したのであった。

《泡のような経済大国の実態がむき出しになるにつれて、このような時代の到来を予見して諫死《かんし》した三島由紀夫のことをふっと思い出すようになった。美しい日本はどこへいったか。民族の誇りはどこへ消えたか。三島の歎きとおなじ深い歎きが、いま多くの日本人の心を蝕んでいる。私たちは果てしない疲労に苛《さいな》まれながら、日本の行くべき指針を見出せず、世紀末を漂流している。二十年まえの三島の予言はぶきみなほど見事に的中したのだ。

このように三島の自決は時代を先取りした思想行為であったが、反面、一九七〇年という時点での状況判断に立った、それゆえにいまとなっては時代遅れの政治行動でしかなかった。ここ数年間の世界の政治は、三島の想像力をはるかに超えた局面へと猛烈ないきおいで展開している。このとき極東の一国の自衛隊の蹶起がどれほどの意味をもち得ようか。

三島の文学と人生については抜群の才能は認めるものの、いかにも「作りもの」の感が否めないという人は多い。私もそのひとりで、長いあいだなじめなかったが、やがて私が三島に抱く異和感はもっと別のところに根ざしていることに思い当たるようになった。》（「神を失った近代知識人——三島由紀夫への異和感」）

その異和感は、三島由紀夫が『豊饒の海』の第二部「奔馬」で神風連を取り上げたことに関連する。健一は、「神風連に心酔していた三島が大事を決行するにあたって、宇気比をおこない、神慮をたしかめて行動したならばどうであったか」と問うて、こう述べた。

《かりに神慮が「可」と出ても、予定した決行の期日が「不可」と出るばあいもあり得る。また三島の望んだ自決を神慮が許さなかったらどうか。ましてや神慮がつねに不可と出て（神風連は五回つづけて「不可」という託宣で、そのためむざむざと好機を逃がした）、蹶起を思いとどまり、生き延びて、彼のもっとも怖れていた老醜をさらすことになったらどうだったであろう。それにしても、人智によって計ることを許さない神の意志に忠実であったという点で、三島の「反時代的」思想の意味は透徹した深みをもったにちがいない。

どうしたわけか、『奔馬』の主人公の飯沼勲は神風連に傾倒しながらも、宇気比をおこなっていない。決行の期日について頭のなかに神示を求めようとするが、何の啓示も浮かんでこない。

それとおなじように、三島は蜂起を計画するにあたって、神に介入の場を与えず、自らの意志で決行の日取りをきめ、予定通りに実行し、自決を果たした。彼はそこで自分の人生の美学を完結させたのであったが、そこには、「神」を失った近代知識人の虚無の深淵がまぎれもなくのぞいている。私が三島に抱く異和感もここに胚胎している。この世には人智を超えた世界があることに三島が深くおもいを致したならば、彼の文学も人生もまたちがった形態をとり得たのではないか、と私はひそかに惜しむのである。》（同）

三島由紀夫こそ、神を失った近代人ではなかったか、とする健一の指摘は鋭い。

熊本の精神風土

他方、雁には五九年五月、「思想の科学」に発表した「『城下の人』覚え書」という論考がある。元陸軍軍人石光真清《いしみつまきよ》の手記四部作の第一部にまつわる思いを述べたもので、「一冊の書物から受ける反応が、こんなにも毛穴を刺してくるのは私にとってめずらしい。そしてこの衝撃を整理しようとすれば、いくつかの異なる秩序がせめぎあって、不規則ないなずまが走っては消える。明治十年の熊本から出発した人間の放浪の物語、それはいやおうなしに私を加担せしめる微妙な偏向の領域なのだ。だから『城下の人』が私をひきずり込んでいった世界は明治十年ではなかった。それから六十年後の私の少年時代、つまり昭和十年代への熊本へ私をつれもどしたのである」と書き出されている。

著者の石光真清（一八六八―一九四二）は、明治元年熊本生まれ。少年時代を神風連の乱や西南戦争などの動乱の中で過ごした。父親が真清にこういったと回想している。

《いつの世にも同じことが繰返される。時代が動きはじめると、初めの頃は皆同じ思いでいるものだが、いつかは二つに分れ三つに分れて党を組んで争う。どちらに組する方が損か得かを胸算用する者さえ出て来るかと思えば、ただ徒らに感情に走って軽蔑し合う。古いものを嘲っていれば先覚者になったつもりで得々とする者もあり、新しいものといえば頭から軽佻浮薄として軽蔑する者も出て来る。こうしてお互いに対立したり軽蔑したりしているうちに、本当に時代遅れの頑固者と新しがりやの軽薄者が生れて来るものだ。》（『城下の人』）

組織との抗争や分裂に明け暮れた一時期の雁を予言しているような言葉である。石光の父は西南戦争に参加して敗れ、教育者として生きる道を選んだが、それは谷川兄弟の母方の祖父も同じで、その挫折者としての姿に、雁はかつて自分の周辺にいてレッドパージと党内闘争との二つの渦にもまれて、二重の疎外者として孤立してしまった自分を重ね合わせた。戦後日本の不毛と混沌とのパターンは、すでに明治十年の熊本城下に余す所なく表現されていたのである。

《ひとたび歴史の激流と自己の青春の噛みあわせに失敗した者を待っているのは、ゆっくりと情熱を冷却させてゆく困難な調節作業である。祖父が冷やさなければならなかったものは何であったろうか。単なる不平士族の新時代に対する反逆であったろうか。（中略）

私はこの中から二つの問題をよりわける。第一は百八十度にして九十度の角度が複式に成立する人間関係、それを明治士族たちはみずからのサークルの内側で確立しえていたという問題である。彼等はすべてある普遍性をめざしながら、ついにこの複式の心情を武士の外側へあふれさせることはできなかった。今次大戦までの間に、この心情は完全に死んでしまった。もしそれが死ななかったら、太平洋戦争中の残虐行為はほとんど防ぎえたかもしれない。その最初の責任は農民を隊伍に加え得なかった旧士族の倫理的潔癖性の形をとる排他性に帰すべきである。この複式の人間関係の欠落こそ現在統一戦線を阻んでいる感性的原因でもある。

第二の問題はこの複式の関係を士族たちが乱用した結果、思想と行動の接続関係があいまいになり、ひいては進歩と反動、洋法と士法という二つの軸に整理さるべき文明の座標に関する長い混乱をもたらしたという点である。進歩と反動の軸が単に文明と野蛮の生産力の差によるものでないことが日本人に了解されるまでにはアナーキズムからコミュニズムにいたる思想的訓練を経なければならなかったわけで、それを明治十年に求めるのは性急であろうけれども、この問題を武装反乱で早産死させてしまった責任はのこるであろう。昭和の論争史はことごとく日本現代文明の構造的認識にその根を持っているのは偶然ではない。西南戦争は決して簡単に権力＝進歩対反権力＝保守の闘争ではない。その渦のなかになお文明の進歩に関する根本的な課題を埋蔵しているのである。》

健一が書いたとしても、不思議ではない文章である。この『城下の人』は、父の死後、真清が陸軍幼年学校、同士官学校を経て、近衛歩兵第二連隊付となり、日清戦争で台湾に出征、その後ロシアでの入学を決めるところまでが書かれている。以下、第二部『曠野の花』、第三部『望郷の歌』、第四部『誰のために』と続く。諜報活動の一環として、ハルビンに写真館を開き、日露戦争に従軍、終結後は軍籍を離れて一民間人として満州で起業して失敗を繰り返し、やがて帰国して世田谷の三軒茶屋で三等郵便局長として家族とのささやかな暮らしに幸福を見出すが、一九一七年、五十歳を前にロシア革命が波及しつつあったアムール河流域の都市ブラゴヴェンチェンスクにわたって再び諜報活動に従事する次第が、たんたんと語られてゆく。

ここには公式な歴史書にはない、興味深いエピソードが目白押しで、これこそ在野の人間が日々の暮らしのなかで経験した、当事者にしか書けない真実の記録であろうとの思いを深くする。

雁と争うようにして本書を読んだという健一は、これも章雄さんから聞いた話だが、三軒茶屋に住んでいたとき、父から石光が戦前その区域の郵便局の局長をしていたことを教わったとのことだった。『評伝宮崎滔天』『逝きし世の面影』『黒船前夜』などの著者で、石牟礼道子の理解者、伴走者としても知られる熊本在住の思想史家・評論家の渡辺京二は、日本読書新聞時代から、谷川兄弟と面識があった。はじめての著書『熊本県人』は、貧乏のどん底時代に健一の斡旋で本になったとのことだが、その第一章「肥後人気質」で、ワサモン好き（新しもの好き）と、その反対のモッコス（時流に目をつぶるひねくれ者）とが共存していることに着目して、こう述べた。

《こう見てくると、肥後人には、ひとつの傾向なり欲求なりを、極点まで進行させねばやまぬ性格があることがわかる。しかも、一方の極が見えている時には、同時にその反対の極が見渡せているのである。感情は熱情的でありながら冷笑的、明るく開放的でありながら重苦しく鬱屈するといったふうに、つねに二面性をおびている。熱情的にひとつの極にのめりこんでいく過激さとともに、そういう自分の情念をひややかに眺めるさめた意識がある。彼は実行においては極端な観念家でありながら、認識においては徹底したリアリストである。いわゆる肥後の党争の禍とか肥後人の分裂抗争癖なるものは、このような肥後人の魂の二面性の現われである。そして私は、このような肥後人の魂のありかたを思うとき、なにがしかのへきえきとともに、あるいたましい感じを禁ずることができない。》（『熊本県人』）

熊本人の二面性、なかんずく、健一・雁兄弟の二面性をよく言い得ている。ことに、「なにがしかのへきえきとともに、あるいたましい感じを禁ずることができない」とは、まるで雁を指して言っているような評言だ。いずれにしても、兄弟は自分でそれを意識するにせよ、しないにせよ、こうして熊本人であることの運命と性格を全身で受けとめながら、幕末・維新から持ち越してきた課題をみずからの課題として戦後の年月を歩み始めたのである。

3　原点が存在する

渡り鳥

一九四五年（昭和二〇）年八月、敗戦。学籍上は大学四年の雁は、この年卒業し、福岡の西日本新聞社に就職する。「小伝」は左のごとくである。

《一九二三年十二月十六日熊本県水俣市に眼科医の次男として生まれた。幼時から小心、不器用、偏執的理窟家の名が高かった。四歳のとき犬に噛まれて地方新聞の三面記事になり、はじめてジャーナリズムに登場。熊本中学に進み、ヒトラー・ユーゲント歓迎に反対を唱えたりしていたら、「お前のような奴がアカになる」と教師から宣告され、五高（＊現熊本大学）では新体制をくさしてばかりいるので「建設的でない」と定評あり、大学では延安行を夢想し、軍隊では「お前みたいのが私兵を作るのだ」といって営倉に入れられ、敗戦で東大社会学科をおしだされたときは「卒論を書かずにすんでよかった」と日高六郎から祝福された。しかし戦後三年目には西日本新聞争議を指導してGHQと衝突、ゴロツキと規定されてクビになり、共産党分裂時代には少数派としてしめだされ、いままた修正主義者と反共左翼挑発者の称号を得ているところを見ると、そのかみの預言者たちは心やさしかった。》（『汝、尾をふらざるか』所収）

整理部記者として勤務（取材記者の経験はない）する傍ら、詩作を始めた。これは、「朝日新聞」の記者で、当時姉妹紙の「九州タイムズ」へ出向していた詩人、安西均の感化によるところが大きい。四七年一月、「九州詩人」一号に発表した「恵可《えか》」は、自分の詩が活字になった初めての作。「雪舟作恵可断臂図から」とあるように、禅宗の初祖達磨が面壁座禅中、恵可という僧が入門を乞うも許されず自らその左臂を切断して決意のほどを示し、ようやく許されたという故事に基づいて、その場面の重苦しさと緊張を、次のように表現してみせた。

そのとき時間は始まった
鋭利な鋏にむかってはりつめた帛のように
ひとすじの光が
岩の蔭からほとばしった
蔓草のからんだ鉄鍖《かなしき》にうちおろす
虚無の道士の
筋骨に青白い火花がちった
忍苦と信が彼の鍾愛する秘密の
かかとにふれた

時が彼の頭《こうべ》を吹いた
衣の硬い折目は微風にふくらみ　怒って
そそりたつ巌を脅かす鏃となった

次にふみだした一歩を
支配したものは　ただ暗い天空の
傾いた秤であった

この腕を切断せよ　この頭足を
一閃の光にて裁て
青山常に運歩す　では人間の苦悩も
するどく生かされた山水木石ではないか
ああ　お前ゆえに一切は不具と化す
自我の幻覚の呼称……私……わたしは
石のなかにいる　湖水に沈んだ石の――
それも刃そのもの　光そのものであらねばならぬ
ゆうひの透了する生物のむれには
きのう遠く別れたのではなかったか

それは一秒の冬であった
きびしさのなかに眠る一滴の陶酔が
凍りついてしまう時刻であった
季節のない夜の隙間を六角の結晶が埋めていた
断じて劇をふくまない空間

白衣のすれる薄光が　彼の
青ざめたあぎとを　束のまの間てらした
彼は刃を抜いた
腕を切る音がした
達磨はなお動かなかった

戦前派の知識人が続々と転向し、ころがりこんだ民主主義を謳歌し、浮足だっていたこの期間は、雁にとっては厳しい冬の時代であった。だからこそ、雁は虚無の道士恵可と一心同体になり、凍りついた巌のなかで一閃刃を抜き、何ものかに向かっておのれの決意を示したかったのであろう。

以下は、この詩を見せられたとき、「名状しがたい興奮にかられた」という安西の回想。


《几帳面な楷書体の筆跡で「雁」というペンネームの原稿を見せてくれた。本名の「巌」のもじりだが、私のほうが瞬間照れたのを、すばやく見抜きでもしたように、にやにや笑っていた。「渡り鳥さ」と言ったのを覚えている。

最初の出合いから、彼は魅力にあふれた男だった。すばらしい友人が、ひょっこり目の前に現れたという興奮で、私は岡部（＊隆介）をはじめ旧知たちに紹介した。紹介しながら誇りやかな気になる、彼はそういう男であった。いささか気はずかしい言い方をすると、それはちょっとばかし恋愛感情に似ていたかもしれない。

私どもは、彼の詩ばかりでなく、彼の話術に魅せられていた。彼はそのころから「詩は象徴だ」と例の明快な口調で断言していたが、彼の文章のほうには一種の雄弁術といったものを感じさせる。

私は彼を雄弁家といってもよいと思うが、同時に彼は聞き上手の優しさも持っていた。》(「むかしの痣《あざ》」)

ちなみに、仲間の岡部は安西に、「谷川君はアルチュウル・ランボオみたいだ。いまに詩すら馬鹿げてるといって書かなくなるよ、きっと」と語ったとも、書き留めている。この年八月、雁は「九州文学」に「天山」を発表、岡部、安西と共に、丸山豊、松永伍一、森崎和江、高木護らが同人の久留米の詩誌「母音」にも参加する。

共産党に入党したのも、この頃。勤務先での越年資金要求争議で、組合書記長としてGHQと衝突し、十二月に馘首処分を受けた。

そして、翌年三月、西日本新聞社に復帰するが、以前から症状が出ていた結核が悪化し、安西の厚意で、「九州タイムズ」の文化欄に匿名の原稿を多数寄稿して、生活費を稼いだ。同人誌「午前」に寄稿した「深淵もまた成長しなければならぬ」の末尾は、こう結ばれている。Y君と呼びかけられているのは、安西均である。

《Y君、過去に対しては背教徒、未来に対しては使徒――この対立のなかに敢て身を置くことを辞さなかった人々、パスカルの敵、デカルトの敵の敵、相つぐ破門と焚刑を恐れなかったもの、あたえられた一切に眼もくれず新しい危機の内部に自らの深淵を創出する者、――ヘンデルのオラトリオが鳴る少年の私は死の篝火を潜ってこの陣営に投じたのだ。私はボヘミア人フス、プラーグのジェローム、オールドカースルであろうとさえした。この事はたびたび語りもしたが、深淵の成長の歴史にはあなたはあまり興味がないだろう。それよりもあなたは「選択の自由」に就て異議を申立てるかもしれない。しかしＹ君、今日は可能性のふちを廻る薔薇戦争をやめて、既に賭け終った円卓騎士たちに対して我々はまず脱帽しよう。二度と帽子を脱ぐ必要をなくすこと、これはあなたと私が一致した作法《エティケット》の最終的プラグマティズムなのだから。》

四九年、組合運動の延長であろうか、共産党九州地方委員会の一員となり、九州アカハタ支局長に就任する。しかし、常に少数派で、早くから反官僚主義、反スターリン主義を性急に説いて、同じく常任委員だった井上光晴にたしなめられた。これに対して、雁は「お前のいうことはわかるが、おれは、もう体の方が長くない。お前みたいにはやれんよ」と神妙に答えたという（斎藤慎爾・定村忠士編「谷川雁略年譜」）。

実際、翌五〇年、雁は治療のため水俣へ帰郷し、この年の秋、長男の空也が生後二歳十カ月で死亡する。五一年一月より、阿蘇山麓の村立阿蘇中央病院で療養生活。退院後、実家敷地内に失業対策と療養を兼ねて夫人とアクセサリーやネクタイなどを販売する小さな店を開く。チッソ病院で胸郭成形手術を受けるのは、五五年の十月である。

自己処刑

指導部とは常に対立していたにもかかわらず、雁が共産党を去るのは、安保闘争時の一九六〇年六月で、除名は七月だから、潜在的には、その関わりが続いた。縁が切れなかったのは、ひょっとして革命への夢が捨てられなかったのだろうか。それはともかく、水俣、そして翌年、阿蘇中央病院で一年ほど療養していた時代に、雁ならではの思想がしだいに形をとりはじめていったことは、以下の小文から読みとることができる。

《たしかに私は火傷していました。二十代も後半のことです。水俣で療養中の私はある実験をしました。自分にとって、ゆうひの赤とはいかなる色をいうのか。ぎりぎり一つの色に到着せよ。食事のとき以外は、目をつむったまま黙想しつづける修行です。

はじめのうちは、水俣の海を背景にした、華麗な夕焼けが出てきました。熱帯の落日も出てきました。だが、そんな crimson なものじゃないよという声があって、それらは消え、二日三日とすぎました。

四日目の午前、とつぜん近景にかやぶき屋根や樹木のシルエットがうかび、そのかなたの、海と想像される方角に真円のゆうひがありました。まさに沈もうとする寸前の狂乱ですが、ほんのわずか黄がまじるその分だけは、もしかすると、この光景が私のまぶたの奥で経た時間のせいではないかと思われました。

さらに数年後、私はたずねた〈原郷〉から数キロのところに、このまぼろしと寸分たがわぬ風景を発見して立ちすくみます。老いた母たちの一人は指を折って、その景色はだれそれの葬式の途中しかあるまい、だれかに負ぶさって見たのだろうといいました。

白状しますけれども、この一件あって以来、私はすこし図図しくなり、共同体などと口走るようになったのです。》(「原郷のゆうひ」『北がなければ日本は三角』)

《僕は昆虫の本能で山脈の方を望んだ。入院費のあてもなしに火山の麓の郭公と狐と合歓の花に祝福された病院へ入った。そこで——僕はほとんど言葉につまろうとするのだが——さびしい乳色のもやに溶けている農民世界を発見した。僕と彼等は体温計や薬の包紙に対する態度からちがっていた。しかも驚いたことに僕の感覚の急所には完全な理解を示すのだった。彼等は僕が労働の不能者であることを見抜き、さまざまのコンプレックスに笑いを浴びせ、僕に残っている能力を自分たちのために使えと要求した。ローマ字を教えたり、百人一首を解説したりすることが僕に与えられた。（缶詰のレッテルくらいは読めるようになりたいと彼等は言った。）藁束や玉蜀黍《とうもろこし》の葉で作られているような貧しい娘たちと毒舌を浴びせかけあい、感傷に沈み、彼等のほかに自分とこの世を結びつけている力はすべて断たれたと考えることはなんという快楽であったろう。彼等こそ僕を民衆の最も平凡なひとりとして扱った最初の民衆だった。君が僕を詩人にしたように、彼等は僕を民衆にした。（中略）

優しさに帰ろう。部落民と農民とに共通するこの破格の寛容と平静、それは幾世代をくぐりぬけてきた前プロレタリアートの感情であることを僕は理解した。この素焼の肌が放つ光を日本の労働者の前衛が充分に受けついでいないばかりか、むしろそれから背反しようとする傾向が強いというのが僕の発見だった。変革の中心であればなおさらのこと、労働者階級の意識高い部隊が失っているもの、奪われたもの、人間性の欠損の部分を見落すべきではない……（中略）

Y君。君はダ・ヴィンチの「巌の聖母」を考えてくれてもよい。洞窟の内側にたたえられた冷やかな水、死よりも永遠な山々、それらに帰属し、対抗して彼女は坐っている。彼女はファウストのなかの「母たち」のひとりなのだ。だが僕に愛の原型を示したのは形而上的観念ではなく、未解放部落民であり、貧農であり、娼婦たちであり、村の法則だった。彼らは一様に指している。何を。共同体《コミュニティ》を。はるか遠い記憶に沈んでいる村を。原詩《ウルポエジイ》を。

谷神《こくしん》死せず。是を玄牝《げんぴん》と謂ふ。玄牝の門。是を天地の根と謂ふ。綿綿として存するがごとし。

之を用ひて勤めず。（『老子』谷神不死章）》（「農村と詩」）

「僕に愛の原型を示したのは形而上的観念ではなく、未解放部落民であり、貧農であり、娼婦たちであり、村の法則だった。彼らは一様に指している。何を。共同体《コミュニティ》を。はるか遠い記憶に沈んでいる村を。原詩《ウルポエジィ》を」。雁がつかみとったポエジーの源泉、目指すべき一番深い思想の根っこ、それが早くもここに凝縮されている。先に引いた老子の言葉が、ここで用いられているのである。谷の神（水）は死なない。それは神秘な牝《めす》と名づけられる。神秘な牝の入り口、そこが天と地の動きの根源である——。

雁の阿蘇療養時代、ここにこそ雁が「乳色のもやに溶けている」農民世界を発見し、おのれが一個の無名な民衆の一人に過ぎないことを自覚した「原点」があった。（のちに述べるが、兄の健一も、「小さき者」への共感が、根っこにあった。）

そのことを詩で表現したのが、初期詩集『天山』の冒頭に置かれた「或る光栄」である。

おれは村を知り　道を知り
灰色の時を知った
明るくもなく　暗くもない
ふりつむ雪の宵のような光のなかで
おのれを断罪し　処刑することを知った
焔のなかに炎を構成する
もえない一本の糸があるように
おれはさまざまな心をあつめて

自ら終ろうとする本能のまわりで焚いた
世のありとある色彩と
みおぼえのある瞳がみんな
苦悩のいろに燃えあがったとき
おれは長い腕を垂れた
無名の時のしるしを
額にながしながら　おれはあるきだす
歩いてゆくおれに
なにか奇妙な光栄が
つきまといでもするというのか

雁はここで労働者でも、農民でもない、単なる知識人としてのおのれを「断罪し、処刑する」と言っているのである。このことを見逃してはならない。

下へ、下へ

一九五四年（昭和二十九）は、雁の詩作、詩論が一挙に頂点に上り詰め、炸裂した年として、とりわけ記憶されるべきである。五月、「母音」（第十八冊）に発表された、「原点が存在する」は、詩人谷川雁の谷川雁による谷川雁のための高らかなマニフェストだ。

《けだし詩とは留保なしのイエスか、しからずんば痛烈なノウでなければならぬ。詩が来らんとする世界の前衛的形象であるかぎり、その証明は詩人の血をもって明らかにせねばならぬ。

詩人とは何か。

まだ決定的な姿をとらず不確定ではあるが、やがて人々の前に巨大な力となってあらわれ、その軌道にひとりびとりを微妙にもとらえ、いつかその人の本質そのものと化してしまう根源的勢力……花々や枝や葉を規定する最初のそして最後のエネルギイ……をその出現に先んじて、その萌芽、その胎児のうちに人々をして知覚せしめ、これに対処すべき心情の発見者、それが詩人だ。

このような人間が保守的な世界に一票を投ずる可能性があると考えることは二重に困難なことである。第一に古くなってしまった力は根源的ではありえない。第二に根源的でないものは創造的ではない。だから進歩的なものに「尾をふる」者は――詩人ではない、ということも成り立つ。（後略）

＊

私は立ちあがった。眼の前に遠い何時か火山からほうりだされた岩があった。

汝、彼処にゆきて彼等を見しや。彼等を知れるか。

私は自らに問うてみた。

私の見たもの――それは、馬糧を盗みぐいしながら尿をこらえることができない栄養失調の兵営であった。鵜鳥の声で叫んでいる盲の原爆症の男だった。昼の電灯をとぼしながらギタアを弾く未開放部落の青年達であった。六人で二組の布団をオルグの私に一組貸した金属工であった。出奔した夫の留守に社宅を追出されないために労務と姦淫した鉱夫の妻であった。首をきられた私を追いかけてきて十円を与えた掃除婦であった。握手すればひりひり痛むほど握り返す牛飼の少年であった。

1956年頃の雁

フェルトの草履が一年の労働で買えたと喜ぶ紡績女工であった。清水のような笑声をたてる地下生活者、屑拾いをする党員の妻、葱一本で夕食をすます地区委員、炎の会議、ひややかな弁舌、脱落者の除籍、裏切者の追放、スパイの眼……こんなものを私は見た。もっと多くのものを見た。しかし、もっともっと見るであろうし、見るべきであろう。

では――彼等を知れるか。

知らぬと答えねばなるまい。知るとはそのものを創造しうる、ということだから、私は努めている。

それだけだ。

ファウスト　そこで先ずどうするのか。
メフィスト　　下へ降りようとなさい。
　力足を踏んで段々降りてゆくのです。

＊

「段々降りてゆく」よりほかないのだ。飛躍は主観的には生れない。下部へ、下部へ、根へ根へ、花咲かぬ処へ、暗黒のみちるところへ、そこに万有の母がある。存在の原点がある。（中略）

直ちに原点に立とうとあせるべきではない。誰もつねに正確に原点を踏みつづけることは出来ない。また原点は単なるイデアではない。原点に向おうとする者はまずおのが座標を、その所属する階級の内容を究め、おのが力の働く方向を定めなければならない。

私達は未来へ向けて書いているのではなく、未来へ進む現在へ向けて書くのだ。偶像を排除せよ！　観念的労働者主義をうちやぶれ！　今日の大地の自らの足もとの深部を画け！
汝、足下の大地を画くか。》

東京へゆくな

そして、十一月には第一詩集であると同時に代表作でもある『大地の商人』が刊行される。農民も炭坑夫も仲間だが、自分は「商人」になると宣言したのだ。

商人

おれは大地の商人になろう
きのこを売ろう　あくまでにがい茶を
色のひとつ足らぬ虹を

夕暮れにむずがゆくなる草を
わびしいたてがみを　ひずめの青を
蜘蛛の巣を　そいつらみんなで
狂った麦を買おう
古びて大きな共和国をひとつ

それがおれの不幸の全部なら
つめたい時間を荷作りしろ
ひかりは枡に入れるのだ

さて　おれの帳面は森にある
岩蔭にらんぼうな数字が死んでいて

なんとまあ下界いちめんの贋金は
この真昼にも錆びやすいことだ

事実のちに雁が文筆や政治闘争、文化運動で示す立ち位置は、士農工商の最下位にある、この商に徹していた。そして、一般に雁といえば真っ先に浮かぶ有名な詩が、これである。

　東京へゆくな
ふるさとの悪霊どもの歯ぐきから
おれはみつけた　水仙いろした泥の都
波のようにやさしく奇怪な発音で
馬車を売ろう　杉を買おう　革命はこわい

なきはらすきこりの娘は
岩のピアノにむかい
新しい国のうたを立ちのぼらせよ

つまずき　こみあげる鉄道のはて
ほしよりもしずかな草刈場で
虚無のからすを追いはらえ

あさはこわれやすいがらすだから
東京へゆくな　ふるさとを創れ

おれたちのしりをひやす苔の客間に
船乗り　百姓　旋盤工　坑夫をまねけ
かぞえきれぬ恥辱　ひとつの眼つき
それこそ羊歯でかくされたこの世の首府

駈けてゆくひずめの内側なのだ

ところで、この詩集『大地の商人』に対して、兄の健一が「母音」誌上でオマージュを捧げていたことを、私は今度初めて知った。

《詩人、谷川雁は、わたしの血、わたしの細胞にもっとも近く生れながら、わたしの知るかぎりもっとも魅力ある一人物であり、わたしが彼の影響の圏外に立つことを不可能ならしめた――わたしの思想変移の上でのもっとも重要な存在であった。すくなくとも、彼は幼年時代から、硬い鱗の子であった。はやくも少年時代から、決闘をもって人生につきすすんだ。そして敗戦前後の混乱した青春の季節が、彼の自我を喚問し、決定的な力と美で突然の開花を強いた。それも束の間、彼はあらゆる才能を約束させる自我をひきずりだし、それを処刑することに立向った。〈おのれと戦うこと〉ここに彼のもっとも特質とよぶべきものがある。劇をもっとも嫌悪した人間のわれ知らずつくりだした劇がある。才能と戦う努力――そこにたわ言の煤煙で空を汚してなんらの自責も感ずることのない連中――なま温い培養基のなかでたやすく発芽する詞華集には発見できない才能がある。一つの苦痛は更に奥ぶかい苦痛で扼殺しながら、根へ、下方へと動いていくふしぎな植物の運動に似た動態がある。そこに彼の詩に接するものの感動を、胸のうちがわへ波紋のようにしばってしまう力づよさがあるのだ。それは彼とおなじ立場に立ってはじめて見ることのできる暗黒の底に設けられた展望台である。彼の計算しつくされた構成、あまりにもたくみにえらびだされ、見事に措かれた詩句の配置、そしてそのなかをつらぬくすさまじいエネルギーにみちた力は、地鳴りのような無気味さで、わたしたちの卑小な現実を盲目にし、さるぐつわをかませてしまう。煉獄の詩である。深夜をわかたずたたかい抜き、頌歌をたやそうとしないものの詩――石女の出産の陣痛にもたとえられる詩である。》（「母音」第二十二冊）

この「母音」（第八冊、一九四九年二月）に、健一は「人間イエス」を寄稿している。それ以前、雁には「ゲッセマネの夜」という詩がある（「九州詩人」第三号、一九四七年）。双生児のごとくに、ここまで似通っていたとは驚きであった。発表順に掲げる。

ゲッセマネの夜　（雁）

膝まずいて彼は祈っていた
荒々しく澄みきった水晶の間から
ガリラヤの魚が一匹　しずかに泳ぎさった
群集と予言に狭められた谷間をながれ
新約の盃は
危機をたたえた淵に浮いていた
そのうえをかすかな吐息が過ぎた
世界の隅でさらと何かが崩れた
繊い十字が飛んだ

まだ低く訴えている
彼の肉体は苦しい栄光に
もうほとんど透きとおっていた
午前三時　迫りくる「あれ」のために
世界は闇のなかで粧うた
銀河は高貴な声のように遠く
夜は若かった

香油の時は一滴々々彼の額にそそいでいた
血のうせた指を彼はそっと折ってみた
星達は秘かな関係《かかわり》を断った
霧のつめたさが拳につたわるだけであった

泥土のような観念がめざめた
このうえもなく暗い形象に
ほんのすこし罅《ひび》が入った
肉を破ろうとして新しい歯は
さらに深く苦痛を埋めねばならなかった

膝まずいて彼は祈っていた
断崖のまえで人が自己を売渡す
あの絶対の暗黒はいま
彼の肉から脱けだし
かなたにいる弟子達のうえにたなびいた
彼等は犬のように眠っていた
イエスの周りをはう
茨のわかい棘だけが爪のように
ほのあかい夜明けの光を刺した

人間イエス　（健一）

いつか記憶のかへらぬ砂漠の夜に
死の星空はしづかに隆《くだ》り
暗黒の額……彼の祭壇に柊《ひいらぎ》の炎を焚いた
人間の双生児　神よ　二重の心音が
一つとなるとき　人の子の恥辱は
お前の光栄だ

二月の南風《みなみ》が邪慳な大地の脇腹を吹いた
オリーブの苦痛が眼覚めた
彼の火は家畜の群集の毛を焼き
偽りのレース細工の愛を灰にし
天使らの歌の死ぬ海のかなた
珊瑚礁の短い光を貫いた
彼のゆく荒野の砂が
新しい刑罰を歌つた
断ち切られた時間は
蜥蜴の尾のやうに　煌き跳《おど》つた
棕櫚の審判者　人間の王

ああ肉体……大空の湖底に沈んだ
苦痛の竪琴よ
石だけが夜明けを呼ぶ刑場の地平に
お前が低く懸るとき
薔薇色に匂ふ最後の吐息をくぐり抜け
彼のつるぎは
双頭の絡《もつ》れを　素早く切り落した
エロイ　エロイ　ラマ……
神は死んだ

聖書と真摯に向かい合って、雁と健一は、イエスの死をどう受けとめるか、それぞれに沈思している。無神論と有神論とのあいだで揺れながら。

4　成熟へのひとしずく

平凡社入社

結核を病んでいた健一は、敗戦の日を、父親の郷里熊本県松橋近くの丘の上の療養所で迎えた。その後は水俣の実家に帰って病を養った。どこの家でもそうだったろうが、終戦を境にして、谷川医院の暮らしは一変した。不動産を持たず、もっぱら銀行預金や株券に頼っていたからだ。

雁と違い、健一にはこの療養時代について触れたものは、ほとんどない。いったい、なにを思い、なにを考えていたのか。召集を受けず、ベッドの上でひたすら死と向き合っていた健一に、戦争は遠かったかもしれない。相変わらず、本を読むだけが楽しみで、この当時は、トルストイ晩年の宗教論集に親しんだ。彼の激しいロシア正教批判は、カトリックのドグマから抜け出すのに役立ち、パスカルやシェイクスピアへの容赦ない攻撃にも感銘を受けたという。

本書を書くので、健一の長女安仲祐子さんにお願いして、手許の資料をさまざま提供してもらったなかに、一九六六年十二月、「南北」第六号に発表した、小説「異邦人の神」（一四〇枚）があった。のちに詳しく述べるが、「太陽」の編集長を引き、はじめて書いた小説「最後の攘夷党」が直木賞の候補に推された年である。巻頭に河野多恵子「湯餓鬼」が載り、続いて新人力作中篇特集として、辻邦生「献身」、加賀乙彦「ゼロ番区の囚人」と並んで掲載されている。肺結核が再発して登戸病院に入院したのがこの年の五月だから、たぶん病院で書いたのだろう。当時、健一のなかで創作と民俗学の研究はいまだ未分化で、ベッドで身動きできない状態では、むしろ創作が適していたと思われる。なぜここでこのことに言及するかというと、この小説にはカトリックの信仰に強く惹かれながらも、その教えを全面的に受け入れられなかった、往時の健一の心の葛藤が、五島列島の網元の家の出で、隠れキリシタンの末裔に生まれた若い女性の口に託して、綿々と語られていたからである。

主人公の女性は五歳のとき、N市（長崎市だろう）の教会が持ってきた巡回映画、「イエスの一生」を見て、「十字架の道行」の場面に失神しそうになる。これは健一の幼児体験そのもの。ジュワンが海を渡って消えたという伝説が残る岩で出会ったのが、N市の大学に赴任して間もない宗教社会学を講じる青年で、以後、N市で教母を務める叔母の家で暮らす彼女と青年との仲が深まって、同棲するまでになる。けれども、信仰をあくまでも研究対象としか見ない青年と、信仰に生きようとしながら、教母である叔母や神父の言動に疑問を感じて、どうしても前に進めない彼女とのあいだで交わされるちぐはぐな宗教問答が、やがて二人のあいだを裂いていくまでが語られていく。これが単に教会で知り合った若い男女の、その後の愛の行く立てを語るだけなら珍しくもないが、納戸神など、健一が唯一キリスト教が日本の風土に受肉した例として関心を示した五島列島での信仰（『わたしの「天地始之事」』参照）を背景にしているだけに、作者がこの作品に傾けた思いの並々ならぬことが伝わってくる。しかし、こうして愛する者同士の訣別で終わることからも分かるように、これは健一の「歌のわかれ」に続く、「カトリック

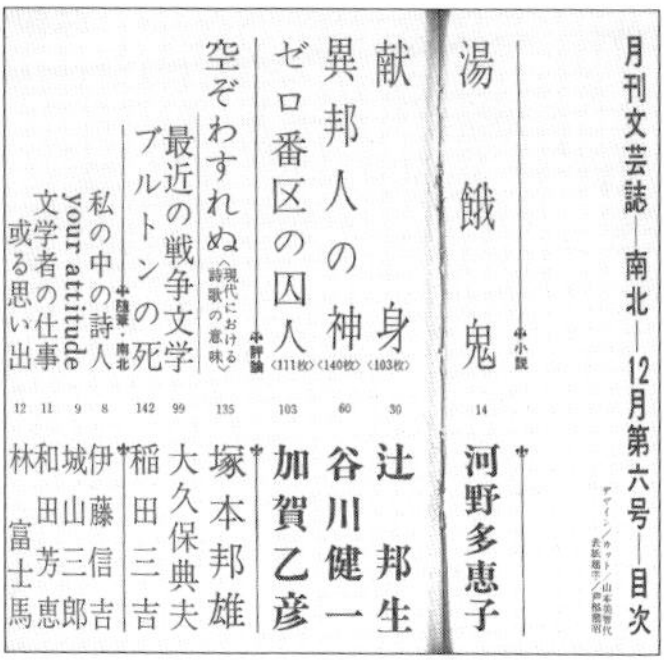
月刊文芸誌―南北―12月第六号―目次

デザイン／カット／山本美智代

小説
湯　餓　鬼　14　河野多恵子
献　身〈103枚〉　30　辻　邦生
異邦人の神〈140枚〉　60　谷川健一
ゼロ番区の囚人〈111枚〉　103　加賀乙彦

評論
空ぞわすれぬ〈現代における詩歌の意味〉　135　塚本邦雄
最近の戦争文学　99　大久保典夫
ブルトンの死　142　稲田三吉

随筆・南北
私の中の詩人　8　伊藤信吉
your attitude　9　城山三郎
文学者の仕事　11　和田芳恵
或る思い出　12　林　富士馬

「異邦人の神」が掲載された「南北」6号の目次

とのわかれ」であった。

健一は、この作品を著作集にも、最晩年に自分で編集した「全集」にも収録していない。単行本にも未収録である。これだけ重要な作品を、作者が進んで収録する気になれなかったのは、なぜだろうか。たしかに、小説としての出来栄えはさほど芳しいものではない。主人公の娘の実母が番頭と出奔したり、教母の息子が彼女にちょっかいを出したりと、展開に小説的な工夫はしているが、成功しているとはいえず、テーマがテーマだけに重苦しくて、全体の読み味も良いとは言えない。したがって、著者がこの作品を封印したのは、分からなくもないのである。けれども、健一がこれを書けたということ、書いたということは、この先で述べる柳田國男との出会いがあって、すでにかつての思想的宗教的混迷からは脱していた証拠になる。

話を戻そう。長らく水俣の家で静養した健一は、やがて健康を回復し、一九五〇年に再び上京して、七年ぶりに復学する。といっても、アルバイトに追われて、大学の授業にはほとんど出席しなかった。徳富蘇峰を訪ねたことは、前に述べた。形ばかりの大学生活を終えて、五十二年、雁の知人だった日高六郎の斡旋で、平凡社に入社する。

配属されたのは『児童百科事典』の編集部で、編集長は児童文学者の瀬田貞二。児童といっても内容は中学高学年から高校生向けで、仕事はおもに入手した原稿のリライトだった。

当時、平凡社では林達夫編集長のもとに、『世界大百科事典』を刊行していた。林は戦後、大学で西洋文化史、西洋精神史を講じる傍ら、出版社の顧問をしたり、各種文化団体と積極的にかかわって、当時の出版文化ジャーナリズムで重きを置かれていた。このとき、林が唯一自分で執筆した項目は「ルネッサンス」(『世界大百科事典』では、「ファーブル」のみ)で、これは健一が頼んで書いてもらったものだった。

この林は、京大で西田幾多郎に学び、友人に三木清、谷川徹三がいた。戦後は中央公論社の出版局長を務めたあと、平凡社で『児童百科事典』『哲学事典』『世界大百科事典』の編集責任者として指揮をとった。著書に『歴史の暮方』『共産主義的人間』『反語的精神』、訳書にファーブル『昆虫記』、ベルグソン『笑い』等がある。ヨーロッパの知を自家薬籠中のものとしたチチェローネ（水先案内人）、昭和の大知識人の一人である。

この林の好きな言葉に、「神は細部に宿り給う」（ルネ・ホッケ）と「フォークロア（民間伝承）」がある。健一は、知らず知らず、その感化を受けていたのだろう。「神は細部に宿り給う」は、のち彼が、地名の大切さを説くとき、書名に用いたほどである。林からは「君は変に細かいことを知っているね」と言われたとのこと。林をしてそう言わせたのだから、これは自慢していい。後年、健一はこう述懐している。

《私が平凡社の『児童百科事典』編集部に入ったころ、その編集委員であった林達夫さんは、現在の私よりいくらか年をとった程度であったが、その知的司祭としての風貌は明らかであった。その聖職者が、みずからを売らず、しかも珍貴な宝石か果物のように、私たちの前にいることは、眼の毒であった。手の届く近さにありながら、彼を捉えることができないという欲求不満が私たちに高まることも彼はちゃんと心得ていて、時たまであったが、蘊蓄をかたむけて懸河の弁をふるった。》

（「待つことのできる人」）

当時の平凡社は、社長の下中彌三郎が「世界連邦建設同盟」の委員長を務め、社内は有象無象の一匹オオカミが屯《たむろ》していて、梁山泊のありさまを呈していた。健一の同僚だった小林祥一郎の『死ぬまで編集者気分』から引く。

《これら多方面の思想の持ち主がたむろしているのは、下中彌三郎さんの思想遍歴の軌跡である。

整理や校正には酒飲みが多かった。たいてい机の下に酒びんを入れていて、持参した原稿の処理が終わると、わたしに茶碗酒をすすめ、じぶんも飲んだ。

当時の平凡社の給料は、いまでは評判のわるい典型的な年功序列給だった。年功序列給に弊害があることもたしかだが、貧しい時代には老若のつき合いをそだてた。年長者はよく若いものにおごってくれた。それで老若ともに酒を飲み、話を交わしたのである。興にのると帰途、池袋で飲み屋にさそわれた。

整理の人たちと池袋の沖縄料理屋で話しているとき、隣の客がわたしたちの話に下手なちょっかいを入れた。すると五十里《いそり》幸太郎さんがすっくと起ち、「てめいら、イソリのコウちゃんを知らないのか」と啖呵《たんか》を切った。五十里さんは色白で短身だが、その啖呵と気合のあざやかなこと。隣の客はすっかり鼻じろみ、意味不明の詫び言葉をいって立ち去った。

五十里さんは戦前、大杉栄と行動をともにしたこともあるアナキストで、浅草オペラのカジノ・フォーリーなどに関係したこともあったらしい。そんなことから、わたしが担当する娯楽部門の原稿を見ていたのであろう。》

健一の酒好き、話好きも、こうした雰囲気のなかで醸成されていったに違いない。ともあれ、敗戦を境に、健一はひどいヨーロッパ嫌いになってしまっていた。マルクシズムにせよ、西欧型民主主義にせよ、戦後啓蒙思想のイヤなところは、人民を持ち上げて、君と僕とは同じ人間だと猫なで声で言いながら、じつは民衆を見下していて、本人はそのことに気がついていない。林達夫は、そうした戦後のいわゆる進歩的知識人とは違っていた。けれども、ヨーロッパの知で武装したスマートな上司とは、肌があわなかったろう。健一はこう書いている。

《私は沖の白帆のように動かぬ自分を見出した。それは気が遠くなるような体験だった。私にできることといえば、「待つ」こと以外にはなかった。》（「成熟へのひとしずく」）

柳田國男との出会い

ところが、やがて劇的な転機が訪れる。

《そうしたある日、晴れた空の下を私は歩いていたのだったが、ふと首筋にひとしずくの雨滴のようなものがひやりとかかるのをおぼえておもわず、その箇所に手をやった。空を見上げたが、雨雲らしいものはまったくない。そこで私は、「成熟」の最初のひとしずくが、待ちに待ったあげくやっと自分におとずれたことを知った。私はすでに三十四歳であった。》（同前）

一九五六年（昭和三一）、健一がふと自宅の本棚に放置してあった柳田國男の文庫本『桃太郎の誕生』を読んだときのことで、これが決定的だった。その後、柳田の本は繰り返し熟読するが、これだけは一度も開くことがなかった。「触れれば手に火傷を負わせるような」運命的な本だったからである。いったい、何がそれほど、健一を引きつけたのか。

柳田國男（1949年）成城大学民俗学研究所提供

《私がまず感動したのは、日本の庶民の独創的な可塑性であった。庶民の生き生きした発想がそこに具体的に展開されているのを見ることができた。権力を持った支配階級や知識層がおしつけるお伽噺の陳腐な型は痛快にうちやぶられていた。それを延長すれば密造酒をつくっている部落がそれを摘発する役人たちと渡りあうときの、奇想天外な発想にまで思いを及ぼすことができる。（中略）

柳田の民俗学は、日本人の、という限定はあるが、たましい、あるいは神の問題を忘れていなかった。そして日本に思想が根づくためにはどうした方法をとればよいかを示唆していた。しかも市民とか人民とかいう言葉を軽々しく口にすることなく、そうした人たちの日々の生活の実体を徹底して追求していた。私はカトリシズムやマルクシズムの重大な欠陥と思われているものが、柳田の民俗学でおぎなわれるこころよさを体験した。人生や人間を抽象的にながめず、できるだけ具体的なものとしてながめようとする学問の姿勢は、当時中年にさしかかっていた私にとって、自分の身に適したものであることを自覚した。》（同）

まもなく、その柳田と会う機会が訪れた。パラオ在住歴の長い彫刻家で民俗学者の土方久功《ひさかつ》の家に出入りしているうち、柳田の秘書役の鎌田久子と知り合い、彼女の引き合わせで、対面したのである。その後、病気見舞いにも行った。健一の柳田への傾倒ぶりは、左の文章にもよく表れている。

《柳田国男の著作はそのほとんどすべてが文人の文体で書かれている。民俗学の記述でも、あからさまに論理の筋道を浮き立たせるのを第一義とするのではなく、迂回をいとわぬ螺旋的な文体である。柳田の情理兼ね備えた文章は、当今の民俗学者の文章と懸けはなれている。このことから、彼が民俗学からはみ出したものをもっていたことは疑い得ない。日本民俗学を創始した柳田は近代日本の病弊をするどく衝いた思想家でもあったが、それを包みこむ呼称として「大いなる文人」とでも呼ぶよりほか仕方がない、と思うことがある。このばあいの文人は南方熊楠の言うリテラリー・マンの考えに近い。そうした意味では、柳田だけでなく、南方も、折口も文人であったろう。

柳田に関わる論考や評伝は今なお引きも切らないが、民俗学者としての柳田、思想家としての柳田、文学者としての柳田をそれぞれの立場からばらばらに論ずるものが大半であって、それらを綜合した視点から把握しようとする積極的な試みはまだなされていない。》（「文人の文体」）

つまり、私が、本書で目指すのも、それである。谷川健一、谷川雁を、それぞれ、民俗学者、歌人、変革者、思想家、詩人とばらばらに論ずるのではなくて、二人を交互に、総合的に把え直そうとする試みである。

宮本常一と組む

健一が鎌田と相談し、柳田の側近大藤時彦、大藤が推薦した宮本常一の三人を編集委員に始めたのが、シリーズ『風土記日本』（全七巻）である。とりわけ、宮本との出会いが、鮮烈だ。編集会議に現れた彼は、和服の布地を黒く染め、それで仕立てた洋服を着、布製の靴を履いて、まるで炭焼小五郎のような風体だった。朝十時頃から夜まで、宮本は一人でしゃべった。豊富な旅の体験に裏付けら

宮本常一（1961年）周防大島文化交流センター提供

れた、「採ったばかりのつやつやした海藻のように新鮮な」知識に、谷川は全身が吸い取り紙のようになって、耳を傾けた。

《宮本はその頃、胃痛になやんでいた。まだ二、三度しか会っていない頃、彼が寝込んだと聞いて、渋沢（＊敬三）の邸に彼を見舞いにいったことがあった。宮本の住んでいたのはその広大な邸の片隅に建てられた玄関番の部屋のようなところだった。わずか三畳ぐらいの部屋に本が堆《うずたか》く積んであり、そのあいだに宮本は床を敷いて寝ていた。その蒲団は五月の節句の幟の古い布をつぎあわしたもので、紺地に模様入りのせんべい蒲団であった。私が田舎のまずしい家でよく見掛けたことがある、そうした蒲団に寝ている宮本を見て、日本の庶民史を地方別にたどろうとする『風土記日本』の企画が必ず成功するというひそかな確信を得た。

宮本の旅は一切の温泉地と無縁であった。それどころか、汽車に乗っても食堂車などは利用しなかった。彼と偶然おなじ汽車に乗り合わせたことがあったが、朝は車内で売りにきたコーヒーとパンだけで済ませていた。ひどいときには、ソバ粉を袋に入れて旅をし、弁当のかわりにソバ練りをつくってたべたともいう。一枚しかないパンツを小川で洗って、それを背負ったリュックの上でかわかしながら歩いたという話を聞いたこともある。

いずれにしても尋常な物見遊山の旅ではなかった。そうした旅を十数年にわたって、一年のうち二百日以上も続けていた。しかも宮本は民俗学者のあいだで知られているだけで一般にはほとんど無名であった。

　宮本に会ってから間もなくして、彼は、「自分はあなたによって発見された」と言った。彼もうれしかったにちがいないが、編集者として、私にもこれ以上のうれしい言葉はなかった。しかし、それにもまして私は、知識と経験を総合した宮本の物の見方をまなぶという、貴重な体験をしたのだった。私は、宮本と接触して庶民を見る眼をやしなうことができた。『風土記日本』とそれに続く『日本残酷物語』は、私のイメージを宮本が具体化し、それを私が修正し、規制するという相互の協力作業によって生まれたものである。》（「近代主義への一矢――宮本常一のこと」）

　宮本も、健一について書いている。左は一九六三年十月、「日本読書新聞」に載った人物スケッチ欄の文章である。「長身荘重の〝火山〟」という見出しが付いている。

《谷川君を知ったのはそんなに古くない。しかしながら私にとっては印象の一番強烈な人である。彼のまえに出ると蛇ににらまれた蛙のような思いがする。彼はいつも爆発しそうな情熱を自分の厚い壁の内側でもやしてしかも静かに行動している人である。そして相手の弱点というか特長というかちゃんとつかんでしまって自分の物にしてしまう。彼は大して物は書かない。書かないが書かせるコツは心得ている。そして相手の急所をついては泥をはかせる。こちらは多少反撥を感じながらも何も彼も吐き出さざるを得なくなる。私はこの人に対しているとすぐムキになる。ムキになって見てもこっちの負けである。第一間尺がちがう。それにこちらさまのように線香花火ではない。火山である。》

『日本残酷物語』の第一巻「貧しき人々の群れ」には、宮本の寄稿した「檮原《ゆすはら》の乞食」（「土佐源氏」の原型）が載っている。このことは、追って紹介する。

『風土記日本』の反響

『風土記日本』は、私の中学生時代に刊行されたので、よく憶えている。小学生のとき、同じ平凡社から出た『綴り方風土記』を読んでいたから、その延長で手を伸ばし、夢中になって読んだ。次の『日本残酷物語』とともに、この三つのシリーズは私の宝物で、いまも愛蔵している。（当然のことに、当時はこれらが健一の企画編集したものとの知識は、まるでなかったが。）

次は第一巻「九州・沖縄篇」の「はじめに」の一節。健一の文章だろう。

《わたしたちの祖国を見直そうという新しい動きがはじまっている。民衆の働きと知恵のすべて、共同の哀歓のすべてをわたしたちのものとし、これを明日の理想をになう人々の、今日の糧《かて》としたいという願いから本叢書《そうしょ》はくわだてられた。

本叢書が、風土記の形式をとり、各地方の生活と文化を通じて、日本文化の本質をとらえようとするのは、従来の文化史の枠《わく》をやぶって、真の民衆の歴史を描こうとしたからにほかならない。これまでいわゆる日本文化史なるものは、中央の一部社会にかたよりすぎるか、さもなければ階級の緊張関係の上に組み立てられたものがほとんどであり、歴史の裏街道にかくれて生きた民衆社会の内部にいたっては、かえりみられることがあまりにも少なかった。

しかも民衆こそはつねに地の塩であり、大地の深部を形成する民族の源泉の力であり、それぞれの地方の主人公であった。地方には地方の特色があった。それはゆらぐ炎のようにひろがり、かさなりあい、そそりたって、日本文化の母体となり、祖国の明日《あす》をおぼろげに照し出す。本叢書は、これを消えることのない民族の火として鍛え上げるために、幾千年このかたの民衆の実感を、諸学問の成果のなかにたしかめようとする最初のこころみである。読者は日本の民族文化をひろくまた深くながめるならば、それはやがて日本民衆の歴史と一致するものであることを本書によって知るであろう。》

たしかに、私はそのようなものとして、地方の生活と文化を受け取った。それは、今から見ると、みすぼらしく貧しいものだが、すこしも暗くなかった。先のことが何もわからない中学生にも、何かしらこれからの世の中はよくなるだろうという希望と自信のようなものを与えてくれたのである。

『風土記日本』

第一巻が「九州・沖縄篇」から始まるのも、熊本生まれの谷川らしいが、執筆陣にそれぞれの分野での第一人者を揃えながら、署名がないのは、健一ほか編集部がリライトしているからである。

著名人に寄稿を依頼しておいて、その名は巻頭に一括して掲げるだけとは、編集者によほどの自負と、執筆者からの信頼と説得力がなくては出来ることでない。えてして専門家の文章は無味乾燥なうえに悪文で、魅力に乏しい。文体を統一し、全体の流れを整えるためにも、編集者として賢明な判断である。当時、平凡社の幹部が歌壇の重鎮窪田空穂を訪問したとき、「君のところには大学教授も手玉にとる編集者がいるそうだね」と聞かされて、驚いて帰ってきたということだが、むろん健一のことである。

いまだアメリカの軍政下にあった沖縄篇の目次は、琉球の歴史、琉球の習俗、女性の力、常世の国から、琉球の芸能、山と泉のあいだに、島々の話。教科書のどこにも記載がない沖縄について、私がはじめて学んだのが、この本だった。

対して、九州篇の目次は、序、農耕のはじまり、稲の渡来、大陸文化とのつながり、南とのつながり、海の往来、国家の最前線として、貿易と戦争、海をひらいた人々、辺土の民、九州社会のうつりかわり、朝鮮の役と陶工招来、南蛮貿易とキリシタン、九州の残存文化、脊梁山脈の村々、クジラとり、村の歩み、郷士制度と若者組、西南の役、近代産業のさきがけと、充実した内容である。

第二回配本の「第四巻　関東・中部篇」月報中の「編集室だより」からは、読者と編集室双方のむんむんする熱気が伝わって来る。

《前巻「風土記日本」九州・沖縄篇は皆様から甚大な反響をもって迎えられました。読者カードは毎日編集部の机に山積し、ついに一千通を突破いたしました。そこにはまさしく「祖国の縮図」を思わせるものがありました。年齢でいえば、一三歳の少年から八五歳の老人にいたる各年齢の方々が、地域でいえば、都会はもちろん不便な離島や山間僻地から、きわめて生き生きしたたよりをよせていただきました。しかもそれはじつにあらゆる職業を含み、あらゆる階層にわたっております。このような読者の、全国から編集部へと、まっすぐに返ってくるこだまほど、励ましになったものはありませんでした。厚くお礼を申し上げます。》

　ちなみに、この私は当時、中学生になったばかりの十三歳。読者カードこそ出さなかったが、このシリーズを読むごとに視野が広がり、背筋がずんずん伸びていく快感を覚えたものだ。以下、各巻の目次は次のとおり。

　第二巻　中国・四国篇……序、瀬戸内文化の胎動、金属文化のなかへ、祭るもの・祭られるもの、牛と農耕、庄園のうつりかわり、関東武士と地元武士、さすらいの人々、海賊と農民、金属と貿易、中世から近世へ、落人の系譜、塩と薪と、海をすみかに、橈《かじ》から帆へ、くらしを築く、くらしと憩いの場、旅かせぎと港町のにぎわい、凶災とのたたかい、ハレの日のつどい、庶民のめざめ、自由は土佐の山間より、産業近代化の苦しみ、新しい村つくり

　第三巻　近畿篇……序、国のまほろば、海を渡りくるもの、律令制と民衆の生活、神の座と祭の座、仏教王国のなりたち、平安の世のみだれに、怪異さまよう世界、蟻の熊野詣、古風をのこす村、絵巻物にみる民衆、日記にうつる貴族社会、念仏教団の発展、村落連合のたたかいへ、近畿社会のうつりかわり、町人天下の都、村あらたまる、水路をひらく、新しきあゆみ、近畿の野にみつる声、在来綿から輸入綿へ

　第四巻　関東・中部篇……序、とりが鳴くあずまの国、稲の移住、古墳と古代技術、常陸風土記の世界、神と巨人の足跡、武士団のながれ、山間の文化、東国社会のうつりかわり、武家の家法と落人の村、路と文化、大名の旅、大江戸のさかえ、水の動脈、山国の交易、山に生きる伝説、町と産業の発達、村の指導者、幕末へ、近代日本の黎明、外人の見た日本、伊豆七島の古い社会、琉人と漂流

　第五巻　東北・北陸篇……序、高志人と蝦夷の文化、北方の王者、北国へひろがる庄園、日本海の往来、奥羽社会のうつりかわり、関東武士の東北進出、修験者たち、笛の音の流れる里、百姓のもちたる国、火と狩りの歴史、中世農業経営の名ごり、北上流域の開拓、かな山掘りの話、雪国の生活、

みちのくに残る伝承、北前船のいくところ、雪の中に芽生えるもの、東北をあるいた人々、稲作の企業化、凶作と百姓一揆、出稼ぎ・流離・行商、凶作の克服へ、高炉製鉄のあけぼの、会津落城と福島事件、明治初めの輸送と産業、山と海の苦闘、今日から明日へ

第六巻　北海道篇……序、北からの文化、山の神・海の神、コタンのくらし、アイヌの守り神、ユーカラの人々、地名のゆかり、アイヌとの交易、和人の進出、松前のにぎわい、北の先覚、箱館から函館へ、新しき天地を求めて、ひらけゆく処女地、ほろびゆくもの、奈落の人々、新しき農業

そして、最終第七巻は、総記・索引篇で、せまき国土の上に、石器時代の人々、開けゆくクニ、稲の首長、土地と人民と、日本農業の展開、山の幸・海の幸、海の役割、闇から光へ、文字なき民、世界の拡大、交易の歴史、貯蔵から加工へ、財の蓄積、村のおきて、くずれゆく村となっている。

これらの目次からも分かるように、本シリーズは民俗学からの視点とその成果が、随所に打ち出されている。退屈でありきたりな地理や日本史の概説書とは、大いに趣を異にしているのだ。最終巻の月報に編集だよりが載っていて、編集室の様子が伝わってくる。

《社の一角、離れの二階の六畳間。ここがこの二年あまりわれわれが仕事をつづけてきた編集室。晴れわたった朝の空は遙かかなたの地平線まで望まれ、雨のそぼふる宵には近くにそびえる日本テレビの鉄塔の赤いネオンが、夜空に重く灯る。「風土記日本」の編集に参画した私たちには、一巻一巻に限りない愛情を抱くと共に、またこの部屋にも離れがたい深い愛着がしみこんでいる。編集部数人の者はここを根城として一日の大半をすごし、ふけいく秋の夜長に編集討議の火花をちらし、また悪戦苦斗のすえ疲れてはゴロ寝――暫時、起きてはまた仕事にかかる始末。時には泊りこみが数日から、数週、数月に及ぶことさえあった。返りみれば思い出ふかい二年である。

黙々と仕事をすすめるある日のこと。突然「アイタッ」の声、これは「しまった」という編集長の口ぐせ。また「ハクション」。これは石井君の規則的な生理現象。毎日必ず十数回のクシャミである。「チクショウ」。これは鋼鉄のような強靭な体軀の勝木君の習慣。難題にぶっつかってはいるが、「ようしッ」と乗りだす面構えである。電話がかかる。出版部から進行の問い合わせ。印刷所からは原稿をとりたてにきて、矢の催促がはじまる。そこへ執筆者が「やあ！　原稿ができましたぜ」と鞄をさげ、にこにこ顔で登場。編集部はホッとして、早速リライトや写真、図版の検討にとりかかる。それに午後ともなると、受話器はひっきりなしに鳴り、編集討議とからみあって、たちまちガヤガヤうるさくなり、殺気をおびてくる。こうしてその一日を過ぎ、数月をへて、ようやく完成までにこぎつけるのが毎巻のくり返しであった。》（宮良当章）

筆者の私も雑誌編集者出身なので、この雰囲気はよくわかる。編集討議に火花を散らし、悪戦苦闘するなかでの共同作業の楽しさである。壮年の健一が水を得た魚のように、仕事にうちこんでいる姿が目に浮かぶ。

もっとも、後年、山折哲雄、赤坂憲雄と鼎談した折、以下のように発言しているのは、いささか気にかかる。二度目に柳田國男を訪ねたときのことである。

《谷川　柳田さんは白たびはいて寝ていた。暑いものだから、ときどきふとんから白たびの足を出すのですね。私はそれに視線を向けると、すっと足を引っ込めるんです（笑）。私はだいぶ緊張していましたから、帰ってからほんとうに深呼吸しましたね。

山折　おもしろいですね。

谷川　最初に会ったときは民俗学研究所でした。そのとき柳田さんは、初対面の私にたいして、いちばんの側近の大藤時彦さんの悪口をいうのですね。大藤は頭が悪いとか、愚鈍だとか、そういう言い方をしていました。

柳田さんはやっぱり冷徹なところがあるのです。私が、庶民の力で日本という国をもういっぺん見直そうじゃないかということで、宮本常一さんたちと『風土記日本』を編纂したのですが、柳田さんはそれを三回も読んだということですね。そしてその感想を鎌田さんに漏らした、「あれで日本が救えると思ったらおおまちがいだ」と。これはいちばん痛い批評でしたね。私にとって、背筋が凍るような批評でした。

赤坂　凍りますね。

山折　それだけ問題視していたということでしょう。

谷川　そうでしょうね。》（「いま、民俗学は可能か」『源泉の思考』）

晩年の柳田には少なからず弟子に対して批判を許さない権威主義的な態度が見られたというから、これくらいのことは言ったかもしれない。しかし、また聞きでそう聞かされた方は、たまったものではないだろう。健一の柳田に対する尊敬は、終生変わりなかったけれど、いつか師の足りないところを凌駕しようという気持は、この頃から育っていったのではないだろうか。

5　サークル村から

森崎和江への手紙

「原点が存在する」を発表し、『大地の商人』を刊行した明くる一九五五年（昭和三〇）、三十二歳の谷川雁は、九月、「母音」誌上に「森崎和江への手紙」を発表、森崎は「谷川雁への返信」（ここでは割愛）で応答する。

《邪馬台国の虹！　この半年断続した私たちの文通は、この世に公明にして奇怪な関係が存在することを告げました。浜辺に住む傷だらけの節足類と清らかな野の夫人がその育ちも境遇もよく知らぬままに倫理上の生硬な見解をとりかわしてきたという事実は、現代の生き難さを背景に置いてはじめて理解される対位法でありましょう。だがこよなく薄い詩の冊子からたちのぼった友情は決して微風のように往き来しませんでしたし、便りを認める毎にほとんど嫌悪に似た思いを嚥み下さねばなりませんでした。貴女の側からは書きなぐりの書体が帰って来ました。繊細さを隠すための荒っぽい表現が。

　恋文を書く青年の困惑、とてつもない荘重さと音階の狂った軽佻さの間をさまよう動揺が私の場合にもつきまとうのでした。若くもなく老いてもいない男女の会話、既婚の男女の内的な友情を表

森崎和江　アーツアンドクラフツ提供

す語法……これはわが国語のまだ達成していない領域ではありますまいか。（中略）
男性にとっては性といえば性愛にすぎない。だが女性にあっては性は母として妻として生活の全一的支配者、いわば暴逆な権力者であることを貴女は訴えておられた。（中略）
夫・恋人・血族など性愛の因果による人間関係以外のものに対して今更めきますが、なんと深くわが国の婦人は閉ざされていることでしょう。（中略）
解決、そんなものがたやすく転っていようとは思いません。あくまで男性の実感に立って辛抱強く沼地に馬を追いこんでゆくつもりです。さてこの馬、首尾よく翼を生やしますか。とにもかくにも男と女のつながり、私自身が倒錯と中立化に陥らないよう、結び目を強くしないことには地球は原子力を持たずして分裂してしまいますからね。》

森崎和江は一九二七年、朝鮮慶尚北道大邱生まれ。父親は慶州中学校の初代校長だった。福岡女専に在学中に敗戦を迎え、朝鮮に帰りたかったけれど、もはやかなわなかった。和江は日本では「異族」だった。

五三年四月末、早大に在学中の弟が訪ねてきた。弟も、朝鮮の風土になじんでいたが、それを失ったことに苦悩していた。

《「僕にはふるさとがない。どこを基点に考えていけばいいのか分らない」

「あなただけではないのよ。すくなくとも、あんたにはねぐらがあるでしょ。からだがあるでしょ。そこから出発しなさい」

「女はいいね。何もなくとも産むことを手がかりに生きられる。男は汚れてるよ」

「お願い、生きてみよう、生きて探そう、お願い。ふるさとは生み出すものよ」》（内田聖子『森崎和江』より要約）

翌朝、弟は明るい顔をして東京へ帰っていった。だが、五月二十二日、栃木県のある教会の森で自死した。和江の後悔は、深く重い。

和江と雁の往復書簡を、和江の夫は知っていた。三年後の五八年夏、夫の了解のもとに、四歳と一歳半の子を連れて、和江は迎えにきた雁と、筑豊炭鉱が広がる福岡県中間市に居を移す。雁も夫人を熊本に残したまま、娘を連れてきていた。元は医院だったという大きな家で、壁一重ごしに上野英信一家が住んでいた。


《私も男（＊雁）もそれぞれ子どもを連れて来たのでその子らと、私たち親世代みなひっくるめた大家族の中の私、この二重の世界を大切にした。子どもたちはパパもママも二人ずついるよ、と友人や先生に語りのびやかに育っていった。運動会や父兄会に、私は二人のパパをさそって出かけた。私たちが心がけたことは、子どもたちの開放的な成長で、それは親世代の責任だと思った。私の子どもの実の父が結婚してからは家族ぐるみで行きかい、それは今に及んでいて、私には身近な縁者となった。

私はこの大家族ふうのくらしのおかげで、心身さっぱりとしてきた。混沌としていた一切がすこ

「サークル村」の頃　左から上野英信，その長男朱と妻晴子，森崎和江，谷川雁　上野朱氏提供

しずつ整理できた。》（「ゆきくれ家族論」『産子屋日記』）

世間から見れば風変りな家族だが、和江はこう理想化したかったのかもしれない。では雁は、森崎は、なぜこの筑豊の地に吸いよせられたのだろうか。

言うまでもないが、筑豊の地は、明治以来、日本の産業の発展を支えるエネルギーの供給地だった。石炭生産量はじつに全国の半分。三井ほか大小の財閥が資本を投下して、炭鉱労働者を酷使した。募集に応じたのは、各地の食い詰め者、流れ者である。その一人一人がどういう人たちであったかは、上野英信の『追われゆく坑夫たち』（岩波新書）ほかにくわしい。

既成の前衛党や進歩派知識人は、主に都市のプロレタリアートのことしか知らず、見方も概念的図式的である。そこへゆくと筑豊は、労働者も労使のあいだも、近代化のゆがみが極端に現われていて、事態はいっそう深刻だった。おまけに、地理的な位置からして、朝鮮半島や中国大陸に近く、東南アジアにも開かれているから、国際色がある。地縁があるとはいえ、雁も森崎も、良いところに目をつけた。

筑豊に腰を据えると、この年九月、雁は手始めに森崎和江、上野英信らと文化運動誌「サークル村」を発刊する。宇部、九州、沖縄の文藝や読書のグループはじめ、新聞、教育、映画、劇、美術、音楽、歌声など、各種のサークルを結集した。会員約二〇〇人の中には、坑夫、製鉄所員、郵便局員、紡績工員、教師、鉄道員など多種の職業の者がいた。創刊宣言にこうある（抜粋）。

《一つの村を作るのだと私たちは宣言する。奇妙な村にはちがいない。薩南のかつお船から長州のまきやぐらに至る日本最大の村である。

いまや日本の文化創造運動はするどい転機を味わっている。この二、三年うち続いた精算と解体への方向を転回させるには、究極的に文化を個人の創造物とみなす観点をうちやぶり、新しい集団的な荷い手を登場させるほかはないことを示した。労働者と農民の、知識人と民衆の、古い世代と新しい世代の、中央と地方の、男と女の、一つの分野と他の分野の間に横たわるはげしい断層、亀裂は波瀾と飛躍をふくむ衝突、対立による統一、そのための大規模な交流によってのみ越えられるのであろう。共通の場を堅く保ちながら、矛盾を恐れげもなく深めること、それ以外の道はありえない。

新しい創造単位とは何か。それは創造の機軸に集団の刻印をつけたサークルである。

サークルとは日本文明の病識を決定する場所としてこのうえもなく貴重な存在である。その一義的な病因はどこにあるか。それはサークルの集団的性格が必ずしも開放の方向へうごかず、自己閉鎖しやすいことである。言葉をかえれば、単なる自己防衛または自己増殖を発展とみなしてしまう占有感覚である。それは農民の定着性、下級共同体の自衛の姿勢、その規模の狭さなどが原因であろうが、このワクをどうして下から、内側から破っていくかが目下サークルにとっても最大の問題である。共通感覚がいつのまにか外部に対しての占有感覚になってしまうという喜劇と戦うためには、単に歴史の分析や論理の補正をもってしては動かせない部面がある。

ここで工作という機能の位置づけが問題になる。単純に表現すれば、高くて軽い意識と低くて重い意識を衝突させつつ同一の次元に整合するという任務である。このことは当然に工作者をして孤立と逆説の世界へみちびく。彼は理論を実感化し、実感を理論化しなければならない。知識人に対しては大衆であり、大衆に対しては知識人であるという「偽善」を強いられる。いずれにしても彼はさけがたく「はさまれる」。この危機感、欠如感を土台にした活動家自身の交流が現在の急務である。

集団という一個のイメージを決定的な重さでとり扱うこと、創造の世界でのオルガナイザーを創造の世界で組織すること――私たちの運動はただそれだけをめざしている。》(「さらに深く集団の意味を」)

言うは難く、まして実行するとなると、いっそう困難なことを決行しようというのである。戦後の混乱期をくぐり抜けようとする一九五〇年代半ば、貧しくとも地方に湧き出る学習熱があちこちでうたごえ運動や読書会といったサークル運動をうみだしていた。国民会議は日高六郎らが加わって、たびたびサークル問題研究会を開き、そのありさまを討議している。これらの集会や遊説に雁が廻るあいだ、留守部隊を上野英信とメンバーが支えた。

上野は雁と同い歳。満州の建国大学在学中に応召、広島にいたとき被爆した。戦後京都大学に編入学したが一年半で中退し、筑豊で炭坑夫になった。

《私はただやみくもに、私の心からヒロシマを消したかっただけである。あの、人間が見てはならない凄絶な生地獄の光景を消さなければ、到底、生きて行かれなかったのである。もし、あのとき筑豊の闇が私をつつんでくれなかったとしたら、私は果たしてどうなっていたことか。》（「私と炭鉱との出会い」）

ふらふらと痩せこけた原爆症の上野と、肺病の雁。職なし収入なしの二人は、「まるで薩長連合」と笑いあい、「高杉隆盛と西郷晋作とでもしときましょう」と落ち着いた、と雁は「報告風の不満」に綴っている。

工作者の論理

森崎和江は谷川雁と生活と思想を共にしたすべての運動が終わった五年後（一九七〇年）に、『闘いとエロス』（三一書房）を刊行するが、それは、フィクションと記録をないまぜにした形式で書かれていて、新海炭坑からの帰り道、室井腎（谷川雁）が契子（森崎和江）に、「やつら、どぎもを抜かれてんだぜ。日本の労働運動史上で、炭坑に女を連れてはいったものはいやせんのだから」と語りかけるところから始まる。

その日、契子は炭坑の主婦らにトイレどこ？　と聞きかね、がまんしたあげく、新海駅前の小さな宿の便所に飛びこむ。

《「ねえ、たいへん。トイレがないの」
「あるじゃない」

「うそ。あれ男性用よ」
「早く行っといで。だいじょうぶできるよ」
　契子はバケツが伏せてあった便器にながい放尿をし、きょう一日の体験がつまっているのだと思った。》（要約）

　契子は室井に「君は女を組織するなら、あれができんとだめだよ。にほんの女は立小便が本筋なんだから」と言われたのであった。では、雁が提言し、主導した、知識人に対しては大衆であり、大衆に対しては知識人であろうとする「工作者の論理」とは、どのようなものだったのか。

《生活語で組織語をうちやぶり、それによって生活語に組織語の機能をあわせ与えること——それが新しい言葉への道である。そのためには沈黙する重さを表現する重さへ変化させる強大な電流の下向きの衝撃が必要になる。逆さまにたたくよりほかないのだ。倒錯は必至だ。大衆と知識人のどちらにもはげしく対立する工作者の群……双頭の怪獣のような媒体を作らねばならぬ。彼等はどこからも援助を受ける見込みはない遊撃隊として、大衆の沈黙を内的に破壊し、知識人の翻訳法を拒否しなければならぬ。すなわち大衆に向っては断乎たる知識人であり、知識人に対しては鋭い大衆であるところの偽善の道をつらぬく工作者のしかばねの上に萌えるものを、それだけを私は支持する。そして今日、連帯を求めて孤立を恐れないメディアたちの会話があるならば、それこそ明日のために死ぬ言葉であろう。》（「工作者の死体に萌えるもの」）

つまり、異質なものの衝突こそが必須であって、これは内的矛盾の圧殺による統一と団結という無葛藤理論、上からの啓蒙主義、民主集中制による前近代的要素の切り捨てといった旧左翼の路線に対抗するアンチテーゼとして、あるいはもの分かりはいいが、分類し、観察するだけで、行動を伴わない進歩的文化人への批判として唱えられたのである。

けれども、この一見逆説的で難解な、自ら偽善的とも呼ぶ雁特有の表現は、一部の知識人や熱烈な支持者を除いては、真に理解されなかった（二四二頁、安田講堂内の落書き参照）。政治派はサークル村だけで社会変革できるかのような幻想を抱いている、統制を乱すトロツキストだと反撥したし、芸術派は創造は個人の所産に尽きるのであって、作品がすべてを決定すると主張、大衆派は大衆派で現実から浮いている、抽象的である、難解であるとして、認めなかった。

当然であろう。雁自身も、こうした物言いが、すぐに理解されるとは思っていなかったようだ。それは、鶴見俊輔が雁の言う工作者という人間類型を評価して、「工作者は片道の交通を担当するのじゃない。逆に大塚（久雄）、丸山（眞男）自身の思考を変えていくようなエネルギーを持った人を工作者として考えるわけです」と、伴走するような発言をしたときに、雁がすぐに以下のような応答をしたことにも現われている。

長くなるが、ここに雁といわゆる戦後派進歩的知識人との明確な違いのみならず、いかにも雁ならではのへそ曲がりな（?）自己顕示がよく出ていると思えるので、熟読してもらおう。「思想の科学」創刊号（一九五九年一月）に投稿した「工作者の論理」から抜粋する。

《――T氏（*鶴見俊輔だろう）への手紙――

私は見えないものについて語る人間です。前方の霧のなかでうごめく形を愛する男です。工作者というイメージはいわば音楽のような抽象です。あなたはそれを語れと求められた。しかし、それは私にとって思想でもなければ科学でもないことを御承知ですか。それは一種の本能の呼び名であって、あなたのいわゆるメタロギーなのです。

あなたがたは思想の生態論が得意でいらっしゃる。思想が非思想の領域に溶けこむあたりをうまくピンでおさえて、比較分類をなさる。私もそんな仕事がべつだんきらいではありません。むしろ、無償の行為としてはかなり純度の高いものだとおもうのです。たとえ私があなたがたによって一匹の蝶とみなされ、ナフタリンくさいところに納まったとしても、私にもまた無償の行為を助けたという満足があります。しかし、私はあなたがたの仕事に同情を禁じえないところがあります。つまりあなたがたが自分に課した機能の必然として、すべての他人の思想に対し、主観的におれは無縁だよと断定できないつらさはいかばかりであろうかと思うのです。

私たちは行動の最初のエネルギーがたがいに正と負の方向へそっくりかえっていることを認めました。私はもっぱら乾草の香りに酔った牛の鼻のように、まずめえと鳴くことを主張しました。懐疑という術を用いなければ鳴けないふりをする種族が私を尊敬する夷狄といった風に扱うことを怒っていました。いまではすこしあなたは鳴きすぎると思っています。奇妙なことです。

私は性愛と革命の共存または相互作用ではなく、両者が同義語の反復となることを目標にしているのです。ちょうどあなたが思想と科学についてそれを究極的に求めておられるであろうように。

私はあなたと古い型の村に関する政治経済的な認識を争おうとは思いません。しかし、あなたたち、つまり日本の進歩的な学者たちがあいもかわらず集団恐怖症、カリスマ・ノイローゼに終始していらっしゃるのを見ると、なんと見事な農民であるかと感歎するばかりです。

飢餓に苦しみつづける彼等の心に火をつけたのは、いわば村のユートピアとでもいうべきまぼろしではなかったでしょうか。いうまでもなく、そこからは現代のファシズムをはじめもろもろの蛇やなめくじが発生する幅をもった地帯です。けれども、そこを単純に類型化し、一気に捨象してしまうならば、はたしてどのような民族固有の前プロレタリア的思想がありえましょうか。

ここをぴしりと定めなければ、丸山眞男氏のように「理論信仰」と「実感信仰」の二つの大洋を同時に漂流し、両者が「裏はらの形で共通して刻印されている日本の〈近代〉の認識論的特質」であることを暗示しつつ、ついにそれは認識論に終って世界観へは到達しないのです。「それが社会科学者と文学者とによってともに自覚されるとき、そのときはじめて、両者に共通の場がひらける」といった悲しいエリートのサークル論。それでたしかに共通の場が生まれもしましょう。けれどもこいつには座標がありませんからね。どこまでいっても磁石の北をもたない羅針盤です。》

まして、雁が直接の工作の目標とした炭鉱労働者が、こうしたひねくれたロジックを理解したとは思えない。けれども、のちに大正行動隊を組織したことでも分かるように、結果的にオルグは成功したのだから、彼の考えは伝わったとみてよい。文章にするのと、話しかけるのとでは、当然表現の仕方は変えたのであろう。

流民のコミューン

サークル村の主導者は谷川雁だったが、雁の留守を守って、雑誌を編集し、実務を処理したのは、上野英信である。

沈思黙考するタイプで、こつこつと中小の炭坑を歩きまわり、自分でもカンテラをつけて炭坑に入った。その手はごつごつとした炭坑夫のものだった。

上野には篤実な記録作家としての面があった。暗喩や逆説や反語を駆使して読者を幻惑し、挑発し、扇動する雁にたいして、彼の文章はあくまでも平易で、散文的で、民衆に理解しやすかった。上野の出世作『追われゆく坑夫たち』の前書きに、著者の姿勢がにじみ出ている。

《福岡県の北部を縦走して玄海灘にそそぐ遠賀川の流域一帯、七市四郡にわたる筑豊炭田は、ほぼ一世紀にちかい年月にわたって全国総出炭量のおよそ半分におよぶ量の石炭を産出しつづけ、日本最大の火床として繁栄をほこってきた。わが国の資本主義化と軍国主義化をおしすすめる重工業の歯車が、この黒い熱エネルギーによって廻転した。三井・三菱をはじめ、大小もろもろの財閥がこの地底から富をすいあげて今日の基礎をきずきあげた。筑豊――それはまことに近代日本の「地下王国」であった。そしてこの獰猛ないぶきにみちあふれた地下王国をささえてきたものは、日本の資本主義化と軍国主義化のいけにえとなった民衆の、飢餓と絶望であった。土地を追われ、職をうばわれ、地上で生きる権利と希望のいっさいをはぎとられた農漁民、労働者、部落民、囚人、朝鮮人、俘虜、海外からの引揚者や復員兵士、やけだされた戦災市民、……それぞれの時代と社会の十字架をせおった者たちが、たえるまもなくこの筑豊になだれおちてきた。巨大な怪獣の口にも似た無数の坑口は、あくことをしらぬどんらんな食欲をもって彼らの肉体をのみこみ、血にまみれた石炭といっしょに彼らのうちくだかれた骨を吐きすてつづけてきた。しかし、こうしてわが国の資本主義的発展とともに発展し、あいつぐ帝国主義戦争のなかで膨張してきたこの地下王国も、最後のあだ花に似た朝鮮戦争ブームを境にして急激な衰退をはじめ、深刻な不況におちいってしまった。そしていま、地上から追いはらわれた者たちの飢餓と絶望によってひらかれた筑豊は、ふたたび地底から追いはらわれてゆく者たちの飢餓と絶望によってとじられようとしている。日本資本主義の火の床は、日に日に数を増す失業者たちの冷え切った死の床と化しつつある。

とはいえ――、炭鉱の合理化問題や失業問題について論じることが私の目的ではない。さまざまな人々がそれぞれの角度からそれらの問題について論じてきた。そしてまた、さまざまに興味ある集団的な調査報告が重ねられつつある。今におよんで私がなにを書きくわえる要があろう。にもかかわらず、あえて私をして語らしめようとするもの、それはむなしく朽ちはててゆく坑夫たちの歯をくいしばった沈黙であり、あえて私をして筆をとらしめようとするもの、それは組織されずにたおれてゆく坑夫たちのにぎりしめた拳である。

危機の波にのって石炭産業は退いてゆく。しかし、坑夫たちはその無限の深みの底にいる。そこへもぐり、彼らの眼をもたぬ魚のような魂のなかに入ってゆかなければならぬ。

「地獄極楽、いってきたもんのおらんけんわからん。この世で地獄におるもんが地獄じゃ」

娘のころは父につれられて、結婚してからは夫とともに、うまれた娘が大きくなるとその娘をつれて、一生を暗黒の地底で働きつめたひとりの老婆がいつもこう呪文のようにつぶやいていた言葉を、私は忘れることができない。私のききあやまりではない。彼女は決して「この世の」とはいわなかったし、まして「この世の地獄が地獄じゃ」などとはいわなかった。彼女はあたかも「この世で悪魔をみるものが悪魔だ」とでもいうような調子でたしかに「この世で地獄におるもんが地獄じゃ」といっていた。そうだ、私にとって問題であるもの、それは「この世の地獄」ではなくて、「人間そのものとしての地獄」であり「地獄そのものとしての人間」である。》

こうした考えの上野と雁とでは、意識に大きな差がある。上野一家が雁と一つ屋根の下で暮らしたのは一年余で、その後、福岡市茶園谷、ついで鞍手郡鞍手町へ移るのは、志を同じくしながら、結局、二人の間がしっくりしなかったからだろう。その頃、雁は上野に宛てて、こういう手紙を書いている。

《お手紙では、だいぶ原稿がはかどるくらいに回復したもようで、いくぶんほっとしています。あちらこちらであなたの健康を案じる声があり、そのたびに「原爆症で白血球が五千ないのだ」と答えねばならないときの暗く断たれた思い。いっそのこと「再起不能だよ」といいきって、それから「おれにしろ君にしろ再起不能のはずじゃないか」とおっかぶせてみたくなるやりきれなさが、今度は「うん、もうだいぶいいらしい」と変るだけのことですが。（中略）

われわれはよいことというものをまだ知らない。それは一度もわれわれの上に起らなかったし、せいぜい悪くないことぐらいしか経験したことはないのですから、そんな人間には革命的悲観主義なるものが大切であろうと思っています。ほんのすこしよくなったってそれが何だというのでしょう。かりにあなたの白血球が五千五百になったとしても、半年つづくか分らないのです。なんとなく気休めにうれしがっているよりほかない事実、いわば仮設にすぎない会話の舞踏……それらを否定しながら、それらを媒介にするよりほか成立しえないわれわれの関係！

言葉はのんきです。現実は死んでいます。そして人々は関係という言葉をまるで茶碗と箸といったぐあいに気安く使います。たとえば兄が休養のためにこの城を去るにあたって「雁のエゴイズムに耐えられなくなった」ともらすのを聞いた者は、まるで合資会社の片方の出資者が手を引いたのと同じ感覚で受けとっています。またぼくが「上野君は八方破れになれてないから失速飛行におちいるのだ」というのを聞いた者は、一種の脱落者を見送る目つきをしています。

ばかばかしいことです。関係のない戦争に関係しなければならなかったわれわれ。原爆症と結核。党内の分裂。同じ力につきあたっては別な方向にはじかれてきたわれわれ。しかもなお究極的にそれは一つの牧場の中での出来事であるという認識。そんな風に認めざるをえなくなったときの怒りと疲労……「こわれた人間」という意識だけがわれわれの共通項なのに。
サークル村の一年、すなわちわれわれの十二ヶ月はごく平凡にいって、やはりすさまじいものでした。ぼくは、言葉、言葉、言葉。そしてあなたは沈黙、沈黙、それは賭けであり、戦いであり、はっきりしていることはただひとつ――そこから勝負の決着は起りえないこと、二人とも敗れるよりほかはないということでした。われわれの最初の関係はある種の決裂と対峙からはじまり、それは今日いささかも変化していないとぼくは考えています。（中略）
あなたが日本の大衆の一粒々々を理解しようとする衝動はよく分ります。とてもぼくに真似のできることではありません。しかしこういう理窟を考えたことがありますか。人が自分以外のものを理解しようとすれば、相手の曲りぐあいに応じて自分を撓めなければなりません。理解が深くなればなるほど、自分自身が失われる危険も大きくなります。さらに理解することそのものが目的になれば、その作業がくりかえされるうちに、しらずしらず個別的、特殊的な理解にかたむくか、またはその反対に一つの型としてすべてをとらえる見方におちいるかの偏向がやってきます。人間が自己の開放を対話として発展させるためには、むしろ異質の相手をたやすく理解しないことが大切であるとさえいいきるべきではないでしょうか。》（「荒野に言葉あり」　一九五九年九月）
勝手とは言えないまでも、これが他者に対しての雁らしい理窟で、以後、かかわりの深かった仲間の多くが離反するのは、あくまでも自己を押しとおさないではいられぬ、こういう独善的な態度にもよろう。
ところで、初期の「サークル村」のバックナンバーを見ると、女性会員が積極的に寄稿しているのが目立つ。森崎和江の聞き書き「スラ（修羅。石炭を運搬するクルマ）をひく女たち」のほかに、中村きい子「かやかべ」「間引子《うつせご》」や、河野信子「大学の階段」など。

「かやかべ」で薩摩の隠れ真言の家を守ろうとする父とそれを拒否する息子との葛藤を描き、「間引子《うつせご》」で戦争へ追いやる国家や村から逃れ指を切断する農夫を描いた中村は、その後、薩摩藩士の娘だった母（誇り高い彼女は、つれあいをひとふりの刀の重みもない男と見限って、七十歳で離縁する）をモデルに『女と刀』を書いて田村俊子賞を受賞する。河野は森崎が「サークル村」とは別に創刊した「無名通信」を個人雑誌として受け継いで、女性精神史を主題に『火の国の女　高群逸枝』などを著した。

また、のちに『苦海浄土』（単行本は一九六九年刊行）を刊行して水俣病患者の救済に立ち上がる石牟礼道子は、早くもその原型である「奇病」を一九六〇年一月に発表している。


《彼女（＊坂上ゆき）はやせ細り、ふるえながら、離れてゆくものに耐える。しっかりと太いじいちゃんの掌を、自分の掌に優しく握り返すこともできぬのに耐える。む、むぎも、播かん、ならん、と思う。畑に足をおろされぬことに耐える。月のものをなんとか止めて下さい、と大学病院の先生に頼んでみたが、どうしても駄目で、他人様の手を借りねばならぬこと、せめて生理帯でも自分で洗いたいと思っても全身痙攣のため、そこら中、床から自分の着物から濡らしてしまってあきらめねばならぬことに耐える。

（お、お、おやさま、に、は、働らいて、く、くえと、頂い、た躰じゃ、う、うちは、もう一ぺん、じ、じぶん、で、は、働いてい、生きたあ、か、と）

ゆきは口がもとらぬことに耐える。少しずつ言葉を絞り出す。出ようとして押込まれる言葉が、震える指の先、足の乱れの中から暗符を送る。唇も舌もしびれ、洩れる音声がとぎれる程、彼女の言葉は想いの深さを増してくる。

（う、ちは、く、口が、良う、も、もと、らん。案じ、加え、て聴いて、は、はいよ。海の、う、上は、ほ、ほん、に、よかった。じいちゃんが艫櫓ば漕いで、うちが脇櫓ば漕いで、イカ籠や、タコ壺やら上げに行きよった。四月から、十月かけて、しし崎の沖は凪でなあ）》

石牟礼道子が、谷川兄弟の妹徳子と水俣の小学校で同級で、よく遊びにきていたことは前に述べた。彼女が渡辺京二の編集する「熊本風土記」に「苦海浄土」初稿の連載を開始するのは六六年だが、ここには、水俣の方言を多用する石牟礼独特の陰影に富んだ文体がすでに確立しかかっている。森崎といい、中村といい、河野といい、石牟礼といい、雁によって見出されたといって過言でなく、その炯眼、その名伯楽ぶりに驚く。

臥蛇島へ

一九五九年五月、雁は吐噶喇《とから》列島の臥蛇《がじゃ》島に渡っている。兄の健一が沖縄に赴くのは、六九年だから、十年も早い。

《あなたは知っているか、黒潮のただなかにある十四戸六十人の国を。岩と丸木舟と神々と——これ以上減耗するか、遮断されるかするなら、もはや存在することのできない極小の人間世界を。そこから私は自分自身を追放するかのように漂着したばかりである。どこへ？　一月前まで見馴れていたはずの風景へ、一九五九年初夏の日本の文明へである。私は帰ってきたのではない。私はそこから脱出してきたのだ。なぜなら、そこは私たちにとってまぼろしと破片でしかなくなった共同社会がまだ生きた基本原理としての色彩と音響をもってうごめいており、その意味で私たちの「妣《はは》の国」であるばかりではない。きわめて緩慢に注ぎこまれてゆく現代文明とそれの接触過程における混乱・変質・融合の高速度写真を追体験できる稀有の場所であるからである。いわば、そこで私たちは日本現代文明に対する黙々たる判決文を読むことができる。そしてこの底ぬけのお人好し裁判官によってなされる、哀願ですらもない、深い青色のひらめき……その一瞬のまたたきは私を絶望させる。きっと私は彼等を喜劇的にしか描くことができないであろう。そのことが私をはてしなく滑稽な存在にしてしまうのだ。もし私が自分の精神のある種の死を味わうためでなかったら、私はあの榕樹《がじゅまる》の根に坐りつづけたであろう。しかし、私はその島を離れた。私は何者かをほろぼさねばならないと決意した。それは何であるか。私たちが勝手に作りあげてきた時計であるか。私はいささかもそのような進歩の日時計を信じてはこなかった。にもかかわらず、その死と同時にちくたくと刻みはじめる時計があったなら……私はそれで彼等の優しい寡黙を測ってみたい。おそらく彼等の体内にはそのような時計の幾百が微かな音を震わせており、そのためにあのびろう樹の下の時計は、まるで死んだひとでのようにじっと動かないのだ。》(「びろう樹の下の死時計」)

この臥蛇《がじゃ》(と呼ばれるが、蛇はいない)島は鹿児島から二百キロないし三百キロの距離に散在する七島灘の八つの島(口之島、中之島、臥蛇島、平島、悪石島、諏訪之瀬島、小宝島、宝島)の一つ。行政上は鹿児島県大島郡十島村に属する。人口二千五百六十人(一九五五年当時、現在は無人)。公務員を除けば所得税を納める者はいない。事業税が二人。税収あげて百二十五万円。徴兵令は一九〇七年(明治四〇）、小学校令は三〇年（昭和五）に布かれた。電燈と診療所と三軒の個人商店が戸数二百の中之島にある。十島村役場の所在地は、鹿児島市汐見町二十一番地。交通機関は村営船一隻だけ。月二回平均の不定期で、臥蛇・平・悪石の三島は月一回。谷川雁は自分をこの島に赴かせた衝動を次のように語る。

《私たちのまわりにあるさまざまの二段論法――「私は日本人である。だから……」「私は労働者である。だから……」「私は戦争で被害を受けた。だから……」と続く証明法は、大宅壮一のいうお天気まかせの気ままさとは反対に、自分がそこに定着している事実を決定的なものとして受けとり、その事実はついに理性の侵入することのできない領域であるとする大前提が隠されている。だがそもそも人間の定着の意味は、生物的な決定因を排除しないかぎり、常に偶然性によっておびやかされる。それではあの黒潮のまっただなかに続けられてきた幾百年の生活から偶然性を消去して、あとに残るものは何であろうか。そこでは何が起り得て、何が起り得ないのか。彼等の生活の根底に横たわる最初の選択は何か。それが分るなら、全体社会と部分社会をつなぐ橋がみつかり、日本的規模における必然と自由のからみあいはおのずから明らかになるだろう……》

島で雁は島民に話を聞いてまわって、自問自答した。

《臥蛇はある意味で、停滞している社会ではなくて、退化している島なのだ。共同漁業を崩壊させたものは個人的規模の手段による生産力の発展である。しかし、それはたちまち山川・枕崎を根拠地にする大規模な私的経営に圧倒される。敗戦後、この傾向はますます拍車を加え、私が滞在していた八泊九日のうちに、甘藷の植えつけどきでほとんど海に出る暇もなかったとはいえ、この間の漁獲は実にさわら一匹という状態に追い詰められている。だが他地方から続々と南下遠征してくるかつお船団は島の沖合数百米のところで一分間に数十尾を釣りあげているのを、目のあたりに見ることができる。彼等の共同漁業をうち砕いたものと同じ力が、わずか三、四十年のうちに彼等の漁業そのものを根こそぎにしたという事実は何を意味するのだろうか。》

《村当局は臥蛇の状況を見て、この島を無人牧場にし、島人を全部中之島へ移すという計画をたて、勧告してきたのだ。そのとき人々の心のなかに何が起ったのか。動揺もあった。勧告どおり、中之島へ移る者もあった。「内地」へ移動した者もあった。しかしこの島の岩の上に生まれ、その上で育ち、その一人と結婚した人々にとって臥蛇のない世界は世界ではなかった。彼等は泊りこんだ吏員の勧告にも首を横にふりつづけた。いやどんなふうに拒んだのか、私の滞在中、彼等が何かを拒んだのを見たことがないので想像もつかないが、ともかく彼等はいまも臥蛇島に住んでいるのである。住むという言葉を私たちはあまりにも軽はずみに使っているのかもしれない。彼等にとって、住むということは「そこで死ぬ」という契約を土地と取りかわしたことである。

人々が廃墟について語りたがらない理由はそこにあったような気がする。それは「ここであなたは死ぬつもりですか」という質問にひとしかったからである。そのような質問に軽々と答えるのは不遜ではないか。自分がある土地に生まれたことは、その人にとって最大の偶然事である。だからこそ彼はその事実を重く取扱わねばならない。能うかぎりの努力、知るかぎりの沈痛な色をそこに重ねていってはじめて、明るんでくる空のようなもの、それが生の秘義であることを理解する者は日ましに少くなった。》

《私たちの文明はいったい前進しつつあるのか、停滞状態にあるのか、それとも空洞化して後退しつつあるのか。きりんの首みたいに突きだしているびろう樹の葉を鳴らして、この疑念がいくどもいくども私のほほを熱い風のようになでた。そして最後にはきまって、この壊死してゆく皮膚のごとき風景が日本文明の船首であるにちがいないと思いつくのだった。多くの人は私の言葉を逆説としか受けとらないであろう。この島をただ私たちの社会の祖型として考えることにのみ同意するであろう。だが過去に対して祖型であるものは、未来に向ってもやはり規範となりうる。絶対的貧困化のなかで守りつづけられた非所有の感覚は近代をつらぬいて、さらに前方へ穿岩する硬度をもちうるのではないか。》

同じ南島を訪ねても、のちの健一とは問題意識に差があるが、雁が離島の民の暮らしをじかに見聞したことの意味は大きい。

「原点が存在する」で、「前衛」の対極にある民衆の世界を浮かびあがらせ、その沈黙する領域を、「革命の陰極」「負の前衛」として捉えなおした谷川雁は、両者を架橋し、新たな組織、コミューンの運動を作り出していく者が工作者であると定義した。こうした彼の思想と行動は、都市の市民・労働者を基盤とする近代の進歩主義的かつ啓蒙主義的な前衛の論理を痛撃し、反転させるものであった。

それゆえ、既成の党や組織からは「自立」するものとして迎えられた半面、戦前の農本主義や日本浪曼派との類似を指摘されて、批判され、警戒される面がないでもなかった。けれども、雁が根拠にしたのは、実体化された共同体でも、回帰すべき懐かしい故郷でもないことが重要だ。「原点」は、眼に見えるかたちでは存在せず、抽象によって幻視されるフィクションの領域である。彼が詩によって、あるいは言語活動によって表現したものは、まさしくそういうものであった。

とはいえ、それは決して観念上のものに終わらなかった。終ってはならなかった。谷川雁が実践の場として選んだ筑豊の炭鉱で出会うのは、全国の貧しい農山漁村、被差別部落、そして朝鮮や沖縄出身の「流民」たちである。朝鮮から引き揚げた森崎和江、満州の建国大学出身の上野英信、天草出身の石牟礼道子、みなそうだ。水俣や臥蛇島出身の人々もいたであろう。こうした流民が行き交う場である筑豊に、あらたな可能性をはらんだコミューンを創造しようというのである。ここから、彼の尋常ではない苦心が始動する。

蛇足ながら付け加えると、私の知り合いに、学生時代からこの臥蛇島、平島《たいらじま》に移り住み、いまも通い続けている稲垣尚友氏（竹細工・民俗研究家、トカラ塾頭）がいる。氏が主宰する「トカラ塾」のホームページから、そのプロフィールを紹介すると、こうなる。

《一九四二年東京生まれ。亡父の影響で何となく外交官を目指し、灰色の受験勉強の日々を過ごす。しかし二十二歳の時それまでの生き様に疑問を感じ、本当の人間の暮らしを求めようとするあがきの中、土方・行商などをして日銭を稼ぎながら全国を放浪する。その中で南島の魅力にとりつかれ、生涯のフィールドとなる鹿児島県トカラ列島にたどり着く。

当初、何とか島と関わっていこうとする手段としたのが、土地の方言・地名・習俗を収集したものをガリ版本とし、その言葉を島の人々と共有しようとする試みであった。一九七〇年に無人島となった同列島臥蛇島の最期を見届けた後、東隣の平島で本格的に定住生活を始め、記録・観察の対象をそこに生きる人々に定める。ところが島のありのままを記録しようとした文章は図らずも島自身から強烈な反発を受け、住み始めて十三年後、強烈な逃亡者意識を抱きつつ島を後にすることになる。三十五歳の時熊本の人吉盆地で竹細工職人に弟子入りし、のち千葉県の鴨川で籠屋をひらく。

離島から十七年後再び島を訪れ、以後島の記録を再開する。

籠屋としてはその作品が高い芸術性を評価される一方、自らを「平成賤民」と称し、さながら中世の渡り職人のように各地を遍歴し、日用品の製作を行っている。ライフワークである平島の記録においては、徹底して視線を地べたに置き、対象と密着するその姿勢は民俗学・文化人類学における最先端の動向と同じくするものがあり、稲垣学講座が千葉大学に開設されるなど、生きながらアカデミズムの側から研究対象となった。

これだけ多芸で才能豊かなアーチストの宿命なのかフツーの人から見ればどのようにチャンネルを合わせたらよいのか迷う者も多いのだろう。路上を歩けばお巡りさんから「とりとめもなく歩いていた」事が理由として呼び止められ尋問されることしばしばと言う。》（橋爪太作　記）

著書は『山羊と芋酎』『悲しきトカラ』『青春彷徨』『密林のなかの書斎』『灘渡る古層の響き』など、多数。私はこの稲垣氏とは、友人の紹介でトカラ塾の集会に参加したことがきっかけで知り合い、その後、塾で「新しき村　百年目の彷徨」という話をしたり、著書を送ってもらったり、私の関係する同人誌に短篇小説を寄稿してもらったりと、交遊が続いている。世の中は広い。

ちなみに氏は、「あ」行から「わ」行まで、大部な『平島大事典』（全体で約七十万字、イラスト入り）をすでに完成していて、「あ」行の見本版も出来ているが、出版社が未定とのこと。島民以外の人にも、平島の歴史、民俗、暮らしを知るのに必須の基本図書である。刊行にはかなりな資金が必要なので、トカラ列島返還七十周年の来年（二〇二二年）、十島村はもとより、県や国、その他の団体の支援が早急に得られることを強く願っている。

6　日本残酷物語

貧しき人々のむれ

谷川健一編集の『日本残酷物語』（全七巻）が平凡社から刊行されたのは、一九五九年から六一年にかけてである。雁が森崎和江や上野英信らと「サークル村」を始めた翌年、蛇臥島に渡った年からなので、筑豊での雁の活動が最高潮を迎えた時期と重なる。

第一部『貧しき人々のむれ』、第二部『忘れられた土地』、第三部『鎖国の悲劇』、第四部『保障なき社会』、第五部『近代の暗黒』と、現代篇1『引き裂かれた時代』、同2『不幸な若者たち』から成る。

第一部『貧しき人々のむれ』の巻頭に、「刊行のことば」が載っている。『風土記日本』の場合と同じく、これも健一が執筆している。

《これは流砂のごとく日本の最底辺にうずもれた人々の物語である。自然の奇蹟に見離され、体制の幸福にあずかることを知らぬ民衆の生活の記録であり、異常な速度と巨大な社会機構のかもしだす現代の狂熱のさ中では、生きながら化石として抹殺されるほかない小さき者の歴史である。民衆の生活体験がいかに忘れられやすいか——試みに戦時中の召集令状や衣料切符、戦後の新円貼付証

『日本残酷物語』全7巻

紙を保存しているものが、わずか二〇年後の今日ほとんどないことからみても、現代がむざんな忘却の上に組み立てられた社会であることがわかる。小さき者たちの歴史が地上に墓標すら残さなくなる日は眼前に迫っている。それだけにいっそう死滅への道をいそぐ最底辺の歴史を記録にとどめておくことの必要の今日ほど切なるものはない。

民衆自身の生活にとって、納得しがたいことがいかに多いか、しかもそれらがいかに忘れ去られてゆくか——これが『日本残酷物語』をつらぬく主題旋律である。つつましい炉の炎を確保するために地獄に近い地底に降りてゆかねばならぬ小さき者の後姿ほど、納得しがたい物語を背負ったものがあるだろうか。しかし体制の最底辺にあって体制の爪にもっとも強くとらえられた者たちこそ、その実はもっとも反体制的であり、体制を批判する人間の自由をどん底でやむをえずつかんだこともたしかである。ゆえに『日本残酷物語』は非日常的な特殊な事件とはまったく無縁であり、つねに日常的な姿勢のもとに、ごくあたりまえの民衆層に受けとめられた生活の断面なのである。わたしたちは、追いつめられた民衆がこの断面に施したさまざまの陰刻から、もっとも強烈な生の意味を汲みとろうとする。》

『風土記日本』と『日本残酷物語』の二つには、健一が自らの鉱脈をようやく掘り当てた喜びがほとばしっている。

『風土記日本』を企画提案したとき、社内では反対が多かったという。それは、民俗学は体系のない在野の学問で、階級闘争を捨象していると見られていたからである。けれども、予想に反して、好評をもって迎えられた。それに気を良くした幹部が、健一にあらたな企画を依頼し、それに応えたのが、この『日本残酷物語』であった。前に引いた小林祥一郎の証言から。

《『日本残酷物語』は、第一巻が発売されると、すぐベストセラーになって増刷をかさねた。「残酷物語」という言葉は、翌六〇年に制作された大島渚さんの映画『青春残酷物語』の評判もあって、六二年のヤコペッティの映画の邦題『世界残酷物語』に利用され、さらに映画『武士道残酷物語』、小説『戦国残酷物語』などと、あちこちでこの名前が使われた。

『日本残酷物語』の企画発案者は、谷川健一さんである。命名は、ヴィリエ・ド・リラダンの『残酷物語』に由来していたが、わたしたちの意図は、リラダンのコントの怪奇趣味や、ヤコペッティの映画の奇習のアンソロジーとはまったくちがうところにあった。創刊に寄せられた武田泰淳さんの、「なにくわぬ顔つきの、むごたらしさ、文明開化・進歩向上のうちにふくまれるむごたらしさ」という言葉が、わたしたちの意図をよくとらえている。

わたしたちは、埋もれた日本の貧しい共同体の、生きている姿を語ろうと試みたのである。日本の伝統生活の胎内にあり、そして日本近代の底辺にもあって、忘れられている人びとの生活の現実――わたしたちがいう「残酷」とは、特殊な事件や怪奇な現象ではなく、人びとが生きていくための普遍的な残酷さ、その現実のすがたを提示することだった。》(『死ぬまで編集者気分』)

いま改めて目次を見ると、第一部「貧しき人々のむれ」の第一章「追いつめられた人々」には、「土佐檮原《ゆすはら》の乞食」が載っている。これは後年、宮本常一によるポルノグラフィとして騒がれた有名な「土佐源氏」（岩波文庫『忘れられた日本人』所収）の原型である。

《秋じゃったのう。

わしはどうしてもその嫁さんと寝てみとうなって、そこの家へいくと、嫁さんは洗たくをしておった。わしが声をかけるとニコッと笑うた。わしは「上の大師堂で待っとるで」いうて、逃げるようにして、その家の横から上へ上がる小道をのぼっていった。家のすぐ上のところから小松がはえていて、その中を通っている急な坂道を一丁近くも上がると、四角な大師堂が大きな松の木の下にある。毎月、二一日にはお参りがあるが、常日ごろはだれも参る者はない。わしは息せききって、そこまで上がって「えらいことをいったもんじゃ」と思うて、半分後悔しながら、松の木にもたれて下のほうを見ておった。秋のいそがしいときでのう、小松の間から見える谷の田のほうでは、みな稲刈りにいそがしそうにしておる。そういう時にわしはよその嫁さんをぬすもうとしておる。なんともいえん気持じゃった。このまま逃げて帰ろうかとも思ったが、やっぱり待たれてのう。

もう小半ときも待ったろうか。夕方じゃった。夕日が小松を通してさしておったが、下のほうから嫁さんが上がってくる。絣の着物を着ていて、前掛けで手をふきふき、ゆっくりと上がってきなさるのよ。わしは上からじっと見ておった。なんぼか決心のいったことじゃろう。わしはほんとにすまんことをする、と思うたが……。

四、五間のところまできて上を見あげたから、わしがニコッと笑うたら嫁さんもニコッと笑いなさった。それから上がってきた嫁さんの手をとって、お堂のところへ連れていって上がり段に腰をおろした。そしたら嫁さんが人の目につくといけんからいうて、お堂の中へはいっていった。

嫁さんはきものをお堂の中へ入れて、格子戸をしめなさった。そうして板の床の上へすわって

の、わしの手をとって、その手をじぶんのみずおちのところへあてて「こんなに動悸がうってい
る」というてわしを見てほんのり笑いなさった。何ともいえん顔じゃった。困ったような、たより
にしているような。わしはおなごからそないにせられたことはなかった。
「わしのようなもののいうことを、どうしてきく気になりなさったか」いうてきいたら「あんたは心のやさしいええ人じゃ、女はそういうものがいちばんほしいんじゃ」といいなさった。みぶんの高い女で、わしをはじめて一人前にとり扱うてくれた人じゃった。

それからなァ、四、五回もおうたじゃろうか。わしはこの人に迷惑をかけてはいかんと思うて、しかしこの土地にいるかぎりはとても縁のきれるものではないと思うて、この人にも内緒、婆にも何にもいわんで、四年目にまた雪の降る道を伊予へもどった。わしは一代のうちにあの時ほど身にこたえたことはなかった。半年というものは、何をして暮したかもおぼえておらん。気のぬけたように、暮したのう。何べん峠の上までいったかわからん。婆にも逢うのがいやで、半年ほどはかくれておった。半年ほどたつと、やっとこらえられるようになった。》

少しもいやらしいところはない（他の場所には、×××と伏字になっているところが、二箇所あるが）。作者である宮本常一は、ゲラを読了すると、「じぶんが書いたものと思って読んでいると、いつか他人の文章になり、そうかと思って読んでいると、また自分の書いたものになる。それで流れていくんじゃから、器用なことをするものよ」といって笑ったという。

一般に民俗学が陽の目を見るようになったのは、六〇年安保闘争以後である。安保改定の前年から改定直後に刊行されてベストセラーとなったこの『日本残酷物語』は、民俗学の方法を用いて社会に衝撃を与えた最初の試みだった。それまでの進歩主義や近代主義に見事一矢《いっし》を報いて、その道を切り

開いたのである。

声なき民衆の存在

『日本残酷物語』が当時の知識人にもたらした衝撃は、本シリーズが刊行された折に寄せられた推薦文や書評を見ると、よく分かる。

《私はこの出版企画を聞いて、その誠実さ、大胆さにびっくりした。ここにこそ歴史がある。今までかくされていた日本の裏側、民衆生活の現実、現実であるがゆえに残酷であるものをえぐりださなければならない。その認識から再出発しないかぎり、正しい文化の自覚はありえないと思う。『日本残酷物語』は、おていさい屋の多いこの国のツラの皮をひんむくだろう。もっとも必要にして意義のある企画だ。』（岡本太郎）

《人間の残酷がもし侯爵サドの特権的な娯楽にとどまっているなら、なにも論じたてる必要はない。しかしぼくらをとりまいているのは、もっとなにくわぬ顔つきのむごたらしさ、文明開化、進歩向上のうちにふくまれるむごたらしさである。正義の看板、幸福の白粉はいつはげおちるかわからないのである。極限性は日常性につながり、なつかしい乳のかおりが、いやな血なまぐささと入りまじる。ぼくらはなつかしくも、また厭らしさのみちみちた、ぼくらの民族の病気をがまんづよく見つめないわけにはいかない。》（武田泰淳）

《日本の底辺のそのまた底辺で、死と汚辱と殺意との紙一重のところで生きるほかなかった貧者と賤民たち。それは日本人の負の可能性をはっきり示しているといえるのかもわからない。こうした「残酷物語」の編集を思いたった人間の心底にあるものは、どうやら、あまやかな人権思想の普及というような微温なものではなさそうだ。それはわれわれの心にひそんでいる、なにかもっとも痛烈に民族的な、そしてそれゆえに、もっとも人間的な感情をゆり動かそうということらしい。私の期待は文字通りかたずをのむというところだ。》(日高六郎)

《日本の貧しさについては、私は骨身に徹して知っていると思っていたが、この記録を前にして私の知っている貧しさは、なお浅瀬の方にあるものにすぎないと知らされた。それは底知れないものである。この底知れない日本の貧しさを私たちははっきり見なければばらない。これをはっきり見るとき、日本についての考えは一変するだろう。少なくともこれまでの自分の考えが、なお大きなものをぬかしていたことに気づくだろう。》(野間宏)

《今まで白地に黒の市松模様だとばかり思いこんでいたキモノが、とたんに、黒地に白の市松模様にみえてくるときのおどろきに、この本を読んでいると、でくわすばかりである。これはいわば、はみ出しているものの立場から歴史を書くこころみであり、はみ出しているものが実はものそれ自体なのだということを、しみこますようにわたしたちに認識させ、感じさせ、そのような認識にもとづいて行動させるための重大なイニシアル・ショックなのである。》(鶴見和子)

《この書物では全体として、社会科学的方法とことなるこの日本史の記述の中に、私たちの常識をくりかえし破砕するような、いわば無限に私たちを非力の感情につきおとすような、ある絶望的な圧迫感がこもっている。それが歴史的過去をのべたものであるにかかわらず、そこには私たちの現実の底知れぬ深淵への視界がひらかれているのである。少くとも、私自身としては、歴史への畏怖の感覚にあらためて浸透されざるをえなかった。》（橋川文三）

皆が一様に驚き、衝撃を覚えたのは、底辺の人々の極端な貧困と残酷な現実のみではない。自分たちと違って表現の手段さえ持たぬ民との隔絶ぶりである。戦後の知識人の視野に入らなかった声なき民衆の存在を浮き彫りにしたのは、健一と雁に共通する功績だ。健一が別のところで書いた「無告の民」という文章から抜粋する。

1960年頃の健一

《無告の民——とは自分の苦しみを告げ知らせるところのない人たちのことである。ものいわぬ民衆のことであり、訴えるすべを知らぬよるべない小民のことを指す。

無告の民とそれ以外の人々とをわけるもっともはっきりした特徴は、それらの人たちが生命の危険をおかして働かねばならぬという条件の下にあることだろう。整形外科の病院や整骨院の門をくぐってみると交通事故は例外として、そこにかよう患者のほとんどが労働者であるという事実に直面する。

ここで無告の民が底辺の民衆とそのままおなじでないことを注意しておきたい。どんなにまずしくとも山間や離島の住民を底辺の民衆と呼ぶことはできない。底辺の民衆とは釜ガ崎や山谷や筑豊の失業地帯にみるように、日常生活のなかに崩壊感覚をもった者たちである。無告の民は、まだ日常のサイクルを放棄しない人たちであり、自分に課した束縛で常民としての資格を手ばさない者たちである。だから出稼ぎの人夫は無告の民である。しかし出稼ぎから帰らなくなった者、そして家郷の音信が絶え都会の底に沈澱し、あるいは飯場を渡り歩く者は底辺の民衆である。

表現の手段をもった知識人や権力をにぎった支配者と、それ以外の人たちの間には越えられぬ断層がある。とくに義務教育が実施されぬ明治以前には、文字を知るのは消費者層にかぎられており、直接生産者層のほとんどは文字を知らずに生きた。彼らが生み出したのは、文字とは縁のない伝承文化であった。日本民俗学の使用する常民という概念がこれにあたる。

民衆は観念の世界ときっぱり手を切って生きる生活者である。生活と遊離した観念ほど民衆と無縁なものはない。善悪の普遍的な観念で生活をさばくのでなく、生活の基軸にしたがって善悪を判定していくという考えは、知識人の社会通念からはまったく倒錯している。》

弟の雁が筑豊の炭鉱労働者や流民たちに寄せる思いと共通するようでいて、すでに健一らしい民俗学徒としての見識が示されている。筆者が傍点を付したところが、とくに重要である。雁の底辺の人間に寄せる思いがいささか観念的であるのに対して、健一は無告の民の日々の生活や日常から目を離さない。雁や後述する吉本隆明より、さらに地に足がついていると言えようか。

第一部『貧しき人々のむれ』もそうだが、私は第二部の『忘れられた土地』で、一挙に目を開かれた思いが強い。拙著の第一作『異界歴程』（晶文社、のち河出書房新社。書名は健一がつけてくれ、巻末での対談も申し出てくれた）や『辺土歴程』（アーツアンドクラフツ）は、この延長線上にあると言って過言でないのだ。第一部に挟まれた月報の末尾に、次回配本の紹介が載っていて、こう書かれていた。

《沖をゆく漂流船や海鳥からすらあざけられる孤島苦がここには語られる。星よりも遠く記憶よりもはるかな海のまんなかに孤立して、世人からまったく忘れられて、それでもそこを離れようとせぬ、生きながらふるさとに流された人びとの哀しい物語。沖縄の小さな島々、十島村、対馬と壱岐、伊豆七島の青ヶ島、利尻、礼文——瑠璃色にかがやく南海から、雲低くたれるオホーツク海のほとりまで、通じるものは海の波だけでなく、見捨てられた人間の悲しい叫声だ。

雪げむりのなかにひろがる飢餓のまぼろしを見つめて生きる北辺の開拓地がここには語られる。ひろすぎる土地、それは不毛の同義語だとささやく者もなく、運ばれてきて見事捨てられた農民たち。夏の陽をさえぎる海霧に額は暗く、ひびわれた粘土地帯にくらしは破滅する。北海道、そこは自然が第一課として人間にきびしさを教える土地だ。

檜山のいただきに湧く泉のほとりで起った奴隷の反乱がここには語られる。山また山のかさなりあう日陰の村に山島のなやみはつづく。岩の荷を背負う女たちが日々かよう尾根路の下は、名も人くらい谷、また地獄河原。短い昼と夏、長い夜と冬、短い青春と果てしない労苦。

日本の国土を戦慄のように走る自然のわざわいがここには語られる。夜空をこがす噴火、昼を夜に変える霾《よな》、地震は南北に河川は東西に怒り、おののき抵抗する民衆の歴史。逃げまどい踏みとどまる住民のすがた。そして空をおおいつくして、おそいかかるイナゴのむれ。》

高度成長の前夜にあったとはいえ、戦後十余年を経て、日本社会は都市化が進んで、変容しつつあった。それだけに、いまもこうした世界があることは、柳田國男の『遠野物語』が与えたような衝撃を与えたのだ。目次は左の通りである。

このシリーズの執筆陣には大牟羅良、鎌田久子、更科源蔵、比嘉春潮、宮良当壮、宮本常一らと並んで、谷川雁（二・三・五部、現代篇2）森崎和江（一・四・五部、現代篇1）の名前が見える。第一部第三章で炭坑のことを書いた「はたらく女たち」は、森崎が執筆した可能性が高く、第二部第一章の「みちの島」には谷川雁「びろう樹の下の死時計」からの引用もある。無収入の二人への経済的な援助に加え、文筆家として腕をあげるための教育的な（?）配慮もあったかもしれない。別巻に中村きい子、石牟礼道子の名前があるのは、おそらく健一が雁経由で執筆依頼したのだろう。

私は本書の強烈な印象が忘れられず、後年、青ガ島（天明五年の大噴火で全島焦土と化し、百三十名が死亡、残った二百名はかろうじて八丈島に逃れ、五十年後悲願の還住を果たした）と、江戸中期の石徹《いと》白《しろ》騒動（〈神の村〉の社人が起こした大規模な反乱）の地石徹白（白山中居神社が鎮座する）を訪ねている。

近代の暗黒

第五部「近代の暗黒」も、忘れられない。

《これは現代にもっとも身近く、そして現代からもっとも遠く忘れさられた人々の物語である。現代は彼らがむざんな忘却に生きうめされた上を踏みかためている。

地上に焔をもたらすため天空に舞いあがったのは神話の時代である。現代の焔は地底からほりとられる。地上の光をとるために地底の暗闇へおりてゆく坑夫たちは、突如として爆発におそわれ、ときには地底にうもれたまま永遠に家族のもとに帰ってこない。

なにがしかの収入を貧しい家庭にもたらすため、村を離れて女工となった娘たちが故郷へもたらすことができたのは結核であった。陰湿な仕事場と寮舎、過労と栄養不足、こうした集団生活で感染した若い娘たちは、病菌をいだいて帰郷するしかなかった。

「おい地獄さ行《え》ぐんだぞ」と高笑いをのこして、蟹工船の漁夫がおもむくのは氷雨と濃霧の北氷洋であり、監督の目がひかる労役である。陸にはまた監獄部屋ないしタコ部屋とよばれたおぞましい労働組織のもとに、私刑と労働の強制がおこなわれる。しかしここにくらすものは過去も未来もとわれないことが、過去もなく未来もない敗残者たちにとって一つの救いであったにちがいない。北海道の鉄道工事はその枕木のかずほど犠牲者をだしたといわれるが、辺境の鉄道を開拓したのはほとんどこうした人たちであった。

そして勝ちいくさの美談、農村の篤農家、軍国の母、少数民族の忠誠、こうした言葉の呪力がとけるとき、そこにうかびあがるのは廃兵、捕虜、小作人、貧民街などのゆがんだ表情である、ともあれ美談も醜聞も束の間にすぎる、それが地平に没するとき、残酷の主題は鳴りはじめる。》（第四部月報）

これとは別に、健一は「近代の暗黒」（『常民への照射』所収）という長文の論文で、次のように述べている。その口調はもっと激しくて容赦がない。そのたたずまいは現代との落差が大きいが、過疎化で取り残され、忘れられてゆく地の本質に変わりはないのだ。

《かつて東北地方をおとずれた旅人で、家畜小屋同然の家、くずれかけた土壁に窓一つの真っ暗な農家を見て、その名状しがたい光景に面を伏せなかった者はあるまい。東北の名はひさしく飢餓の代名詞であり、凶作と流亡の雪崩《なだれ》はつい昭和にいたるまでこの地方の村々をおそいつづけた。

この事情は東北と対照的な日本の西南部においても同様であった。鹿児島県に足をふみ入れた者は、県内いたるところ行く手をはばむシラス台地の砦と、茸のかたちをした南方型のみすぼらしい藁家を見いだして胸をはげしくつかれる。この不毛の大地に生えた忍苦の茅屋に、日本近代百年の歴史が一瞬凝縮したような感を抱くのである。明治このかた鹿児島県は、中央の政治をほしいままにする人物をおびただしく送ったが、彼らはすべて国家優先の名のもとに、故郷の村をかえりみなかった。（中略）

置き去りにされた地方、見捨てられた村にむかって、地域の後進性を強調し、封建的遺制を非難することは、たやすい。だがいったい日本のどの村がすきこのんで、そうした状態に身を置いたわけがあろうか。共同体のよき側面、すなわちその連帯性をむざんにもはぎとり、といって共同体の解体を完了させることもなく、共同体の悪しき側面だけを利用しようとしたのは、だれであったか。その結果だけをつつましい村人たちがじぶんの責任として、背負い込まねばならぬ理由があろうか。

（中略）

ひとたび疎外されたものがふたたび疎外されることによって、断絶するかにみえた底辺と頂点、辺境と中央はいまや不可分のものとして膚接するにいたっている。しかも、それが依然としてはげしい収奪にさらされる倒立した関係であってみれば、底辺または辺境のおかれた疎外状況とたたかうことが、すなわち巨大な現代社会体制の深淵をこえる道に通じることは明らかである。底辺または辺境のもたらす今日的意義も、これをおいてほかにはありえない。》

ちなみに私は、健一からじかに、柳田國男が『遠野物語』その他で、あれほど東北のことを取り上げながら、こうした飢餓や貧困には眼をつぶっていたと何度か聞かされている。

7　三池闘争から安保闘争へ

瞬間の王は死んだ

サークル村を拠点に雁が工作者としての活動をしていた頃、筑豊の炭鉱では労働組合による争議が激化していた。総資本と総労働の対決と言われた、いわゆる三井三池闘争である。

だが、このことについて触れる前に、彼が一九六〇年三月に、『大地の商人』『天山』の既刊二詩集に未収録の詩篇を加えて刊行した定本『谷川雁詩集』（国文社）の「あとがき」で、詩人廃業の宣言をしたことについて述べておかなくてはならない。

《私のなかにあった「瞬間の王」は死んだ。ある機能がそれだけで人間の最高の位であるという理想とたたかうことは、私の知ったはじめての階級闘争であった。逆らいがたく幼年の心を支配していたこの力を飼いならすために、すなわち観念を猫とみなしてその髭をきるために、青年期の十幾年がついやされた。自己の内なる敵としての詩を殺そうとする努力が、人々のいわゆる「詩」の形をとらざるをえないのは、苦がい当然であるとはいえ、私はそれを選んだのでもなければ望んだのでもなかった。眼のまえの蜘蛛の巣のように、それは単純な強制であった。そのゆえに私の「詩」は単純ならざるをえず、敵は自由な饒舌も彼方へのがれ去った。いまや饒舌をもって饒舌を打つことが老いるにはまだはやい私のみすぼらしい戦闘である。ようやくにして私は自己運動の平凡な旋律の外にあふれようとしている。光とは、なんとおそいものであろう。そして自分の「詩」を葬るためにはまたしても一冊の詩集が必要なのだ。人々は今日かぎり詩人ではなくなったひとりの男を忘れることができる。》

戦後詩人として抜きんでた才能を示し、その存在が注目を集めていたさなか、これまでに問うた、そう多くはない作品を一冊にまとめたのは、この詩人廃業を公にするのが目的だったので、人々が驚いたのは無理もない。雁一流の屈折した表現だから、これだけでは真意がわかりにくいが、翌年「詩学」四月号に発表した「断言的肯定命題」では次のように述べていて、これはすっきりと理解できる。

《われわれの断言的肯定命題を見るがよい。私の詩などはいわずもがな、それは何という狭小な世界の断言にすぎないことか。科学がはらんでいる最後の疑問がなぜ人間のこの世の苦しみとして表出されないのか。そのときはじめて詩は断言であり、肯定でありうるのではないか。——私が詩作をやめたのは、おのれの断言癖や肯定癖が詩作にさしさわりを生じたというようなことではない。詩とは無言に否定的にひろがっていく世界への断言的肯定以外の何であろうか。もちろんここで言う命題とは、書かれた命題ではない。一篇の詩に内在する命題のことである。その点で、いかに現実の迷路がするどく描かれていようとも、否定的命題しかはらんでいない詩は、いわば散文の代用物でしかない。人間が最後の瞬間につきあたるとき、その衝突がたとえどのように否定的な光を放とうとも、それは客観的積極性をもつ。それを肯定できない人間は詩を書くことができないから、詩をやめることもできない道理である。

詩の論理はあくまで一かゼロか、白か黒かであり、その中間はありえない。詩の論理はどこまでも潜在する不可視の否定的な力に対するためらうことなき肯定であり、その外にはありえない。この論理を大宇宙のはしっこまで延伸し、そこからターンして日常世界へ帰ってくるならば、われわれの内なる「反宇宙」はどのように砕けて、むごたらしい未来が顔を出すか。それが私のいまの好奇心の核、すなわち生の理由とでもいうべきものである。》

つまり、詩の論理を捨てて、敢然と「生の理由」へと赴いたわけで、その意味ではランボオがパリ・コミューンの動乱に熱狂し、ついで詩作を捨てて、アフリカへ旅立って、砂漠の商人になったのと同じである。岡部隆介が、「谷川君はランボオみたいだ。いまに詩すら馬鹿げているといって書かなくなるよ、きっと」と語ったことは前に述べたが、いよいよ本領発揮というところか。雁自身は、ランボオについて、一九五四年十二月、「彼の詩作が束の間に終ったのはコンミューンの電光が走り去ったからです」と言ったのに続けて、すでにこう述べていた。

《創造する者はたやすく知っています。誰でも周囲の世界から来る力を受けて作るのだと。ランボオの場合も例外ではありません。彼の作品のとりどりのあやなす色彩、激しく美しい感情は自らの力を知った最初の労働者のものです。その集団の熱情の反映です。暗黒の揺籃に眠っている胎児が突如激しい刺激を感じ、苦痛と不安と歓喜のリズムのはてについに未知の世界にほとばしり出るようにパリの労働者とランボオはコンミューンのその日を迎えたのです。密室の扉は幾世紀の後開けられた。走り出た若き労働者の瞳をなんとその光は奇怪なまでの優しさ、物語る草や花でまぶしがらせたことでしょう。だからこそ、それは市役所の小吏ヴェルレーヌでは果すことの出来ない役割でした。それは少年の網膜を必要としていました。だからこそ彼にとって「見ること」は最高の機能でした。目前の景色に未来の光輝を認めることのできる者こそ「見者」であったのです。彼に世界最初の労働者詩人としての光栄があたえられるべきであります。あたかもハイネが最初の進歩的インテリゲンチャ詩人としての光栄を負うべきであるように。なぜランボオが労働者詩人であるか？　それは彼が階級の内側の眼を持っているからです。もちろんコンミューンは短かかった。敗北した。ブランキー主義の未熟な、無政府的な思想は敵味方を厳密に判別し得ず、決定的進攻の時期をのがし、農民との同盟を忘れて孤立した。この衝動性、はねあがり、連帯感の稀薄さはランボオの全作品を貫いています。しかもなお彼は支配者俗物への完膚なき嘲笑、戦争への抗議、平和へのあこがれ、労働の意義、自然と人間の夢みるような調和などでコンミューンの感情の代弁者であります。（……）彼の詩作の放棄が敗北したコンミューン後の西欧世界に対する一の抵抗、一の絶縁状であったこと、彼のアフリカへの逃亡がたとい逃亡であるにせよ、再びコンミューンの太陽に相似した極地の光をとらえんがための空しくも悲壮な努力であったことを信じてはならないでしょうか。彼にはあのとてつもない才能をもった盗賊詩人ヴィヨンや「真夏の夜の夢」の森に集る職人たちにも流れている庶民の楽天主義があります。そしてヴィヨンにくらべると彼は実直な田舎者であります。彼は流浪する農民、過激なルンペン・プロレタリアートとして奇しくもパリ・コンミューンを表現しました。》（「欠席した人々へ――ランボオについて」）

それだけに、詩作を放棄した雁が目の前にした三池闘争の「熱い泥の衝突」は、それが束の間のことと思えるだけに、いっそう彼を興奮させ、感動させたのであったろう。

《すばらしい激突である。三月二十七日の夜いらい、日本最大の炭鉱の周辺は、片眼をつぶればまさに戒厳令下にあり、別の眼でみるとき一種の無警察状態にある。二十八・九両日の暴行と殺人は守勢に追いこまれつつあった三池労組を一瞬にして攻勢へ転じさせた。それは獅子の肌にすりこまれた胡椒となった。（中略）

三池労組は一帯を制圧している。オルグと同数の警官、暴力団、第二労組は見る影もなく放心したまま、黒ずんだ横顔をみせている。二十八日早朝腹背から脱落者と職制の暴力攻撃を受け、それをはね返して繰込場を占領した第一労組は翌日の昼ごろ警官立会いのもとにすべての棒きれを焼きすてた。その数時間後に殺人傷害事件が起きた。彼等は一夜のうちに「再武装」した。

三池闘争（『三池のたたかい』より）

（中略）

五十三年（＊昭和二八）の百十三日にわたる「英雄なき戦い」も今度にくらべたら、まるでおもちゃである。これまでの三池労組には、まだお上品なきれいごとの感じがつきまとっていた。三池十八番のいわゆる「整然たる統制」は、その裏返しでもあった。

しかし、その統制のすきまから第二組合が誕生し、会社と暴力団と第二組合の三位一体が完成した瞬間に、労働者は扮飾をかなぐりすて、坑夫としての地金をむきだしにした。暴力に対する暴力と統制と和やかさが急速に融合した。そこから新しい感情が発生しはじめた。

この意味は大きい。いま街角に立って、さまざまな風俗が熱い泥のように渦まいているのを見るとわれわれの革命がどんな物音や匂いをもってやってくるか、もはやこの映像力からさほどへだたるものではないと断定的に信じることができる。

すなわち、これは突然の組織的行動であるとともに、一方ではなりふりかまわぬアナーキーに達しなければやまない中小鉱のストライキを幾十もつみ重ねたにひとしい力の蓄電池である。大手労働者と中小労働者の情念の差は縮まりつつある。労働者は統一されたおのれの顔へ接近しつつある。》(「熱い泥の激突」)

安保闘争と大正行動隊

三井三池炭鉱は、一九四七年頃から九州大教授の向坂逸郎が頻繁にこの地を訪れるようになってから、労働組合が尖鋭化し、五三年には一一三日間のストライキを決行して、会社側に勝利した過去があった。けれども、エネルギー源が石炭から石油へと変わるなかで、会社側はその後さらに経営の合理化を進め、指名解雇に反撥した組合は五九年十二月、無期限のストに突入、闘争は長期化した。

対して、同年、進歩的知識人や学生が中心になって東京で繰り広げていた安保反対闘争に、雁は冷ややかだった。雁というと六十年安保反対闘争の先頭に立った代表的新左翼知識人というイメージが定着しているが、これは少しく訂正する必要がある。

《八月。人々は首都のうす暗く、よごれた熱気の奥で悟りそこねた仏のような顔つきをしている。ふだんなら、全身のすみずみまで機能化しているという自信で前に転びそうな種族が、のろくさい

国会前で座り込みを続ける全学連デモ隊　（1960年6月18日）　共同通信社提供

動作で冷いものをあおり、うつろな眼つきをしたかとおもうと、突然じゅずつなぎになった暴言を吐きちらす。すべての方針、すべての組織、すべてのイデオローグへのふんまんがうまく立体化されてこないもどかしさを圧縮しようとつとめる。だが、そこにはなにか涸れた井戸を汲もうとするひびきがある。》（「定型の超克」）

そして、三池闘争との違いを次のように書く。

《五月末のある日、私はテレビのニュースで首相官邸へおしよせる全学連主流派と、国会をぐるぐる巻きにしたデモと、炬火をかかげた三池の夜間デモとの三つを同時に見ていたが、これが同じ国の同じ日に同じテーマで行われているデモかと感嘆したのであった。だれが見ても一目瞭然、威風あたりを払っているのは三池であった。もし警官隊が死物狂いの挑発で安保闘争と三池闘争を同時に崩そうとするならその夜は好機であったから、デモ隊の顔はきびしく緊張し、小きざみな足どりで密集して動いていた。襲いかかられたなら、その瞬間に右手に高くかかげられた炬火の機能が変化するぞという気合いは一人々々の面にあふれ、警官隊も手をつかねるよりほかはなかった。それにくらべれば、提灯デモはもとより全学連の突撃も子供の石合戦にすぎなかった。無為無策、この上ないのである。そんなテレビを見ている坑夫たちはしきりに「ケンカずれしていないからなあ、根性がないなあ」と全学連に歯がゆがったり、同情したりする。まさにその通り、三池のケンカの手はますます百花繚乱のおもむきを呈してきている。だがそれは単なるお国ぶりではないであろう。その証拠にたったいまも私の眼の前をある大炭鉱の安保反対・葬式デモが通りすぎたばかりである。》（「私のなかのグァムの兵士」）

西日本新聞社時代に入党した共産党に対する不信も、頂点に達していた。六月、とうとう脱党し、翌月除名となると、雁は党や炭労から独立して、大正行動隊の前身となる共産主義者同志会を結成した。六月十五日、強行採決の結果、日米安保条約が改定された。以下は、十月、雁が草案を書き、関根弘、武井昭夫、鶴見俊輔、藤田省三、吉本隆明の六人で討議した声明文で、主に若い世代の学者、芸術家、評論家にむけて発送して賛否を問い、賛同者一二八名全員の署名入りで発表された。

《五月から六月にかけて起った事態は、一つの組織が全体を支配しようとすることの害毒を明白な形でわれわれの前に示した。

眼に見える鋭い形で、また気づかれにくい隠微な姿で独占支配強化の傾向に拍車が加えられている。政党、労組、文化組織その他すべての諸集団と個人をふくむ全反体制陣営は、これまでしばしば陥りがちであった独断論と形式主義を脱ぎ捨て、その質を改善して共同行動の根底になる姿勢をしっかりとうちたてる必要に迫られている。

今日最も緊急である、この反体制陣営の体質改善という課題は、しかし、その中に存在するある種の現状固守的な空気によって冷たく扱われているばかりでなく、真剣な努力を妨害されることすらまれではない。もしこの状況を放置するならば、そのこと自体が新しい段階の独占支配を導きいれる決潰点となるであろう。

このような認識に照らすとき、現存するすべての組織に訴えざるをえない。

体質改善とは人々の内発性、自律性をより深くたくましくすること以外のものではない。その意味で現在の瞬間における反体制思想を必然に大衆の多様な側面の反映であると考えるならば、いまのところ思想方法、行動形式の直線的な集中はありえないことを認めよう。また動かしがたい客観的事実の証明なくして、思想上の対立者を存在としての対立者と同一視することは裏返された利敵行為であると警戒しよう。なによりもまず意識の次元に限られた率直な対立こそ、すべてに優先して守らなければならない至上の規律であることを確信しよう。

私たちはそのための一切の障害をうちやぶろうとする者にのみ明日があることを強調するとともに眼前の事態がこれらの原則からはるかに隔っていることに対する憂慮の念を表明する。》（「さしあたってこれだけは」）

この声明文は、書評紙の「日本読書新聞」に発表された。当時、この「日本読書新聞」には、巌浩、定村忠士、三木卓のほか、谷川四兄弟の末弟吉田公彦や渡辺京二がいて、論壇の錚々たるメンバーが寄稿していた。

清水幾太郎、丸山眞男、久野収、竹内好、橋川文三、埴谷雄高らは旧世代に属するが、吉本隆明、鶴見俊輔、藤田省三、谷川雁、井上光晴、内村剛介、村上一郎、森崎和江、江藤淳、桶谷秀昭らは皆、同紙への寄稿をスプリング・ボードにして、有力な言論人に育っていったのである。

東大安田講堂内に残された「連帯を求めて孤立を恐れず」の落書き　毎日新聞社提供

この時期、雁は地元の筑豊と東京とのあいだをあわただしく往復していた。その間、留守をまもる杉原茂雄を隊長とする大正行動隊（六〇年十一月、前身の大正青年行動隊を改称）は、炭鉱の多くの若者の支持を得て、会社側との争議を過激化させていった。

《大正行動隊はそもそも、来世をこいねがうところからはじまったのではなかった。行動集団とは本来そんなものである。前方に熊がおり、手もとに斧があれば、斧をとるべし。斧じゃだめだ。鉄砲がなくちゃなどといいながら、鉄砲で斧をうつ奴がおれば、ついでに鉄砲もぶったぎるべし。それだけのことである。相手が友軍の腕章をつけておろうがおるまいが、身分証明書など問題ではない。（中略）

昨年かれらが例の「統一と団結」論にまっこうから反対して隊列を組んだとき、炭労本部あたりからは「谷川雁の執行部」と呼ばれたし、山元では「杉原行動隊」と呼ばれた。事実、煽動者は私だったし、組織者は杉原茂雄ら大正炭鉱共産主義者同志会であった。けれども、煽動者、組織者をのりこえることのできないような集団をアジったり、でっちあげたりしてよろこぶほど、私たちはお人よしではない。（中略）

大正行動隊の旗は「参加」ではなくて、「拒絶」のための行動。プロレタリアートの「知っちゃいねえ」という形の砲火。それを浴びせなければ日本の変革運動の行先はもう決まっている。拒絶しない者と協同するな。大正行動隊は他人のために訴えはしない。自分のために、ただそのために決意をくりかえすだけである。》（「ここに酒あり」）

かかる前代未聞の自由連合的な対抗組織は、のちの六〇年代終盤の全共闘運動にまで大きな影響を及ぼした。東大闘争時、安田講堂に「連帯を求めて孤立を恐れず」という雁の言葉が、階段の壁に大書されたことは語り草になっている。

山崎里枝事件の傷あと

しかるに、こののるかそるかの大闘争さなかの六一年五月、行動隊員山崎一男の妹里枝が家で眠っている時、何者かに強姦されて絞殺されるという事件が起こっていた。里枝は森崎和江が「サークル村」とは別に、女性会員とともに始めた「無名通信」の印刷発行を手伝っている一人で、犯人は隊員の中の誰かではないかという噂が広がった。続いて、六月十五日深夜、雁は行動隊員を訪問して帰る途中、暴漢三名に襲われて、左肘を三箇所骨折した。

犯人はやはり隊員の中にいて、十二月に逮捕された。しかも、その二週間後、殺された少女の兄が、踏切で列車に轢かれた（自殺説もある）。森崎の動揺はただならなかった。彼女は深く傷ついて、心と体の芯まで凍り付いてしまった。

《殺された少女の兄が轢死した。犯人の逮捕後、二週間目であった。わたしが夜におびえて室井

（＊雁）と抱きあえないその二週間目に。室井がしらじらしくわたしをみていた。その宵のこたつへ、彼の轢死が知らされた。大正炭坑の合理化反対の坐りこみの現場から、彼は歩いてくる途中で轢かれた。室井へ報告にやってくる途上で死んだ。

室井がわたしの悲しみを拒絶して、来るな！　と叫び、とび出した。

わたしらは抱きあって泣くことができない。その妹が殺された夜のように。犯人が発見された昼のように。あれらの夜に、みかわした目を、灯を消した闇にひらいていた。堪えきれずふたりしがみつきあって夜を堪えた。翌朝まだ明けきらぬうちに顔をあわせるのを避けて室井はとなりの部屋へ行き、ひとり、すすり泣いた。わたしはふとんを嚙んでじっとりとそれを濡らしながら、彼ひとりの涙を侵すまいとした。少女の兄貴の死は、彼には、少女の死よりも彼自身であるのだから。》

（『闘いとエロス』）

ところが、組織を救うため、雁はこの事件を単なる破廉恥罪として片づけようとして、森崎との間に決定的な溝が生じ、四年後、二人は離別する。後年、健一は「現代詩手帖」が没後特集「よみがえる谷川雁」を組んだとき、斎藤慎爾の質問に対して、次のように答えている。

「やはりあれは雁にとっても大正行動隊にとっても最大の危機だったと思います。被害者の娘の兄もその後事故死しているんですね。

あれは雁じゃないと乗り越えられなかったでしょう。雁は、奇妙な論理と情熱と天才的な政治力でもって、力ずくというかある種の催眠術のようなもので乗り切ってしまうのですね。」

こうしたなか、雁の工作者としての活動は、この後も六二年六月の「手をにぎる家」、同月の退職金獲得と居住権保障を要求する「退職者同盟」、九月の「自立学校」の設立、十一月、東京でカンパを呼びかける「後方の会」と続いた。

ちなみに、同年十二月の「思想の科学」座談会（竹内好、山田宗睦、日高六郎、吉本隆明）で、吉本は「雁が今大正炭鉱でやっていることは壊滅の敗軍のしんがりの闘いです。負けるにきまっていると知りながらやっている。谷川も、これが全後退戦の最後の戦いだから、そこで出せるものを全部出そうと考えているとおもいます。彼がやっていることが終った時は、運動の痕跡さえも終った時だ」と、発言している。

吉本隆明と谷川雁は、同年生まれ。同じく詩人として出発し、思想的にも近い。同年九月に、吉本隆明、村上一郎と語らって創刊した、読者の直接購読による思想誌「試行」（十一号以降は吉本の単独編集）の起草文は、雁が執筆している。こういうことは、得意なのだ。

《のぼせっきりの阿Qと、しっぽを垂れた阿Qとにかこまれてこの雑誌を作る。（中略）

われわれは真正の権力を建設しようと努める。われわれがいま手もとにたしかめうるのは、思想が自己を統一しようとするときに起こる剝離の感覚だけである。そこから頑強な無名の思想を自立せしめることよりほかに、権力を否定する権力への道などありうるはずがない。それはわれわれの絶望の最終的な表現であるから、変ることはない。肉体をかけて得られる一滴の思想感覚と、全思想をあげて得られる一滴の肉感との交錯の上に、それは築かれるであろう。賭けは全面的でなければならぬ。小銭を残してはならぬ。

言葉もなく立ち、言葉もなく戦わざるをえない過渡期の力学を追求するために、この雑誌は生まれた。われわれ――それはだれとだれのことであって、だれとだれのことではないのか。紛乱はまずそこから始まりうるが、雑誌の目的に照らすとき、一人称複数の確定はさしあたって必要でないというのが、われわれの見解である。》(「『試行』創刊のために」)

六二年四月、この「試行」に発表した次の文章は、当時の雁の破れかぶれな気持がよく出ている。

《他人はいざ知らず、私にとってこの二年間は、ひたすら権力止揚の論理を身近な状況に照明をあてつつ模索せざるをえない歳月であった。その眼からすれば、解体拡散期の遠心力は新しい権力論を掘進するためのドリルとして貪欲に利用されなければならない。〈おや、いつのまに啓蒙家におなりで〉

だって、しかたがないではないか。この期間、私ほど多弁であった人間はいないと思っているのに人々は原稿用紙のかさで饒舌を計算するのだ。A氏は私が波の底に沈没したと同情し、B氏は書くという行為の「人間性」をあげて怠惰をたしなめ、C氏は思想家であることにふみきるべしと激励する。かれらは私の黙示を読まなかったのであろうか。私がひょっとするとアジア最後の黙示者であるかもしれないことを知らないのだろうか。

かれらは私のきちがい染みた組織的対象化の営為にあきれかえり憂慮してくれている。状況を馬とすれば――こんどは馬だ――闇のなかをいずこへともなく奔駆するけものの背で、悲鳴とも舌うちともつかぬさけびをあげている者が私だと思っているのだ。だが狂奔する馬を鎮静しようとして手綱をひきしめるやつがどんなに愚かな騎手であるか、一度状況に乗って見さえすればわかることだ。状況のたてがみにしがみついて、乗り手が馬よりもさらに深く馬となったとき、はじめて状況を四本脚の軽歩に移らせることができるのだ。そのこと自体、ただの初歩的な馬術論にすぎないけれども、馬上の人間をインカ族なみに怪物あつかいしてもらいたくはない。

ましてや大状況の奔馬は、当分の間われわれがそれにうしろむきに乗ることを強制しているのである。このようなとき、私はあたかも逆推進ロケットに点火した宇宙船のように、小状況に点火しつづけただけの話である。大状況にたいしてはうしろむきに、小状況にたいしてはまえむきに乗っている自分とぴったり背中をあわせて、もう一人の見えない自分が槓杆をにぎっていると想定せよ。この見えない自分をして、片面性の円環を断ちきる片面性を貫徹しつづけさせよ。

私は単にそれだけを黙示したにすぎなかったのに、黙示をただの沈黙または啓蒙と読まれる屈辱を影のような犬とわかちあわねばならなかった。私の本能的な狡智は解体拡散期にためらいなく選ばれねばならない人工楽園のかぎを知りすぎている。そこに私の悲しみがあるといってよいほどであるが、それゆえに私の黙示は正確に読まれないのだ。》（「権力止揚の回廊──自立学校をめぐって」）

雁がいくらシャカリキになっても、現実が動かないもどかしさ。資本の側は資本の論理を用いて思うさま労働者を屈服させ、権力に従わせる。いったい権力の側と有効に対峙し、権力を屈服させるには、どうすればいいのか。自立はいかにして可能なのか。机上の思弁ではない、現に炭鉱退職者同盟の闘いと共闘している当事者のいらだちと鬱憤とがここにある。

8　知識人と大衆

柳田國男の死

『日本残酷物語』の最終巻、現代篇2「不幸な若者たち」が刊行されたのが一九六一年一月で、この年の八月八日、柳田國男が死去した。享年八十七。

同月、健一は「日本読書新聞」に追悼文を寄稿した。執筆を依頼したのは、公彦であったろうか。

《柳田国男の死ほど、ひとりの人間の死がひとつの学問の死を意味することを、はっきり告げたものはない。日本人がどう生きてきたかという疑問を対象化しようとする学問、「日本人学」とでも呼ぶにふさわしい民族内省の学問が、柳田の死とともに終わった。そう思ったとき、日蝕時を見舞う無気味な冷風のようなものがしばらく私の瞳を吹いた。

しかし、『海上の道』が彼の最後の著作であることは、その書物の刊行当時からわかっていた。彼が半世紀前に蒔いたかずかずの疑問の種、それを自分の手でふたたび刈り取ろうとするただならぬ決意がそこにあふれていた。なんとしても彼の設問とその答えとの間に、未知の中間項が多すぎる。彼は自分の仮説の弱点に気がつかなかったわけではあるまい。しかし日本民俗学は自分の作った学問だから、自分が始末してどこが悪かろう――老人のつぶやきが私の耳を刺した。私はその気

魄にあふれた独行に、はるかな献辞をささげるほかはなかった。（中略）
日本人の中から特殊性を剝離された普遍的人間、それを柳田は常民と呼んだ。常民というのは、ただの人というのでもなければ民衆を指すのでもない、それは実体的な概念ではなく、人間の中の普遍的な部分を指す抽象語である。柳田は実際の民衆を聖化することをしなかったが、しかし日本人の生き方をつきつめてゆく努力の果てに、常民があることを信じたのである。もしそこにあふれた自信がなければ、若年にしてどの文学者よりも強烈にしかも正確に近代芸術の洗礼を受けた人間が、当時の世間からは謎解きくらいにしか扱われない泥臭い学問に満足し切れたはずはない。
明治以来多くの知識人が普遍性にあこがれて日本を捨てるか、日本の特殊性の中に回帰埋没するかのどちらかの道をえらんだ。そのいずれの道もが不毛であることを見てとって、ナショナルなものの中にインターナショナルを、特殊性の底に普遍性を一貫して求めた数少ない人間、いな稀有のインテリが柳田である。日本のような国情で転向を要しない道を見きわめて歩いたことだけでも、彼の近代性がずば抜けていたことがわかる。近代をたてまえとする文学や科学がウワゴトをいっていた戦時中に、彼のひきいる日本民俗学は、もっとも神がかりにならなかった学問である。
柳田の学問が主として過去を対象とし、前近代を研究の目的としていたにもかかわらず、近代に生きるわたしたちにつよく示唆することのできる所以のものはなにか。それは柳田が文化の価値概念を裏返しにして、文化を文字の呪縛から解放したことであろう。それは近代主義の呪縛から過去を解放することでもあった。近代主義者の取り違えの喜劇は、日本の近代社会に含まれる前近代的風景が、現在の時点をさかのぼればさかのぼるほど明瞭な姿を呈するという推論上の誤謬にもとづいている。（中略）
民衆社会の解晶作用が惹起する疎外の感情、全体の人格の解像にともなう腐蝕感。それを超克する道の容易でないことは私たちもつぶさに経験をなめている。だが容易でないことを知れば知るほど、わたしたちは民族共同の教訓に耳をかたむけねばならぬであろう。そのとき過去と現在、近代と前近代のもつ意味をかえ、歴史の価値転換をなしとげた柳田国男は再生するであろう。》（「柳田国男の世界」）

柳田が開拓した学問のもっともすぐれたところを一身に引き受け、それを乗り越えていこうとする烈々たる気魄に胸を打たれる。安保闘争が敗北した翌年に書かれたこの文章は、失意と混迷のさなかにあった多くの知識人や学生の心に響いたはずだ。この頃から、急速に柳田國男を評価する機運が高まり、浸透していったのは、健一のこの文章の影響が大きいのではないだろうか。

ところが、次の年の九月、九州大学新聞の「柳田国男の死を契機として、ナショナルなものをいかにわれわれは反体制運動のなかで把えていくべきか、お書き願いたい」という依頼に応えて雁が寄稿した文章は、健一とは異なり、はっきりと柳田に否定的である。

《質問を受けてから彼の遺著『海上の道』を読んだ。読後感をいえば「じいさん、やっぱり葬式が気になっていたな」ということであった。ポリネシアからアリューシャンにいたる黒潮の半環を逆にたどろうとする意識のなかに、ニルヤ（またはニーラ）の国、根の国――すなわち日本人の原土、原体験、原思想を見ようとする仮説が、彼のこれまでのさまざまな問題提起をしめくくる形でそこにのべられている。通説における根の国が地下の暗黒と陰湿と凄惨につながるのを極度に排斥して、東の大洋のかなたにある「太陽の国」への郷愁が蓬莱伝説や浄土観の渡来よりもはるか以前に定着していたと主張する。暗示と黙想にみちた彼のつぶやきは、あたかも彼が自己の死を前もって青い海流によって貫かれた島々の首飾りで荘厳《しょうごん》しておこうとしたごとくである。
　このような形での老人の自己愛は大目に見てやるのがこの国の良俗であろうけれども、「これがおまえさんたちにもやがて訪れる論理とイメージの最終的な結合状態だぜ」といわれるなら、憤然として舌うちしたくなってくるのである。なるほど私などもずいぶん長いこと日本の何々主義運動がすべて「土着的なもの」からの自己疎外の形態にほかならないことを強調してきた。そしてこのような疎外を止揚するために、意識のなかの官僚的なピラミッドを逆倒させ、潜在部分にもっとも強力に反映するさまざまな独占形態を破壊する一点に固執しようとつとめてきた。けれども、孤独と飢えと災害の充満する辺土の世界から、徹底的に極彩色のイデエをとりだすかわりに、「朝日に匂う山桜花」程度のニルヴァーナを抽象されると、これまた別の自己疎外だとおもわないわけにはいかない。（中略）
　私にいわせれば、日本のマルクス主義にナショナルなものが一般的に欠けているというばあいも、その完全な裏返しというばあいも答えは一つでよい。何が欠けているのか。それは大衆の生活意識の次元における「対決の思想」との対応である。対決の契機は柳田民俗学のなかにもまったく見られない。》（「隣りの皿を横眼でにらめ――柳田国男の土着性」）
おそらく雁は、このとき安保闘争に敗れた知識人や全共闘の学生やそのシンパが、柳田國男に惹かれていくのを、逃避、もしくは退行として批判したかったのであろう。（後述する吉本隆明も、その一人。）同時期に発表した「サークル学校への招待」では、「おそらく柳田はいちはやく自己の生涯をあえて挫折の連続とみずから規定し、そこに身を挺した人間であってその経過は日本の帝国主義と逆のヴェクトルをもつ稀有の人物が描いた、もっともあざやかな精神下降の軌跡でもある。言葉を変えていえば、一九四五年八月一五日に彼ほど無傷な発言権をもっていた人間はすくなかったと考えられる。そのゆえに私は、この不屈の老人に対して殺意のごときものをそそらずにはおられない」とまで述べている。

こうしてこの時期の雁が、柳田の政治的なスタンスのみを問題視して、その中味にまで踏み込めていないのに対して（後年、「宮澤賢治と柳田国男」になると、賢治の作品が柳田民俗学と深くかかわることを指摘するなど、より親和的になるが）健一の柳田の業績にたいする尊敬は、微塵もゆるぎがない。

《柳田学の特徴は常温ということである。暑さ寒さにかかわらず一定の温度を保っている。そこからして、夏は涼しく、冬はあたたかい井戸水のような作用を人に与える。深い地下水のもつそのような柳田学の力は、民衆生活の深層意識に錘鉛をおろしたところからくる。しかし、それゆえに、世の激動の時代には柳田学は微温にみえ、そして後退した時代にはラジカルにみえる。だが柳田学は方便とはなりにくい。柳田学は左右を問わず、一切の政治主義的発想の対極にある学問である。伝統主義者の固定観念を打ち砕くとともに近代主義の発想を支える進歩的観念に対して、ふかい懐疑を表明したのも柳田学である。そこで、世間が後退したときには常民の思想に頼り、激動の時代にはそれを捨てて変革の思想に走るというのは、時代の振子運動にふりまわされるのが落ちであることを柳田は警告する。》（「柳田学の普遍性」）

《柳田は初期の段階において、ヤマト政権から追われた国つ神や山人に同情を示した。また彼は頂点の王権の神聖さを最底辺から映し出す鏡として、人為的に創出され、汚穢の烙印を押された被差別民の文化を高く評価した。しかし道半ばで方向転換をとげ、それら常民の中に入らぬ漂泊者を研究対象からはずすことによって、常民の学としての柳田民俗学を確立した。しかもその常民の学たるや、常民の生活の根底にある性の慣習制度や意識の問題から眼をそむけたものであった。

かくして柳田民俗学が、世相解説の学から世相批判の学へといま一歩肉薄する飛躍力を失うことになったのはたしかである。その最大なものが天皇制批判であることはいうまでもない。もとより、柳田の眼は、たかだか紀元後数世紀に成立した日本の天皇制の歴史をこえて、そのはるか遠くにまでのびていた。それは柳田が化外の民や漂泊の異民族に示した根源的な関心が何よりの証拠である。だが彼はそれらの主題をいつの間にか捨ててしまったのだ。それは柳田一個の挫折と転向の物語である。しかしそのことによって、柳田学を批判的に継承しようとする私たちにとって、重い責務が負わされたこともまた事実である。》（「柳田学のこれから」）

すなわち、柳田の弟子と称する人たちの多くが師説を鵜呑みにしていたのとは違い、健一は戦後社会の移り変わりのなかで、柳田の弱点をどう乗り越え、自分の民俗学をどう展開させていくか、静かに自問自答していたのである。

日本の二重構造

筑豊中間の雁宅の書棚には、すでに柳田國男の本がいくつもあったという証言がある（松本輝夫『谷川雁　永久工作者の言霊』）。雁と健一のあいだで、柳田について論じたことは、当然あったろう。それは、雁がこれまでにも柳田に言及した、いくつかの断片的な評言からも推定できる。たとえば、先に引いた「サークル学校への招待」中には「この国にただひとり転向不要の、そして転向不能の危険な精神領域を創造しえた男がいた。それは柳田国男である」という言葉もあって、それは健一が「日本のような国情で転向を要しない道を見きわめて歩いた」と評したのと、そっくり同じである。かかる言い分は、おそらく雁の唯一長大で本格的な論文「日本の二重構造」で、以下のように敷衍される。長い引用を、お許し願う。

《柳田国男は日本社会の構造的二重性を凡百の論者のように「内」と「外」との対立としてとらえもしなかったし、また単純な階級対立に還元してしまうこともしなかった。それは日本社会の構成原理に規定された二重性であることをいちはやく看破し、もっぱら下層部分の連続的契機を観察することに集中した。その結果、これまで日本文化の範型と考えられていた表層をはぎとって、日本文明の総体に関する独自な展望をひらいた。二重構造の上層部分は下層部分である小共同体の自己疎外でしかないという確信は、東洋の隠君子の系譜に流れている認識であるが、その伝統に立って彼は「常民」という概念をもちだす。（……）彼こそは論理構造の二重化によっていわば隠れキリシタンのように天皇制との対決をたくみにすりぬけた、「賢明な」知識人の筆頭であった。

しかし、そのことによって彼自身が復讐されなかったわけではない。小共同体の尊重がいつのまにか二重構造の美化に終るのは東洋の隠君子たちがたどった道であったが、彼もその運命をまぬかれなかった。「後狩詞記」や「遠野物語」などで山民の生活をとりあげ、「海南小記」などで南島の生活を追究していたころの彼は、民俗学草創期の開拓精神に鼓舞されながら、民衆の心情の縄文期とでもいうべき原鉱石のようなマティエールをもっていた。ところがしだいに収集が豊かになり、稲作文化が主な対象にされてくると、にわかに彼の芸術社会学的な世界はなめらかな弥生式に転じ、日当りがよく穏やかな風景に浸される。出身地が山陽道であることもなにがしかの影響を与えているかもしれないが、常民が平均値的な日本の多数派になってしまったのでは、常民の底辺概念化は避けられない。底辺的な所得層にふくまれている思想のとがった先端部は何か。それをくりかえし考えつめていかなければ、かならず日本文明論は東海・近畿・山陽道風の平地農村型にひきずられて、「大和は国のまほろば」式の温和な中央指向性におちいってしまう。柳田民俗学は小共同体の側からする包括的統一体への批判にはなりえたが、小共同体相互間の、また小共同体内部の葛藤の契機をえぐりだしていかなかったために、もっとも強度な疎外のなかにふくまれる二重性を発見することができなかった。すなわちここでは、二重所属と半所属の葛藤としてあらわれる日本の大衆現象が、一歩下降したところで半所属と無所属の対立として登場する。帰属すべき何物も持たないがゆえに帰属そのものから自由であるような自己の歴史的な基盤（非所属の所属）をみつめない個人の確立などありえないわけだが、それは体制に半ばしか所属していない危機感（所属の非所属）と切りむすんではじめて、プロレタリアートにつけられている鎖の史的構造をあきらかにする。

　辺地の農漁民、流浪のプロレタリアート、特殊部落民、癩病、在日朝鮮人……これら差別というかたちで疎外を受けている者たちのなかにのみ範型としての日本があることは疑う余地のない事実である。彼等こそもっとも強烈に支配階級の思想から照射されており、そのゆえに一定の条件つきで何人よりも近代ヨーロッパの範型としていうところの個人にちかく、またその「個人」を超える可能性をもった存在であるが、その可能性はいかなるコースを通って打ち樹てられるか、その思想的生産性を保証するものは何かという課題に当面する。それをぬきにして、まず生産関係からの解放を、しかるのちに……と史的順序と論理的順序を混同して考えるところに、生産だの関係だのという観念に対する限りないブルジョア的俗流化があるのである。》

前半部に異論はないが、私はとりわけ後半部を高く評価する。常民よりも、「辺地の農漁民、流浪のプロレタリアート、特殊部落民、癩病、在日朝鮮人……これら差別というかたちで疎外を受けている者たちのなかにのみ範型としての日本がある」と断言しているところは、柳田のみならず、健一にも足りない視点で、雁ならではと教えられる。

吉本隆明との応酬

柳田國男と常民のことに触れたついでに、この際、知識人と大衆の問題をめぐる、雁と吉本隆明の応酬を見ておこう。

吉本が『言語にとって美とは何か』を連載した雑誌として知られる「試行」が、吉本・雁・村上一郎の三人で共同編集したのは十号までで、以後、吉本の単独編集に代わった。そうなったのは、吉本と雁とのあいだで、気質上の対立が深まり、亀裂が表面化したからであろう。最初にジャブを放ったのは雁だ。

《彼の文章たるや陰気で皮くさくて骨っぽくてとぐちをならべているうちに、それじゃおまえはどうだという声がしてくる気もするので、まず同時代人としてのあいさつだけはしておくことにする。およそ彼ほど気質だの傾向だのがきらいな種類の人間はすくない。心理という言葉を使うときなどまるで蝶ネクタイをしめているみたいだ。彼のペンは笑わない。大隊長のように堂々たるかっぷくで「内部世界」とか「不定意識部分」とかの言葉が登場する。だが「分配カルテル」なんてやつを使う彼になると、ろくににぎりめしの一つも分配してもらえない二等兵の顔がうかんでくるしまつ

吉本隆明（1960年）
共同通信社提供

だ。二等兵にしてかつ大隊長たる吉本、本質的なあまりに本質的な馬鹿野郎……それを私はちょっぴりわが身につまされて好きである。いや、どうにも好きになれないものを何とかしたくなってくるとでもいおうか。（中略）

吉本が「マチウ書試論」において、その後の吉本自身と見まがうばかりの「原始キリスト教」の存在理由を追及しなければならなかったのは、決して未来にそなえるための地固めというがごときポリティックではなく、まさに彼自身に内封せられた復讐不能の領域をあばきだすことではなかったか。それをするために彼は束縛からの自由、賭けの開始を告げられた瞬間に「関係の絶対性」という地点で佇立《ちょりつ》したのである。だが見よ、彼は静かに動きだした。彼は庶民のなかの所有意識、支配意識を縦横無尽に打つ第一義の攻撃目標をずらして、「前衛」のなかの庶民意識をあばきだす二義的な目標に集中した。そこに私たちの世代の問題にたいするすりかえがある。それが無用だとはいわない。だが容易なことだ。あまりにも容易なことだ。「前衛」を下から、後の世代からつきあげる勝負はまける方がどうかしている。「いや、つきあげることではねかえる力を利用したかったのだ」と彼のために弁明するのは嘘であろう。なぜなら彼のいう関係の絶対性は二つの当事者がかならず同一平面に立つことを前提にしているのだから、もしはねかえる力の行くさきである庶民と同一平面を保とうとすれば、「高村光太郎論」や「前世代の詩人たち」に見られたような庶民意識の単純な全面否定はありえない。》（「庶民・吉本隆明」）

ここには、気質の違いとばかり言ってはいられない、思想上の本質的な食い違いが潜んでいる。早速、吉本は反論した。

《詩人というのは、わたしなどをふくめて文章の商品価値に馴れていないため、ものをかき、それを公表するということのこわさをしらないほうだが、さすがに谷川の書簡体論文（＊「工作者の論理」など）の臆面のなさ、はにかみのなさは群をぬいている。ラブ・レターをそのまま公開したら文学になっていた、などということは、文学史上、その例をみないのである。（中略）

ようするにラブ・レターなどは、どんな深淵な啓蒙思想がそのなかにふくまれていても、文学や思想の表現とはならないのである。それは、恋人の写真が、当事者にとってどんなに素晴しくても、他人にとっては独立した鑑賞の対象とならないのとおなじだ。こういうナルチシズムは、谷川やその「同志」の組織に由来するものか、それとも谷川の個人的な資質に由来するものか、つまびらかにしないが、他人のマゾヒックな関心に頼らなければ存在できないような集団や個人思想などは、たとえその「破滅」を「腕を組んで冷然と眺めている」人物がいたとて、反動よばわりすることはゆるされないのである。

ここに谷川が、「大衆に向っては断乎たる知識人であり、知識人に対しては鋭い大衆であるところの偽善の道をつらぬく工作者」を設定しても、「大衆に向っては断乎たる前衛であり、前衛に対しては鋭い大衆であるところの偽善の道をつらぬく工作者」を設定できない理由がある。（中略）

おそらく、谷川は、戦争世代のうち、民族的な幻想を、宝庫のようにだいたまま、戦後にすべりこんだ、数すくない、いやほとんど唯一といってよい詩人であろう。かれが、民族的な幻想や国家的な幻想共同体などを徹底的に破壊するためには、このような民族的な特殊性の構造をふかく検討しなければならないという逆説的な地点から行われてきた、わたしたちの戦争責任論にたいし、第二義的な評価（「庶民・吉本隆明」）しかあたえられないのはこれにもとづいている。谷川が、下部へ、根へ、原点へと主張するとき、それはわたしなどのモチーフと外形的には類似しているようにみえながら、まったくちがっているのはそのためである。かれは、かつて農本ファシズムがエネルギーの根源をみたとおなじところに、革命的なエネルギーを発見しようとする。しかし、わたしたちは、すくなくともわたしは、このような民族的な原点には、幻想のエネルギーしか存在しなかったゆえんをつきつめるために、民族的な特殊性の解明にむかい、その構造をあきらかにしようとする。ここに、現在の日本社会にたいするヴィジョンの相違が分離してくる。わたしなどは、日本の擬制原始共同体に、日本にもある人民公社などを幻想せず、高度の独占資本をささえている不毛な土台石しかみない。かれが、日本の変革を規定している主要な条件は日本の内部よりも、それをふくんだ外部にあるとかんがえるとき、わたしは、内部の独占勢力と外部の独占勢力との相対的な共同性を主要な条件としてかんがえる。すくなくとも、おなじ戦争世代にぞくして、戦争体験を思想の発条としながらも、逆立した方向に十四年すすめば、これだけの社会的ヴィジョンの相違があらわれてくるのだ。》（「谷川雁論――不毛なる農本主義者」）

民族や国家の共同幻想を否定する点では同じでも、雁がかつて農本ファシズムがエネルギーの根源をみたと同じところに、革命のエネルギーを発見しようとしていると、決めつけているのは、重大な誤解である。吉本は雁の詩「毛沢東」や評論「農村と詩」を念頭に置いているのであろうが、それは農本主義やファシズムとは違う。むしろ、土地をもたない、土地に縛られない流民たちのコミューンを組織しようとしたところに、雁の独自性があったとは、前にも指摘したとおりである。吉本からこう言われて、雁も黙っているわけにいかなかったのだろう。「展望」から『自立の思想的拠点』の書評を依頼されると、次のように書いた。吉本の言う「自立」や「共同幻想」と共に、男女の「対幻想」にも言及して、次のように批判している。

《自立、自立とはいったい何かいなという設問に、彼は正面から答えている。その現実の基盤はどこにあるか――生涯のうちに、じぶんの職場と家をつなぐ生活圏を離れることもできないし、離れようともしないで、どんな支配にたいしても無関心に無自覚にゆれるように生活し、死ぬというところに大衆の「ナショナリズム」の核があるとすれば、これこそが、どのような政治人よりも重たく存在しているものとして思想化するに値する。（中略）

けれどもこの本の中で、わたしのもっとも関心をそそられる記述は別の箇所にある。幻想の共同性の〈最低の〉水準はなにか？　他の、すべての幻想共同性がまやかしの共同性であるのにたいして、幻想は幻想であるにしても、共同性だけは確実であるところの共同性を求めるとすれば、それは家または家族の形であらわれている制度の基底をなす、一組の男女の「対幻想」であるという。人間が人間であるかぎり、対自然としての最小の幻想と最小の制度をまぬかれえないが、できるだけそれを意識の自然態、すなわちもっとも素朴に自然と正面から向きあって倒立した意識態としてとらようとするならば、それは孤立した自己幻想またはその集合ではなくて、共同によってしか発生しない男女の、それぞれに分離不能の幻想であり、このような幻想の単元はただひとつしかない。これが大衆の原像と呼ばれるべき、大衆の意識における原基形態であり、そこに突きあわせることによってのみ、思想は実体をもつと考えられ、その過程が思想の自立化の過程である。

これは、自立は連帯と矛盾関係をなすものであるから、〈自立〉主義者はよろしく自立のみに偏ることなく、連帯もあわせて心すべきであるという〈連帯〉主義者にたいする吉本の返答を意味するばかりでなく、これによって吉本は、単純なスケッチではあるが、自己の大衆論の円環がひとまず閉じるところまで描線を結んだということになろう。さて、これはいったいどういうことになるのか。すでにわたしの耳は、おまえにはついにその「幻想対」の構成は一生かかってもだめであろう、せいぜいその不能症を大衆にざんげしつつ、ざんげの極としての開き直りを敢行するぐらいがおちであろう、それともどうだ、この「家」というやつを街頭化してしまう私的制度を工夫しないかといった、これまで無数にくりかえしてきた悪い波長を受けとめている。いずれにせよ、もうすこし流動性の高い原基形態をみいだそうとする欲望はおさえがたい。

それというのも、この性的「対」なるものの位相に、わたしはひどく悩んできたのであって、たとえば汽車の座席のような空間を二人で占めるばあい、向いあいに位置しても、横にならんで肩をならべても、これは真の「対」ではない、まったく「対」という位置のとり方はおそらく三次元的にも四次元的にも不可能なのであろう、どうにかして対応のなにがしかの完全さを発見する論理を、せめて論理だけでもよいから会得したい、それなくしてはベトナムの見しらぬだれかとの対応などは思いもよらないと焦っているからである。》

戦後社会の変容

二人の応酬を長々紹介したのは、どちらかに軍配をあげるためではない。ここには、知識人と大衆をめぐって、大切な論点が示されていると思うからである。初期の吉本の「関係の絶対性」とならぶ重要な用語が、「大衆の原像」である。

《現在にいたるまで、知識人あるいはその政治的集団である前衛によって大衆の名が語られるとき、それは倫理的かあるいは現実的な拠りどころとして語られている。大衆はそのとき現に存在しているもの自体ではなく、かくあらねばならぬという当為か、かくなりうるはずだという可能性としての水準にすべりこむ。大衆は平和を愛好するはずだ、大衆は戦争に反対しているはずだ、大衆は未来の担い手であるはずだ、大衆は権力に抗するはずだ、そして最後にはずである大衆は、まだ真に覚醒をしめしていない存在であるということになるのだ。もちろん、こういう発想はまったく無意味である。「否」の構造をとって、大衆は平和を好まないはずだ、大衆は戦争に反対しないはずだ、大衆は未来の担い手でないはずだ、大衆は権力に抗しないはずだ、といってもおなじだからである。あらゆる啓蒙的な思考法の動と反動はこのはずである存在を未覚醒の状態とむすびつけることによって成立する。

　しかし、わたしが大衆という名について語るとき、倫理的なあるいは政治的な拠りどころとして語っているのでもなければ、啓蒙的な思考法によって語っているのでもない。あるがままに現に存在する大衆を、あるがままとしてとらえるために、幻想として大衆の名を語るのである。（中略）

　この大衆のあるがままの存在の原像は、わたしたちが多少でも知的な存在であろうとするとき思想が離陸してゆくべき最初の対象となる。そして離陸にさいしては、反動として砂塵をまきあげざるをえないように、大衆は政治的に啓蒙さるべき存在にみえ、知識を注ぎこまねばならない無智な存在にみえ、自己の生活にしがみつき、自己利益を追及するだけの亡者にみえてくる。これが現在、知識人とその政治的な集団である前衛の発想のカテゴリーにある知的なあるいは政治的な啓蒙思想のたどる必然的な経路である。しかし、大衆の存在する本質的な様式はなんであろうか？

　大衆は社会の構成を生活の水準によってしかとらえず、けっしてそこを離陸しようとしないという理由で、きわめて強固な巨大な基盤のうえにたっている。それとともに、情況に着目しようとしないために、現況にたいしてはきわめて現象的な存在である。もっとも強固な巨大な生活基盤と、もっとも微小な幻想のなかに存在するという矛盾が大衆のもっている本質的な存在様式である。

知識人あるいは、知識人の政治的な集団としての前衛は、幻想として情況の世界水準にどこまでも上昇してゆくことができる存在である。たとえ未明の後進社会にあっても、知識人あるいは前衛は世界認識としては現存する世界のもっとも高度な水準にまで必然的に到達すべき宿命を、いいかえれば必然的な自然過程をもっている。それとともに、後進社会であればあるほど社会の構成を生活の水準によってとらえるという基盤を喪失するという宿命を、いいかえれば必然的な自然過程をもっている。このような矛盾が、知識人あるいは政治的な前衛がもっている本質的な存在様式である。わたしのかんがえでは、これが大衆と知識人あるいはその政治的集団である前衛にあたえうるゆいいつの普遍的な存在規定である。》（「情況とは何か」『自立の思想的拠点』）

そもそも大衆という概念は、一方に知識人があってこそ成立する概念である。知識人からすれば自分たちより劣っているからこそ、啓蒙の必要があるし、導いてやらなくてはならない。オルテガ・イ・ガゼットのいう、もっぱら自分の利害や好み、欲望だけで行動する、根無し草のように浮動しつづける無定形で匿名の集団、つまり愚民、烏合の衆だ。吉本はその知識人の思い上がりを撃つために、それをひっくり返してみせたのである。けれども、まことに皮肉なことに、安保条約の改定と引き換えに退場した岸信介内閣のあとを承けた池田勇人内閣が、所得倍増計画を打ち出すと、世の中は一変した。政治の季節は終焉し、私利私欲のみを追求する経済の時代となり、東京オリンピックや大阪万博を境に、あっというまに一億総大衆社会が実現してしまう。こうなれば、知識人もへちまもない。

いまやメディアが求めるのは、大衆そのものである芸能人であり、タレントである。

過激派学生による七〇年安保闘争と三島由紀夫の自決は、その最後のあがきであった。「試行」時代の吉本、雁の仲間、村上一郎が、三島のあとを追って自決したのは、象徴的な出来事だったと言える。

吉本と雁の歩みがその後困難になるのは、このことが大きい。けれども、吉本は『共同幻想論』『言語にとって美とはなにか』『心的現象論』等々で、理論と体系を構築することで、雁は後段で述べるラボの活動に専念することで、また健一は、大衆ならぬ「小さき者たち」のいとなみに目をそそぐことで、その困難と対峙し、自らの道を切り拓いてゆく。

『谷川雁　革命伝説』（一九九七）の著者である松本健一は、村上一郎の通夜の席ではじめて雁に会ったというが、そのあと、吉祥寺の酒場に集ったときのことを、こう書いている。


《メンバーは、竹内好、埴谷雄高、吉本隆明、谷川雁、内村剛介、橋川文三、梶木剛、それにまだ二十九歳のわたしだった。葬儀を取仕切っていた桶谷秀昭さんは、そこに参加できなかった。

その夜の竹内好と埴谷雄高の対話、吉本隆明と谷川雁の論争、埴谷雄高に対する内村剛介の批判などについては、まだ語るべき時ではない。ただ、埴谷さんが、こんなふうに左右、老若、そして思想の異なる人が集まることはもうこの村上くんの葬儀で終わりだろうな、とつぶやいた言葉がわたしには印象的だった。

この長い夜の会が終わったあと、谷川雁さんはわたしに、会社の車で帰るから一緒に乗っていかないか、と声をかけてくれた。谷川さんは当時、語学教育会社の重役だったのだ。その車中でいろいろな話をかわしているうちに、私のなかに次のような疑念が芽生えていた。――かつて「世界をよこせ」と謳い、詩人はいわば扇動者でなければならぬと考えていたらしい谷川さんは、ほんとうにもう一切をなげ捨て、みずからの詩に封印をしたかたちで世俗に埋もれてゆくことができるのだろうか、と。》（「伝説の詩人」『谷川雁の仕事Ⅰ　付録』）

ちなみに、この酒席で雁は、村上一郎万歳を叫んだとも、松本は別のところで書いている。思わず、話が先へ進んでしまった。大急ぎでもとへ戻ろう。

9 民俗世界への眼差し

「太陽」創刊編集長

弟の谷川雁が筑豊と東京をあわただしく往復しながら悪戦苦闘しているとき、健一の身辺も新たに動き始めていた。これと前後する頃から、平凡社では大型雑誌創刊の企画がもちあがっていたのである。

『残酷物語』最終巻・現代篇2「不幸な若者たち」が刊行された一九六一年（昭和三十六）に発売された『国民百科事典』が空前のブームを呼んで、平凡社は四億円の純益を挙げた。このうち二億円は税金として納めるが、その余りを後続の企画の準備金にあてれば、先行投資として、税金を取られなくて済む。

戦後十五年が経過して経済復興し、日米安保条約の改定に際しては反対運動で国内が騒然となったのも束の間、一転、高度成長の坂道を登っていく時代となるのに、皮肉な思いを禁じ得ない。昭和初年、平凡社は「平凡」を刊行し、講談社の「キング」に対抗したが、一敗地にまみれている。当時の下中邦彦社長は、『風土記日本』『日本残酷物語』であいついで成功をおさめた健一に、新しい雑誌を立ち上げて、その編集長を務めるよう要請したのである。時に、東京オリンピックの前年で、『日本残酷物語』が読者を震撼させたのとはまるで正反対の世の中が到来するとは呆れたものだ。

新雑誌の誌名は「太陽」。社員から募集し、のちに『黒川能』や『百年前の女の子』を著した船曳由美が応募したのが、採用された。日本初の大型グラフィック誌で、編集部員の数は日本一の総勢三十五名。一月創刊号は五十万部を刷ったというから、すごい。「創刊のことば」は、こうだ。もちろん、健一が執筆している。

《全国の家庭のみなさん！

どの家庭にも、ひとつの太陽が要るように、ひとつの雑誌が要ります。その雑誌こそ、今月から欠かさずみなさんの家庭におとどけする「太陽」です。

戦後二十年、民主化はすすみ、経済は高度に成長しました。しかし日本には、家庭に持ち帰り、一家こぞって楽しめる雑誌がまったくありませんでした。

わたしどもは、こうしたふしぎがふしぎと思われない日本文化のあり方に、根本的な疑いをいだきました。その疑いがもえあがった日こそ、新しい雑誌太陽の創造にむかって、ともづながとかれた日です。

それから創刊の今日まで、まる一年間、わたしどもは、コロンブスの航海のようにむずかしい仕事をつづけてまいりました。夜昼なしの編集会議を、おそらくは数百回くりかえしたでしょう。

卑しい心にこびる雑誌であってはいけない。スケールが大きく、意表をつき、しかも清潔な雑誌を。知識のおしつけや思いあがったお説教をまったく禁じた雑誌、そして豊かさと

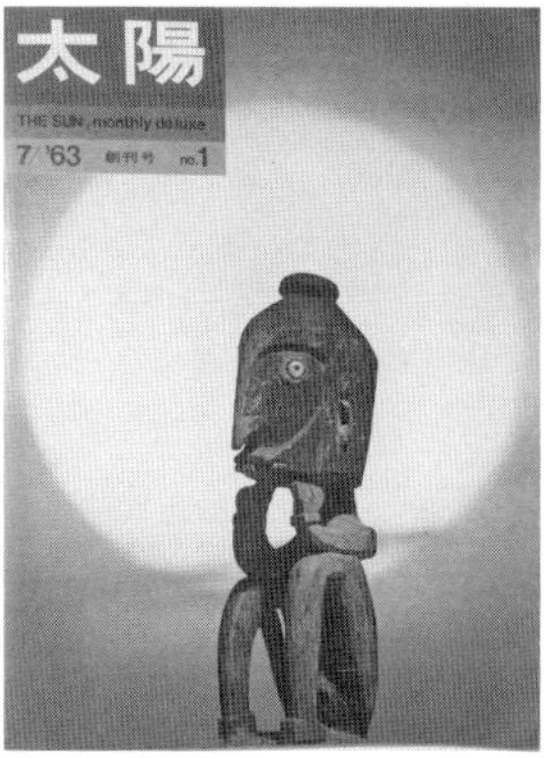

「太陽」創刊号

美しさだけが至上命令である雑誌を……。

こうしてついに「太陽」が創造されました。

全国の家庭の皆さん！

雑誌太陽は「きりのない百科事典」であると同時に「目で見る詞華集」でもあります。（後略）》

目次の構成は、特集、連載特集、生活、美術と旅、よみもの、ルポと分れている。各号の特集は、エスキモー、沖縄、キリストを生んだ国、廣重東海道五十三次、崩れゆく装飾古墳、東西文明の十字路、人類の夢とおそれ、東京オリンピックなど。連載特集は、日本人はどこからきたか、日本文化のあけぼの。たしかに雄大で魅力的で、グラフィックな要素がたっぷりある。

ちなみに、創刊号の特集「エスキモー」は、「太陽は極北に近づく」との副題がついていて、写真は渡部雄吉の特派、「雪原をぬう褐色の奔流」「歓喜にわく海の祭典」と、ダイナミックなビジュアル構成で、文章の「ツンドラタイムズ」は、岡正雄と蒲生正男が寄稿している。また、連載特集「日本人はどこからきたか」の第一回は、絵・福沢一郎、写真・土門拳、解説・芹沢長介。他に、岡本太郎、團伊玖磨、高峰秀子、石井好子、黛敏郎、三島由紀夫、谷川俊太郎、高田博厚、星新一、木村伊兵衛、真鍋博等々と豪華メンバーが登場している。定価は二九〇円。

ところが、この「太陽」の編集長を、健一は一年で退く。それは、雑誌の仕事は過労なので、青年期の結核が再発する予感があり（事実それは的中したが）、引き受けるにあたっては事前にそう約束したとのことである。それもあったかもしれないが、しかしそれだけではなかったろう。

これだけ充実した内容でありながら、創刊号は半分の二十五万部しか売れず、その後二、三月号で半減して、四月号以降は十万部内外を低迷した（それでも、今日の雑誌の売れ行き部数からすると、羨ま

書　名

本書をお読みになったご感想をお書きください。
すべての方にお返事をさしあげることはかないませんが、
著者と小社編集部で大切に読ませていただきます。

郵便はがき

恐れ入りますが切手をお貼りください

101-0051

東京都千代田区
神田神保町一の三 冨山房ビル 七階

㈱冨山房インターナショナル
読者カード係行

お名前	（　　歳）男・女		
ご住所	〒 TEL：		
ご職業又は学年		メールアドレス	
ご購入書店名	都道府県　市郡区　書店	ご購入月	

・ご記入いただいた個人情報は、小社の出版情報やお問い合わせの連絡などの目的以外には使用いたしません。

・ご感想を小社の広告物、ホームページなどに掲載させていただけますでしょうか?

【 可 ・ 不可 ・ 匿名なら可 】

しいような数字だ)。

思うに、いかに東京オリンピックの前年とはいえ、読者の懐はさほど豊かではなかったし、その内容は高度で、時代の先へ行きすぎていた。『日本残酷物語』との落差も、否定できない。こうした新型の雑誌に馴れていない企業が、広告を出ししぶって、思うように広告がとれなかったことも響いた。大部隊を率い、特派や豪華執筆陣への原稿料、写真代、製作費と、出費がかさんだであろうことも容易に想像がつく。同僚だった小林祥一郎は、こう語る。

《オールカラーのグラフィック雑誌は、印刷費がかさみ、どうしても定価が高くなる。広告収入も予定額に遠かった。たしか二十万部近く売れなければ、採算がとれなかったと思う。

特集は「沖縄」「紅頭嶼《こうとうしょ》・海の高砂族《たかさご》」とつづいたが、売れ行きははかばかしくなかった。高砂族の編集は編集次長だった池田(＊敏雄)さんが、台湾の経験と知識を活かして腕をふるい、当時の日本ではよくできた内容だったと思う。

一九六四年からは、記録写真家の登竜門として「太陽賞」を設けた。第一回の受賞者は『さっちん』の荒木のぶよし(のちに経惟)さんである。「太陽賞」は写真界の話題になったが、「太陽」はいぜんとして採算に苦しんでいた。

編集長の谷川さんは病気を理由に、創刊一年で辞職した。――じつはこのとき編集長と、デスクのわたしたちとのあいだに、編集の方針や運営や、費用の使い方について亀裂が生まれ、谷川さんたちは本郷の旅館「のせ」にこもって、創刊一周年記念号「人類の恐れと夢」を編集し、わたしたちが編集室に残って、次号の「東京オリンピック特集」を準備するという変則的な事態がおこっていた。

あとを継いでわたしが組合員のまま編集長に任命された。『平凡社六十年史』（一九七四）には、谷川から小林に編集長が変わって、辺境志向から社会科志向になったとしているが――それは、編集長の好みもなくはないけれど、むしろ経営事情が大きかったと思う。

まずは赤字をおさえるため、編集費を圧縮しなければならない。一ドル三百六十円時代の日本で、世界の辺境を特集していくのは、たいへん金のかかる仕事である。とりあえず印刷費用をおさえるために、オールカラーをあきらめざるをえなかった。カラー印刷は特集に集中し、そのかわり、白黒写真をつかった日本各地の現状探訪を小特集として立てた。》（『死ぬまで編集者気分』）

矢尽き刀折れ、疲労困憊した健一に、当然その挫折感はあったろう。私にも経験がある。脱線するけれど、私は出版社勤務時代に社としては初の若者向け新雑誌の創刊に関わって、きりきり舞いした。当時、「若者たちの神々」と呼ばれた各界のリーダーたちの協力を得て、何度も企画を練り、海外の主だった都市ともネットワークを構築するという雄大な構想で準備に入ったものの、なかなか役員会の承認が得られず、何度も差し戻されているうちに、当初私が考えていたものとは方向性が違ってきて、知的スノッブのためのバブリーな文化情報誌と化してきてしまったので、正式にスタートするときは身を引いた。結局、その新雑誌は、鳴り物入りでスタートしたものの、善戦空しく二年で休刊し、私のかわりに編集長を務めた上司は、心労の余りがんを発症して早死した。これは、私のなかでいまも大きなトラウマになっている。

健一の場合は、その後は閑職につきながら、前から書きたいと思っていた小説に取り組んだ。「もし私がそのまま続けていたならば、物書きの道を選ぶことにはならなかったろう」と自分で書いているが、その通りだった。それにしても、ずいぶん思いきった転身である。

処女作は小説『最後の攘夷党』

前から書きたいと思っていた小説とは、長州奇兵隊の残党である大楽《だいらく》源太郎を主人公に、久留米藩の勤皇党である応変隊が起こした明治四年の反政府事件の顚末記『最後の攘夷党』である。以前、古本屋で見つけた川島澄之助の『久留米藩難記』を読んで事件に興味をもったが、著者が藩の下士出身だったせいか、上層部の動きがぼやけていて不満が残った。執筆に入る前の調査の日々を、こう書いている。

《まず久留米にいってみた。久留米は大水害の後で、図書館の貴重本は地下室に置かれていたために、水びたしになり無惨なかっこうになっていた。私はそれを一枚一枚剝がして書き写した。当時はまだ複写機などはなかったから、面倒でも手書きで写すほかなかった。それから山口にいった。ドストエフスキイの小説には二流の人物がよく登場する。それは思想の戯画であると共に、思想が肉化した人物である。彼は一流の思想家よりも表面的には過激派であり、また思想に忠実なふりを見せる。本書の主人公の大楽源太郎はまさしくそうした人物なのであり、私は大楽に深い興味をもった。私は大楽の逃亡の跡を追って姫島や豊後の竹田や鶴崎などにもいってみたが、それでも事件の全貌は分からなかった。もどかしい思いに駆られながら、私は途方にくれていた。

そこで私は知り合いの歴史家である竹内理三氏にお願いして東大の史料編纂所の史料を見せてもらうことにした。竹内氏は私に自分の隣りの椅子を与え、記録文書の閲覧を許してくれた。丁度真夏のさかりだった。椅子にすわっているだけで汗が滝のように流れた。クーラーなどはもちろんの

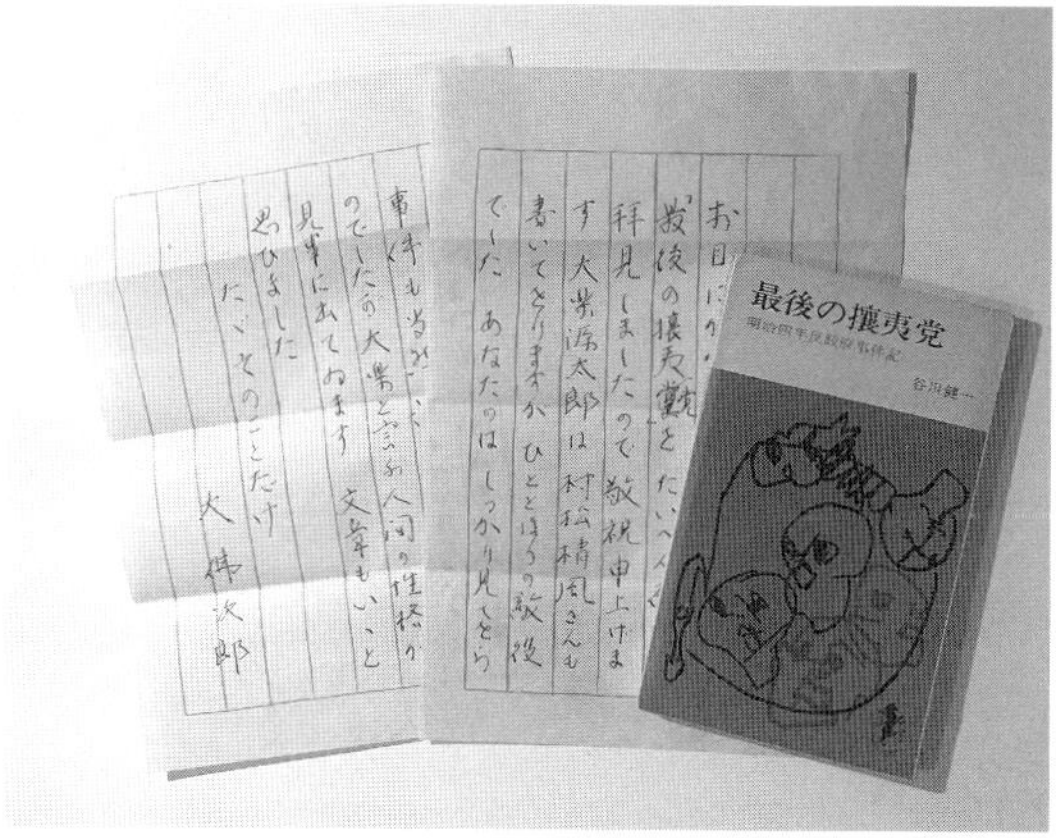

『最後の攘夷党』と大佛次郎からの手紙

こと、扇風機もない部屋には、西日がかっと照り、近くの樹木で蝉が鳴き立てた。竹内理三氏は、古文書の書写に脇目もふらなかった。左の文書の文字を右の原稿用紙に写すという単純な仕事を一日中つづけた。眼だけがたえず左右に動くので、何か鳩時計を見るような気がした。竹内氏は時折、洗面所にいって、手ぬぐいを水にひたし、それを額にあてて、筆写に懸命だった。ぬれたタオルで額を冷やしながら、終日古文書の筆写をつづける歴史家竹内氏の姿は、今も脳裏にやきついている。》（「久留米勤皇党事件の全貌」）

　史料編纂所には半月くらい通った。政府の文書記録によって、事件の全貌が姿をあらわし、久留米、山口、東京の記録を突き合わせて一つの作品に仕上げたのが、本書であった。

《政府は尊攘思想のイデオローグたちを極刑に処することで、彼らの口を封じた。

　しかし果たされなかった欲望は、それが成就されなかったために時間の泥土に埋もれて、かえって時間の腐蝕にたえる。記録された史料が空気にさらされて錆びやすいのにたいして、記録から姿を消した思想や情念は、出土品のようにおどろくほどのなまなましさをつたえることがある。》

（『最後の攘夷党』あとがき）

一九六六年（昭和四一）三月、三一書房から三一新書の一冊として刊行されたその翌月、一通の封書が届いた。

《お目にかかったことはありませんが、『最後の攘夷党』をたいへん面白く拝見しましたので敬祝申上げます。大楽源太郎は村松梢風さんも書いてをりますがひととほりの敵役でした。あなたのはしっかり見てをられるしまたよく描出されてゐます。事件も当然誰れかゞ書くべきものでしたが大楽と言ふ人間の性格が見事に出てゐます　文章もいゝと思ひました　たゞそのことだけ

大佛次郎》

大佛次郎は、一般には『鞍馬天狗』や『赤穂浪士』の作者として有名だが、『霧笛』『帰郷』などの現代小説を著したほか、歴史ノンフィクションの金字塔『ドレフュス事件』『パリ燃ゆ』や『天皇の世紀』で知られる、この道の第一人者。

まもなく、その年の上半期の直木賞候補に選ばれたという通知が、文藝春秋から来た。最終予選を通過したのは、ほかに立原正秋「白い罌粟《けし》」、五木寛之「さらば　モスクワ愚連隊」、結城昌治「白昼堂々」。あとで健一が編集部から聞いた話では、選考委員の話し合いがまとまらないので投票にもちこんだところ、どの作品も同数の三票だったとのこと。結局、その時は立原正秋が受賞し、次回は五木寛之が、やがて結城昌治も受賞する。

その後も小説を続けていれば、小説家になっていたかもしれないが、すでに民俗学への関心が強ま

るばかりの健一の気持は決まっていた。それに、大佛次郎から手紙をもらった頃から、咳がとまらず、食欲不振と盗汗になやまされてもいた。地元の稲田登戸病院に入院したのは、この年五月。肺結核が再発したのであった。

大型企画の立案

病院での生活は、思ったより長引いた。会社からの給与は入院後一年で打ち切られ、あとは出版健保からくるわずかな見舞金だけだった。「異邦人の神」を執筆したのは、たぶんこの折。ほかに「乱臣伝」、「憑かれた人々」、短篇小説「見る」も、病床で執筆した。

この頃、八方がふさがっていたのに、「澄み渡った清水のような勇気が湧いて」きていたのである。健一が取り組んだのは、小説だけではなかった。

平凡社を正式退社したのは一九六八年三月。後年、『職業としての出版人』に寄せた「フリー・エディターとしての私」という文章で、健一はこう書いている。

《平凡社を退いて筆一本の生活を私は始めたが、そのとき私は一つの大きな企画をもっていた。それは『風土記日本』『日本残酷物語』の頃知り得たほか、「太陽」や『東洋文庫』の企画などで更に加え得た知識の資料を原文のままで出版するという仕事である。『日本庶民生活史料集成』がそれである。この企画は当時経営の苦しかった三一書房で直ちに受け入れることになった。そこで私は物書きとして評論を発表するかたわら、フリーの出版企画者としても仕事をするという二足のワラジをはくことになった。（中略）

私は『日本庶民生活史料集成』のほか、三一書房で『夢野久作全集』『明治の群像』『青春の記録』といったシリーズ物の企画を立て、またその編者の一人となった。そのほか新人物往来社で『近代民衆の記録』、木耳社で『叢書わが沖縄』、学芸書林で『ドキュメント日本人』などの企画者と編者をかねた仕事をした。現在企画が進行しているものの中でもっとも大きいのは小学館の『図説民俗文化大系』と平凡社の『日本歴史地名大系』（全五十巻）がある。平凡社のは吉田東伍の『大日本地名辞書』の流れを汲んで、更にそれを大きく飛躍させようとする野心的なもので、私の立てた企画の中では『日本庶民生活史料集成』と並ぶ、いやそれ以上に大規模なものである。（中略）

私は現在五十幾歳だが、この年まで編集企画の仕事をやっているのは、とどのつまり編集の仕事が嫌いではないからだ。トータルな世界の同時把握ということは、物書きではたやすくない。物書きは一つずつ煉瓦をつみかさねていくほかはない。一挙に綜合的につかむというのは編集者の腕の発揮される分野である。編集者の私からみれば執筆者はパレットに並べた一つの絵具の色にすぎない。（中略）

しかし編集者にも悩みがないわけではない。編集者の仕事の素材はもともと自分の許に備わっているものでなく、それを書き手にあおがなければならない。書くことでなく、書かせることが編集者の本道である。したがって眼高手低というか、眼は肥えてくるが手の方はしばられたままだ。眼が見えてもみずから手を下すことができないとき、しだいに欲求不満がつのってくる。私のようにリライトによって一応は書くことの欲望をみたしてきた編集者でさえ、なおそれがあった。平凡社を退いて筆一本の生活を私が始めたのも、消極的な意味合いからばかりではなかった。編集の仕事に精一杯心魂を打ちこんだが、しかしそれにもかかわらず、私の心の芯の部分では完全燃焼しないものが残されているのに気がついていた。これは編集によってはおおいつくすことのできない部分である。そこで私は積極的に物書きの道をえらんだ。そうした意味では、私はどんな拙い文章を書こうとも今は満たされている。しかし時折、編集者の本能と習性が私の中に眼をさます。物を書くだけではまだるっこい気持になるときがある。そうしたとき私は企画者の仕事にかえるのだ。》

執筆者になってからも、編集者魂を失わず、それを真から愛していた健一を、私は尊敬する。新雑誌「太陽」では苦杯を喫したものの、健一が大型のシリーズの企画編集に頭抜けた能力を発揮したのは、平凡社退社後も変わらない。一九六八年から刊行が始まって毎日出版文化賞を受賞した『日本庶民生活史料集成』(完結したのは十六年後の八四年)は全三十巻。探検・紀行・地誌、漂流、一揆、飢饉・悪疫、見聞記、風俗、農山漁民生活、世相、騒擾、部落、都市風俗、奇談・紀聞、民間芸能、南島古謡、村落共同体、祭礼、年中行事、民謡・童謡、神社縁起、三国交流誌、和漢三才図会、諸職風俗図絵等々、全巻に必読の文献を網羅して、今後これ以上のものは望めない圧倒的な達成を示している。

『日本庶民生活史料集成』

　私は探検・紀行・地誌、漂流、見聞記、世相、部落(二巻)、奇談・紀聞、神社縁起を手許に備え、他の巻は、必要が生じるたび、大学の図書館に出向いて、史料をコピーしている。以下は本シリーズの刊行に際して、健一が寄せた文章の一部である。

《わたしは『日本庶民生活史料集成』を企画するにあたって、すくなくとも半世紀は腐らない「民衆の古典」を作ろうと考えていた。それは日本の庶民にたいするわたしの願望の裏返しとして、近代文化にたいする不満を過去形で表わすことにほかならなかった。

民衆の生活の情念は、体系化された知識、整序された思想の埒外にあるが、これを記録として対象化し、結晶化させることで、知識の領域を拡大し、思想を深化させることをわたしは考えたのである。本叢書が、専門の歴史学畑や民俗学畑にとどまらず、各方面から評価を受けているのは、事実の思想性と文学性とを追求する記録の集成となり得たからであろう。今日ようやくにして、そうした機運が醸成されてきたともいえる。（中略）

漂流が文学の主題となり得、飢饉が思想の主題となり得ることはそこに日常性の危機が顕在化する人間の普遍性が見いだされるからにほかならない。

こうして『日本庶民生活史料集成』には、漂流や飢饉、悪疫、一揆、騒擾などが登場して、それに積極的な意味が与えられることになった。このほか、北辺の蝦夷から南島にわたる探検・紀行・地誌の埋もれた代表的名著を発掘して、庶民の風土の特異性を浮かび上がらせることにした。都会や地方の生活風景や世相・風俗の特色ある見聞記を収録するとともに、庶民の内奥の感情の表白として民間宗教や民間芸能、古謡のたぐいに力を注いだ。わたしはこの叢書を庶民の外面生活から内面の情念へとわけいる結晶体と考えようとしたのであった。（中略）

庶民生活は空白にみちており、わたしたちはそのひとしずくの歴史記録で過去を推量するほかない。このことは庶民の生活の事実への畏敬をともなわずにはすまない。『日本庶民生活史料集成』が強調するのは、それが民衆の生活を知るための最小限不可欠の史料であるということである。すなわち、記録知識をつみ重ねたら、それで過去の庶民生活の手がかりが得られるという知識偏重にたいする反措定として、これらの史料は自己の存在理由を確保する。》（「近代文化と庶民生活」）

弟の雁が、詩人の直観で、観念から、演繹から把握することを、健一はあくまで地道に鈍重に、帰納で実証しようとする。その後、健一が企画編集した大型企画は、『明治の群像』全十巻（三一書房）、『ドキュメント日本人』全十巻（学藝書林）、『夢野久作全集』全七巻（三一書房）、『叢書　わが沖縄』全六巻・別巻一（木耳社）、『日本民俗文化大系』全十四巻・別巻一（小学館）、『日本の神々』全十三巻（白水社）、『日本民俗文化資料集成』全二十四巻（三一書房）、『日本歴史地名大系』全五十巻（平凡社）、『海と列島文化』全十巻・別巻一（小学館）、『民衆史の遺産』全十四巻（大和書房）と続き、編著には『青春の記録』全八巻（三一書房）、『近代民衆の記録』全十巻（新人物往来社）、『沖縄の証言』上・下巻（中公新書）、『地名の話』（平凡社選書）、『地名は警告する　日本の災害と地名』（冨山房インターナショナル）等々がある。

健一の卓越した企画編集能力もさることながら、その価値を認め、刊行に尽力した出版社も偉い。ごく一部を除く今日の出版社の衰弱ぶりを見ると、その意識の高さといい意欲といい、そのあまりな隔たりに愕然とする。

南島への憧憬

健一が父重篤の知らせを受けたのは、一九六七年（昭和四十二）、稲田登戸病院に入院中のことだった。仮退院を許され、熊本市内の病院に駆けつけたが、死後、病院には帰らなかった。六九年二月、入院したとき、「今度退院したら、息の続く限り裸足で走りつづける」とひそかに決意していたことの実行に移った。

すでに『風土記日本』の第一巻を「九州・沖縄篇」から始め、同じく『日本庶民生活史料集成』でもその第一巻を「南島篇」としていた健一は、迷うことなく最初の民俗調査地を沖縄と定めた。本土復帰が七二年五月だから、その三年前である。七〇年三月から刊行が開始された『叢書　わが沖縄』第一巻の「叢書のはじめに」を読むと、健一が貯えていた問題意識は鮮明だ。

《「叢書　わが沖縄」は日本の中でも特異な歴史体験を有する沖縄の社会を総体として把握するためのいくつかの基本問題を提出することを目的としている。

第一に、いわゆる「沖縄学」の先達ならびに芸術家たちが主体的にどのような形で沖縄にかかわりあったかをとりあげ、そのもっとも端的な具体例として沖縄における方言と標準語の問題をめぐる論争を紹介する。

第二には、沖縄社会の起源をめぐって、人類、考古、言語、民俗などの諸学問の分野をあげての白熱する論争をとおして、沖縄と本土との始原における共同の体験に照明をあてる。

第三に、その後本土とはなれて独自の歴史を歩んだ沖縄社会とはいかなるものであったかを、最小単位である村の古型と信仰の伝承論理をさぐることで詳細に究明する。更にそれを裏付ける報告記録を別巻に併録する。

第四に、沖縄が諸学問の分野においてどのような位置をしめるかを測定するために、最新の研究成果を集成して、沖縄学の将来を示唆する。

第五に、沖縄の思想とは何か、という現代において火花の散る根源的な問いを、状況に対峙して苦闘しつづける本土・沖縄の知識人の発言をとおして訴える。

以上列挙した諸点はどのようにして選出したか、編者として一言しておきたい。いま何度目かの琉球処分を強いられた沖縄が、たとい政治的、経済的にやぶれても思想的に勝つための「終りなきたたかい」を開始するにあたって、沖縄の存在が日本人にとっていかなる意味をもつかを、一切の状況論的な視点を排除してふりかえってみる必要がある。沖縄が日本文化の根源にかかわる主題を現存させていると同時に、日本民族にたいする最もするどい問いを発していることは誰しも否定することはできない。この沖縄のもつ双面は、けっして無関係ではない。にもかかわらず沖縄に関心をもつ人びとは、本土と沖縄とを問わず、沖縄の固有の部分と変化する部分とを切りはなして自己の立場を形成し、一方を見逃しがちであり、沖縄がその全存在をあげてたたかおうとしていることの深い根拠をさぐろうとすることが不足していたのではなかったか。

しかし考えてみれば、沖縄が変貌する状況に対応しつつ、たたかいを本質的により高い次元へとすすめていく内発的な力の所在を問題にするとき、沖縄を疎外され差別され犠牲になったという被害者の観点からのみ捉えて、その内発的な力の根源を沖縄の社会の基層に求めようとしないほうが、かえってふしぎではあるまいか。今や、沖縄の社会に内在する固有な論理を除外して、沖縄問題の核心に触れることは不可能な段階に到ったことを確信せざるを得ない。

沖縄の小社会にみられる原質は、それを拡大すれば日本列島に適用することが可能である。固有の文化においてより日本的であり、しかもその異質の歴史がそだてた文化は、過去における日本文化の可能性の実験とみることができる。本土を相対化する決定的な鍵をもつ地域であるという意味で、沖縄は日本人にとって自己を映す鏡である。その強制された苦悩の人間的な高さにおいて沖縄は本土を撃つ普遍性を所有している。本土よりも、より日本的であり、同時に本土よりも、より普遍的な存在として、沖縄は日本人には完全に対象化することができにくい。ここに沖縄が日本人の意識の中に占める独自の位相があると私には考えられる。沖縄は、日本人のもっとも醒めた頭脳と熱い心臓をうばいつづけてきたし、これからもうばうだろう。そうした意味で沖縄を呼ぶのに「わが」という呼称を用いるのは、それ以外に適切な呼び方がないと考えるからである。》

そして、ようやく沖縄の地をみずからの足で踏みしめたときの感激を、後年次のように書いたのであった。

《一九六九年、はじめて沖縄通いを始めたとき、私は海岸の風景に心を奪われた。真白い珊瑚礁の砂にくるぶしを埋めながら白波のあがる干瀬《ひし》の風景を眺めるのが好きだった。きらきらと太陽のかがやく青い空は、急にくもって驟雨が訪れる。それも一瞬で、再び明るい空に戻る。生は白で、死は青だ。それが一日の間に目まぐるしく交替する。そこには死者を永久に閉じこめる息の詰まる世界はない。（中略）

沖縄の島々はまわりを暗礁でとりかこまれている。この暗礁は満潮時には波間に没するが、潮が引くと姿をあらわし、まわりに白波があがっている。この暗礁を沖縄本島ではヒシ（干瀬）、宮古ではピシ、八重山ではピーと呼称を異にしている。ヒシの内側は潮が引くと底が見えるほど浅いが、太陽の光線が海底の砂に反射すると、目もさめるような碧玉色にきらきらとかがやく。島民は干潮時を見計って魚貝をとり、流木を拾う。これに対してヒシの外側の外洋は

八重干瀬

宮古島の祖神祭　撮影：健一

急に深くなり、青黒い浪がうねっている。昔は島民も行かない他界であった。沖縄の海はヒシを境にして現世と他界の二重になっている。

死者たちはヒシの彼方の世界で、生の苦患から解放され、しばらく休息しているが、やがてこの世に再生する。死者の世界は薄暮のひかりにひたされていて、暗黒ではない。「明るい冥府」である。（中略）

常世が現世から他界へのまなざしであるとすれば、ニライカナイは他界から現世へのまなざしである。一方には求めて得られない翹望《ぎょうぼう》があり、他方には慈愛にみちた庇護の感情がある。》

（「明るい冥府」）

何度読んでも目が覚めるように美しい、わくわくさせられる文章だ。健一の民俗研究は、以後この沖縄の地をメインにして、空間的には日本列島の各地へ、時間的には古代へと、広く遠く深く伸びてゆく。

最初に沖縄を目指したのは、以前、糸満出身の学生からサバニ（丸木舟）での体験談を聞いて魅了され、いつかそれを小説にしたいと思った、その取材もあったらしい（のちに、この構想は『海の群星』に結実する）。本島のあと、八重山の島々をめぐり、帰りに寄った宮古島の狩俣集落で、古代がそっくり残る祖神祭《ウヤガン》を見たのが決定的だった。集落の背後の原生林で山ごもりした神女《つかさ》たちが、木の葉の冠をかぶり、裸足で降りて来る光景は、まさに祭りの原型だった。

以後、渡島のサシバ（小型の鷹）のように東京と沖縄、宮古島を往復し、一か月十日平均、一年で約四か月、各地を回り、家に帰ると三日ぐらい死んだように眠り、そのあと研究、執筆と、そのような生活が十年以上続いて、いつのまにか身体も丈夫になっていた。

10　挫折と転生

上京まで

健一が、挫折をテコに見事転生したのに比べて、雁はどうだったか。

一九六四年十二月、大正炭鉱が閉山すると、事実上、大正闘争は終結し、雁の出番はなくなる。そのことを予感するかのように、雁はその一年半以上も前に、「筑豊炭田への弔辞」を書いていた。

《おれがいま見ているのは、一つの極限値をもつ現実世界の野垂れ死だ。へどの出そうな「石炭問題」ではない。国会のザラ紙に印刷された、屑のような予算額。もうすぐ坑夫＝失業者は屑のようにそれを拾い、屑のように使いすてるだろう。そして幽霊の活劇にふさわしい盛り場はまだ何度も看板を塗りかえる。そこに何の動機が要ろう。主題があろう。荒廃するだけでは全面崩壊できないのが人間の町だと思ってみれば、ペンキはなかなか親しみのある物質だが。

実在という名にふさわしい実在がこの国にあるとするなら、そのなかのもっとも巨大な集塊が炭鉱であり、一人の渡り坑夫の意識における「炭鉱」だった。それは明治以来の「極右」と「極左」に放射されたかにみえるウルトラ・デモクラシイの社会経済的基盤であったばかりでなく、それらのもっとも強靭な思想的毛根部であった。支配者と被支配者を問わず、その思想がある界域を越えようとするやいなや、それはこの地域における地下労働の組織がうみだした「実体」に原基形態を求めるよりほかなかったのだ。いわばこの国の「危険思想」のすべては、無意識のうちにきみから規制されている、きみ自身の疎外形態だったのだ。

そしてまた、論理の当然の帰結として、きみの裏目にある弱さから離れて、どのような日本のおだやかな近代思想といえども、それ自身のスタイルをもつことはできなかった。なぜならきみは日本初期資本主義の決定因だったからだ。三池闘争を見よ。あそこに戦後労働運動の限界のすべてが流れこんだ。炭鉱―軍隊―炭鉱と還流する、一種の農本的色彩をもつサイクルは凝集して一つのスタイルを発生させ、このスタイルのなかに反農本的色彩をもつ坑夫たちが投企した。この円環の完結は、たちまち他産業の運動の鉄鎖となったが、その完結からまた「おれたち」が発生したのだ。この現象は、疎外形態としての運動とその原基形態とが逆回りに近接したという事実からしか解くことはできない。（中略）

「おれたち」はすべてのことをした。まさにそのゆえに何かをしなかった。することができなかった。――決定的な、ある何かを。それは何か。「おれたち」はどのような顕在的権威にも屈せず、顕在性そのものを敵として指向したが、にもかかわらず、そのゆえに「おれたち」は心ならずもきみを代表しなければならなかった。状況がそれを強いた。「おれたち」が「炭鉱」を「労働者」を越えようとすればするほど、「おれたち」はそれを代表せざるをえない破目におちいった。ために「おれたち」の底部にある根源的な矛盾は不発に終った。したがってなお「おれたち」は健在だ。このすこやかさへの屈辱をどうして他の世界へ伝えよう。》

言訳と負け惜しみ。雁らしくない弱気な発言である。しかし、大正行動隊内部の「宮廷クーデター」も発生していたこの時期、持ち前の強気も引込めざるを得なかったのだろう。森崎和江が伝える『闘いとエロス』のラストは、読むだにつらいものがある。

《遠賀川は堤も水も空も、白く燃えていた。その雪へ倒れて、ああやっと逃げられた、と思ったとたん涙があふれた。なぜ逃げたろう。あの人はあたしが血を吐き、へこたれて息絶えるのを見たがっているのに。

川の水は流れるともみえない。一面に雪炎が立って目をひらいておれず、涙とともにまぶたを閉ざす。その目を雪の光が射した。

雪をすくって目を冷やす。手首まですぽりと埋まる雪の下に、中間市の土があった。室井が愛しわたしが愛したヤマの人々の。

彼らのひとりが先夜、表を叩いてわたしらを起した。はいって来るなり室井の前に立ちはだかって、

「きさんのごたる奴は、死ねっ！」

と庖丁につかみかかった。

「やめろ、話をしたら分る」

室井がいった。

「話？　きさんの話が信用さるるか。きさんのことばが信用さるるか。おまえ自身が信じきらんことばを、おれが信じられるか。

きさん、そげな魂のぬけたことばで労働者が釣れるち、思うか！　あ？　釣れるか？　きさん、釣った気色でおっとか？　あ？

ああ、おれは信じたよ。おれはきさんのことばを信じたばい。きさんの人間は信用しとらんが、きさんのことばを信じた。信じたばっかりに、おれは、もう少しで労働者で失《の》うなるとこじゃったばい。それが分ったから、おれはきさんを殺しに来た。きさんが男なら、男らしゅう、殺されっしまえ。のけ、そこをのけ！　殺されるのが、おとろしいとか！」

家中ふるえるごとき声をあげて、庖丁をおさえている室井の前に立ち、かっと目をあけてにらんでいた。静寂がつづいた。やがて、涙をこぼした。

「きさんの命とったたっちゃ、なんならん。そんなもん、きさんにくれてやる。たった一つ、約束しちゃんない。あんた、二度と労働者ちゅうことばをいわんでくれんの。労働者ちゅうことばをいわんでくれ。それだけば、おれに約束してくれんな。ほかの話はいらん。そして二度と労働者の前に面だすな。

たのむ……」

そしてながいこと泣き、だまって出て行った。》

追い詰められた雁は、森崎に対し、いよいよ抑圧的にふるまう。そんなとき、助け船を出したのが、「太陽」編集長をしていた健一であった。彼女を生まれ育った朝鮮半島の見える対馬にカメラマンをつけて行かせてくれたのである。そのときの紀行文が、「太陽」一九六四年三月号に掲載された。

《対馬への小さな旅に出る。生まれて育った朝鮮をしのぶよすがに、あちらからまともに吹きつけてくる風にあたろうと思う。半島の荒寥としたあじわいは、対馬の鼻先まではよごれずにとどいていることだろう。思えばあれからもう十八年にもなる。それなのに私は、季節はずれの風媒花みたいに、なかなか日本になじめない。》（「対馬への小さな旅」）

結局、森崎は雁のもとを去った。彼女は雁との離別後、『奈落の神々』『第三の性』『ははのくにとの幻想婚』『闘いとエロス』『異族の原基』『与論島を出た民の歴史』『匪賊の笛』『からゆきさん』『海路残照』『慶州は母の呼び声』『北上幻想』等々と、旺盛な取材・執筆を続け、いまやウーマン・リブの先駆者どころか、わが国フェミニズムの祖、サバルタン（従属社会集団）研究の祖との声価が高い。ちなみに、健一が企画編集したシリーズには、「ハンチョッパリ――朝鮮人妻の遍歴」（一九六八年、『女性残酷物語』）、「からゆきさん」「まっくら」（一九六九年、『ドキュメント日本人5　棄民』）、「民衆における異集団との接触の思想――沖縄・日本・朝鮮の出会い」（一九七〇年、『叢書わが沖縄6　沖縄の思想』）を寄稿していて、これも健一の依頼に応えたものだったろう。

同じく同志だった上野英信はその後、鞍手町では旧室井鉱業新日尾炭鉱の廃屋一棟を買取り、筑豊文庫を開設して地道な文化活動を続けた。『南ヴェトナム戦争従軍記』の著者、写真家でジャーナリストの岡村昭彦は上野のファンで、この筑豊文庫に長期滞在する常連の一人だった。取材執筆活動も旺盛で、『追われゆく坑夫たち』『地の底の笑い話』に続いて、爆弾三勇士の真実を描く『天皇陛下萬歳』そして、『廃鉱譜』、炭鉱を離職して南米に移住した坑夫の行く末『出ニッポン記』、さらに沖縄でも移住した坑夫を追跡する『眉屋私記』と続く。森崎も上野も、このあと長く筆を断つことになる雁とは、対照的である。

石牟礼道子については、よく知られていることだからここでは割愛する。ただ、雁は後年、石牟礼宛ての書簡体の文章で、その人なかりせば彼女の〈水俣病〉はなかった、共通の知人赤崎覚の名前がどこにも見当たらないことを責め、その返す刀で、大正行動隊が四面楚歌の孤立陣地をあえて選んだ時、「あれはルンペン・プロレタリアを集めた雁さんの遊びだ」と言ってまわった上野英信を許さず、葬儀にも参列しなかったことを自分から明かしたあと、「水俣は移住民・流民の町です。あなたの親も私の親もそうです」と言い、最後を次のように結んだ。

《〈水銀以前〉の水俣を、あなたは聖化しました。幼女の眼で、漁師の声で、定住する勧進の足で。トラコーマ、結膜炎ほぼ百パーセントの浦浦、県下一のチブスの流行地、糞尿と悪臭の露地をそれらで荘厳するのもよいでしょう。もはやそれはあなたの骨髄にしみとおっている性癖で、私にはしょっちゅう狐のかんざしのごときものが見えてへきえきしますけれども、趣味の問題はいたしかたもない。それが〈水俣病〉の宣伝にある効果を与えたのも事実です。しかし患者を自然民と単純化し、負性のない精神を自動的にうみだす暮しが破壊されたとする、あなたの告発の論理には、〈暗点〉がありはしませんか。小世界であればあるほど、そこに渦まく負性を消してしまえば錯誤が生じます。なぜなら負性の相剋こそ、水俣病をめぐって沸騰したローカルな批評精神の唯一の光源ですから。》（「〈非水銀性〉水俣病・一号患者の死」）

だから、雁の結論は、「あなたの〈水俣〉には底面の葛藤がありません。結局のところ病の狂乱のただなかへ古い神話性をよびもどすことで終った」となる。

これには後日譚があって、これを読んで激怒した石牟礼は、雁の弟の吉田公彦から兄はもう長くないと知らされて、清瀬の病院を見舞ったとき、次のような出来上がらない「果し状」をしのばせていたと、「反近代の花火」いう文章中で明かしている。

《長年に渉る一身上あるいは文筆上の御高恩、かの世にまでも懐中に秘しゆかむと存じおり候。

しかるがゆえに、この度「すばる」の「極楽ですか」一件（＊右の書簡文のこと）わが意に副わぬ箇所ありといえども、「狐のかんざしのごときものがみえて」との仰せ、雁さんがへきえきなさろうとも生来の狐好きなればあら嬉しやと辱《かたじ》けなく存じ奉り候。赤崎氏をわが亡父亡母、さらにわが一家がいかに遇せしか一々をここに記すも僭きことながらひとえにかの酔いどれ殿の愛らしき故なればなり。亡父亡弟共に酔い死せし因縁ありてことにも情つのり「蓬氏」とて仮名にし、苦海浄土冒頭近く導師として描きしを読み落とされしならん。地下の赤崎殿とその愛犬におたずねあれかし。

拙稿のすべて水俣を離郷なされし御尊家様への片便りに候。御意にかなわずばその限りに候。雁さん去られし後の久しき御留守、かの酔いどれ殿と思い交わし、二人三脚にて戦略足らざる素人いくさを仕まつり、苦戦続きにても遠方におわす師の御わずらいをせぬが役目と存じ来たるなり。

この度たまわりたる狐のかんざし、眺むるうちにむらむらと白き鉢巻その下に締めたくなりしが不思議に候。かくなる上は人か狐か、わが性にて見極めたくここに古き世のはたし状、差しあげ奉る次第に候。

来る如月十六夜、所は阿蘇外輪俵山こちの谷の斜面。黒姫に行きたくも土地弁えねば今生の儀につきお許し給り候へ。雁さんは並より丈高きをのこ、私こといと低けれど、狐の性ある故低地に構えかんざしつけしまま跳ばんと存ずる。武器は当方はキリシタン百姓の流れなれば古き鎌。尊下さまは、矢でも鉄砲でも二丁拳銃にても苦しからず、仕合の儀、当方勝目なければご存分になされ候えかし。ただ雪ふらんかなと祈り申し奉り候。

こちの谷におろち棲むとなり。あとは餌食となり、カラス共にもくれ与えたく御検分衆も要らざることに候。

あらあら　かしこ》

結びはこうである。

《わたしは何遍も噴き出した。あの世にお持ち頂こうか。推敲されたら嫌だ、駄文でいいのだ。と思っていたら雁さんが起き上り、やおら、いわれたのだ。

「君、ひょっとして借金あるんじゃないの。何でも僕に相談しなさい。何でもね、全部解決してあげるからね」

最後にいただいたお言葉である。》

なお、ここには書かれていないが、雁はこのとき、彼女の文章を原稿用紙に自筆で綴り、それを売るといいと言ったと、石牟礼は別のところ（「護符」）で述べている。まるでドラマのようなやりとりで、二人とも大した役者である。

一方、健一も水俣病に対する思いは、複雑である。雁よりはずっと表現は穏やかだが、地元での長時間の講演をまとめた『水俣再生への道』の冒頭で、「水俣病支援の人々は、『水俣病のない水俣』は関心がありません。ところがわれわれ水俣の〝先住民〟は、水俣病のない水俣に関心を持たざるを得ないのです。水俣にこれまで生きてきたし、これからも生きていくのですから、水俣病のない水俣も大切です」と言い、「水俣病はまぎれもなく世界性を獲得しました。しかし、地方性によって立つことには成功しなかったと言わざるをえません。……よそからちょいとのぞいた有識者が、これを城下町などのありふれた観念に結びつけたのは、噴飯ものです。それはただの商業的悲鳴に過ぎず、『未来の地方性』とは無縁です」という雁の言葉を引いて、共感を示したのだった。

テック取締役

詩作こそ止めたものの、工作者として、アジテーターとして、大量の文書を作成していた雁は、以後メディアへの登場がめっきり減り、一九六六年十二月、「展望」に前掲の書評「吉本隆明『自立の思想的拠点』」を発表した後は、十五年間、文壇や論壇での執筆活動を封印した。

雁が中間市を去って、東京に居を移し、TEC《テック》（東京イングリッシュセンターの略。その後、ラボ教育センターと改称）株式会社に入社したのは、前年の六五年九月だった。「東京へゆくな」と言っていた雁が、自分から移住したのだから、これは明らかな裏切り行為である。それとも、「自己処刑」だったろうか。

兄の健一もこの時期、「太陽」創刊編集長を一年で降板する挫折を経験している。しかし、企画や編集の仕事はその後も継続したし、民俗学者として見事に転生した。挫折、失意ということなら、健一とはくらべものにならない大きな傷を負った雁である。しかし、本人は案外さばさばしていたのではないか。

「雁はコミュニストと思われがちだけど、むしろアナキストです。「東京へゆくな」と書いたのに、さっさと上京する。本当のコミュニストなら獄中十八年とか長続きするわけです。雁はニヒリスト（虚無主義者）だから、イデオロギーを自分の頭に載せる冠ではなく、古くなったら履き替える草履のように思っていたんですよ」。

これは、雁の没後十五年目に、健一が毎日新聞のインタビュー「谷川雁　ふたたびの息吹」で答えた言葉である。

上京時、雁は四十二歳。テックとの縁は、創業者である榊原一族との出会いに始まる。以下は、主にテックやラボ教育センターで雁と関わった松本輝夫『谷川雁　永久工作者の言霊』（平凡社新書）と同氏編『〈感動の体系〉をめぐって　谷川雁　ラボ草創期の言霊』（アーツアンドクラフツ）を参照しながら述べる。

創業者の榊原巖・千代夫妻は当時、篤実なキリスト教社会主義者として知られていた。巖は青山学院大学教授で教会共同体の研究者、千代は社会党国会議員の前歴があった。ラボ機という独特の言語学習機器開発と教材販売が創業三年にして、軌道に乗りはじめ、渋谷には我が国初の本格的な英会話学校テックもスタートしていた。

単なる語学産業からの脱出を念願していた夫妻と息子の陽は、詩人・工作者としての雁に早くから注目し、大正炭鉱闘争中は、多大なカンパをしており、雁が上京するたび、雁と陽は渋谷で飲んでいたという。欧米の輸入思想に飛びつく進歩的知識人を嫌悪し、おそらく海外には一度も出たことのない雁と語学教育とは、一見何の接点もないはずだが、雁は言葉を通して子どもたちを教育することに、あらたな情熱を燃やしはじめたのであったろうか。開発部長として入社して（六六年、ラボ教育センター常務理事、六七年、専務）わずか二か月後にはラボ・パーティ創設に向けて、テューター（語学教師）の募集を開始している。

《一九六六年の春、ひとつの誘ないに似た声がきこえました。ことばがこどもの未来をつくる……あたたかい潮のみちる思いがあると同時に、日々の暮しをつらぬくかすかな痛みがありました。私たちは、すこし首をかしげるようにして「ラボ教育センター」という耳なれない名前のまわりに集まりました。（中略）

なぜ、こどもたちに外国語をあたえるのでしょうか。なによりもまず、こどもたちの意識の根を強くしたいからです。それは、この世の一部分を偏愛する人間ではなく、世界の全体性を率直に感じとることのできる人間をつくることだと、いい変えることもできます。外国語の底によこたわるものを感得することは、母国語の奥にひそむものを知ることです。それをすぐ人類共通のとか、民族固有のとか理窟づけてしまわないで、無数の人間のいろとりどりの心の大洋を、そのまますなおに招きいれてほしいのです。母国語と外国語ではさまれた意味内容をよろこんで受けいれるとき、そのこどもはすでに未来のあたらしい存在へと変身しています。なぜなら、その感動は、二つのことばの岸につきあたり、はねかえりしながら、その間を自由に流れて、まさしく自分独特のものになっているからです。このような自由さの体験が創造的精神の形成におよぼす影響を考えるとき、私たちは、幼児期に大きな意味を見つけないわけにはいきません。》(「こどもたちの意識の根を強くおおらかに育てよう」)

六六年三月、ラボ教育センター発足。四月、東京言語研究所(運営委員長・服部四郎。委員は鈴木孝夫ら五名)設立。六月、月刊言語学専門誌「ことばの宇宙」創刊。八月、第一回理論言語学国際セミナーに著名な言語学者ノーム・チョムスキーを招聘(翌年七月、第二回にはローマン・ヤコブソンを招聘)。六八年五月、ラボ機七〇型販売開始。八月、夏の大合同ラボ・パーティを武道館で開催(一万人集合)。六九年一月、初めてのラボ物語テープ「かみなりこぞう」刊行。七〇年九月、ラボランド建設始まる(長野県黒姫)。七二年七月、第一回ラボ海外旅行。七三年五月、ラボ国際交流センター(会長・大河内一男)設立。その歩みはきわめて順調で、これだけのことを矢継ぎ早に実行できたのは、雁が中枢にいたからこそだろう。

ラボ・パーティ

次に、ラボの活動内容について見ておきたい。雁の独創になるラボ・パーティが短期間に成功をおさめたのは、大学の英文科出身の主婦をテューターとして全国的に組織し、そのテューターが暮らす地域、つまりはテューター宅や近隣の幼稚園、団地集会所などを教場（活動拠点）としていったことにあった。今日と違い、当時は大学の英文科を卒業したといっても、家庭の主婦におさまってしまうと、活躍する場がなかったのである。こういうところに目をつけて、ただちに組織づくりに生かす、これが雁が天才的なオルガナイザーである所以である。

ラボ草創期に八年間、ラボ・テューターの経験をもつ内田聖子は『谷川雁のめがね』で、こう書いている（要約）。ラボセンタービルで、テューターたちが打ち合わせをしているときのことで、いつの間にか雁が目の前に立っていた。

《「山みたいに年とった小ちゃなおばあさん」―グリム童話『ヘンゼルとグレーテル』の中のヘンゼルとグレーテルが森の中で最初に出会うおばあさん（魔女）のことを、こう言った。「『山』みたいに『小ちゃな』、英語の直訳だとどうしても奇妙な日本語になってしまう。ドイツ語の原文では『石のように年とった』となっていて納得した」

私はおや、という顔で谷川雁を見直したことを覚えている。

同じ日、私はある感慨の中で〝井戸〟の話を聞くことになる。

「〝井戸〟というものを一人一人の心の中にたずねていく時、ある人は山の崖あたりから流れ出る

テューター研修　上：第１回企業内英会話教育シンポジウム，下：ラボ・パーティ英語教育研究集会　ラボ教育センター提供

泉のようなものを思い、また人によっては農家の庭先のつるべ井戸、また人によっては下町のポンプ井戸……そういう一人一人の〝原初的な想い〟を通さずして子供たちに何も語ることができない……」

学者の分析とも違う自由な発想が快く響く。今までこれほどまでに物語の原形をとらえて話されたことがあったろうか、と思った。上っ面だけで通り抜けてきた数々の絵本、ものがたり……。自分の内にはいつの頃からか黒い炭塊が住みついて、融合しないものを片意地張って拒否するところがあった。

谷川雁のはなしはその得体のしれないものに爪を立てるものであった。私は背筋が伸びる手ごたえをはっきりと感じとった。》

ラボ・パーティの子ども英語教室に集まる生徒は、五歳以上、大学の初年生まで。ラボっ子と呼ばれた。キャッチ・フレーズは、「ことばが子どもの未来をつくる」。英語教室ではあっても、英会話優先、英語第一主義ではなくて、日本語も大切にしている。そのために、物語テープ（ラボ・テープ。のちＣＤ）を制作した。「らくだ・こぶに」名による雁の創作は「こつばめチュチュ」「かいだんこぞう」「ポアン・ホワンけのくもたち」「ラボっ子ばやし」。再話は「アリ・ババと四〇人の盗賊」「かえると金のまり」「ひとうちななつ」「ホッレおばさん」「わんぱく大将トム・ソーヤ」「国生み」四話

（「国生み」「スサノオ」「オオクニヌシ」「わだつみのいろこのみや」）など。

ほかに、Ｃ・Ｗニコル、林光、間宮芳生、高松次郎、野見山暁治、江守徹、野村万作、岸田今日子、米倉斎加年など、著名人の参加を得て制作したものに、「かみなりこぞう」「ブレーメンの音楽隊」「幸福な王子」「ありときりぎりす」「はだかの王様」「たぬき」「白雪姫」「みにくいあひるの子」「ヘンゼルとグレーテル」「ナイチンゲール」「耳なし芳一」「鏡の精」「鮫人のなみだ」「長ぐつをはいたネコ」「グリーシュ」「きてれつ六勇士」「ピーター・パン」四話、「ロミオとジュリエット」「三本柱」「ドゥリトル先生海をゆく」四話などがある。

テープは英語と日本語によるセンテンスごとの対応方式の語りと、英語だけの語りで構成されている。物語り世界のイメージを広げるのに、音楽や絵本がついていた。

たとえば、『ピーター・パン』の第三話で、ナレーター役の宵の明星がこういう。

「ピーター・パン」絵本
（絵：高松次郎）

《Evening Star: Meals in the Neverland are very often make-believe like this one is. The boys are so good at make-believe, they really feel full afterwards. The warriors of the Piccaninny tribe sit above the house underground. They have been guarding the children from the pirates ever since Peter saved Tiger Lily. From time to time their scouts imitate the lonely call of the coyote.》

このくだりに関して、雁はこう述べている。

《「ない・ない・ないの国」（＊Neverlandを、こう訳した！）の食事は、たいてい、うそっこなんです。今夜だってそうなんですよ——私たちの再話では『ピーター・パン』第三話がはじまるとまもなく、ナレーター役の宵の明星くんが意外な事実をぶちまけます。じゃ、たまの食べものは何なのだ、それでおなかペコペコじゃないのか。ある世代のおとなはぎくりとし、現代っ子はすまし顔。経験のちがいからくるそんな異和感を問題にしようというのではありません。

Meals in the Neverlannd are very often make-believe like this one is.

こしらえる（make）たのしさ、信じる（believe）つよさを表現するときの難所、急所を考えてみたいのです。（中略）

こどもの足音を食べる『かいだんこぞう』（らくだ・こぶに）のばあいも、無形のものを食物にする点で、二重の空っぽさがあると言えますが、物語と食べものの関係は、こどもの心を解く作業としてたいせつなポイントのように思われます。というのも、物語と食べものを区別するのは近代日本の通弊で、空なるものを追うな、実につけ。赤まんまの花を歌うな、もっぱら腹の足しになるところを歌え。あすの千円よりきょうの一円。議論より実行、いや実践あるのみだと、まあ日本・文明開化主義、日本・忠君愛国主義、日本・立身出世主義、日本・平民主義、日本・民本主義、日本・マルクス主義、日本・軍国主義、日本・民主主義、日本・平和主義、日本・進学主義……明治、大正、昭和三代の「指導」思想はいずれもこどもの耳にこんな風なことばをぶんぶんうなりつづけております。（中略）

空の空なるものなんかもってのほか、実益に徹せよ、そのための方法は反復あるのみという思想が、とりわけこどもにたいしてだめなのは、食べることにいちばん熱心なこどもの世代がまさに物語の世代であることの秘密を考えようとしないところにあります。食べることに熱心だから物語が生まれる。物語があるから食べることが祭になる。共同の儀礼になる。つまり自分の生のあからさまな欲求にしたがう場が共同の表現の場になる。その道筋を逆にたどって、共同の表現の場としての「うそっこ」の食事から出発する――それが「ままごと」の意味でしょう。そのどこに精神のゆるみがあるでしょう。「ままごと」の意味がわからない人間に、「食べること」の意味がわかるはずはありません。食べることと物語をひきはなせば何が起こるか。ただのおとながができます。》（「うそっこ」の「うそっこ」）

子どもが未来をつくる

ラボ・パーティは各地に一五〇〇〜三五〇〇箇所の会場に、三万人の会員を集めたというからすごい。パーティの子どもたちは、物語や歌を楽しみ、週一回、テューターの指導するグループに参加して、「テーマ活動」を体験、新しいことばの世界に親しんだ。

テーマ活動とは、異年齢集団による、ラボ独自の表現・言語体験・学習活動。子どもたちは、物語のテーマを話し合い、その世界をことばと身体で表現していく。

身体表現（のち身体交響劇）とは聞きなれない言葉だが、単なる英語劇との違いは、そもそもの発生にあった。雁はこう書いている。

《新しい表現の土台が生まれるのはいつも、やむをえない現実そのものからであって、個人の奇抜な意想からではないということは、能もギリシア劇もテーマ活動もまったく同じと考えてよいでしょう。たとえば、こんな例があります。草の上に寝ころぶきたないグルンパ（＊ゾウの名前）をおおぜいで表現することにしたこどものそれぞれが鼻、耳、四本の足、胴体になりました。「ぼくは、はな」「ぼくは、みみ」とさけんで。ところが一人だけ残ってしまいました。その子は思案にあまって象のまわりを二三回ぐるぐるかけまわったあげく、おしりにころんと寝ました。「ぼく、しっぽ。」──たしかな演出家なら、やはりここで二三回かけまわることを絶対に要求するでしょう。（中略）

一匹の象を複数で表現する。虹や流れや道などの無生物を表現する。そういうことがはじまって、ようやくテーマ活動は表現として離陸することができたのです。それはグループにとって、全員の同時参加を意味します。またそれは物語にとって、ふつうの演劇よりはるかに多様の通信回路を得たことを意味します。》（「ことばでないことば」）

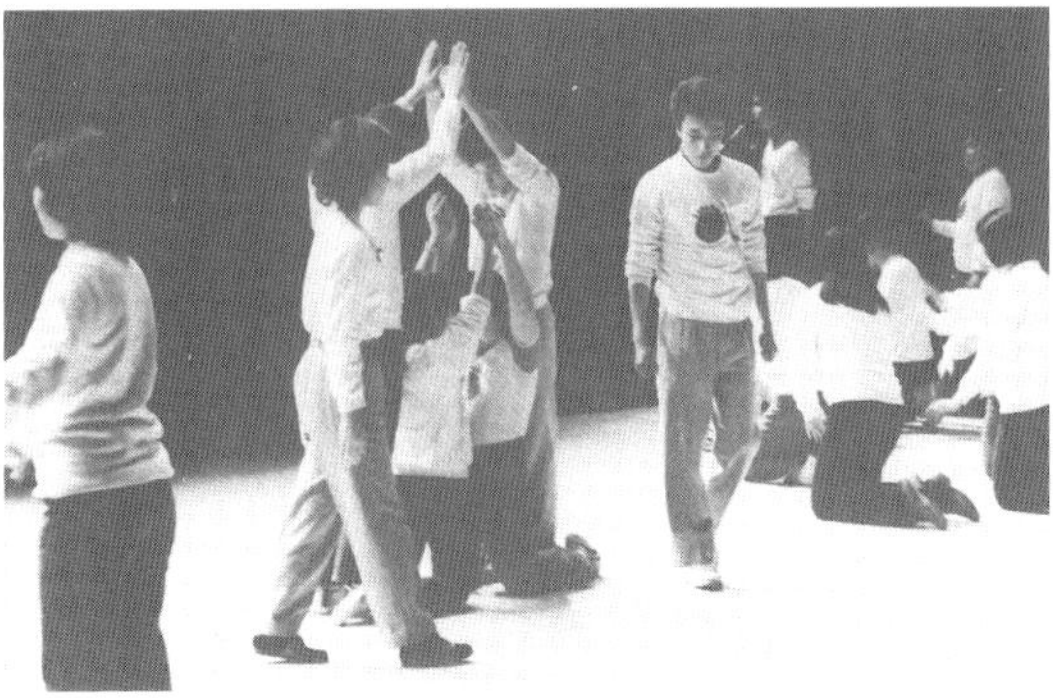

「国生み」のテーマ活動　ラボ教育センター提供

つまり、雁にとって、ラボでの活動は、「サークル村」での集団創造の延長だったわけである。

《私たちは、native の底の底までおりていって universal なものの方へふみ出していく、また universal なものの方へ勇敢に歩んでいくことによって native なものの根をみつけさせる、このような相関性の上に立って人間を捉えようとしています。私たちの活動はどんな場合にも、より

native なものと、より universal なものの両極を見つめていく活動に他なりません。（中略）

私たちは、ＳＫ（＊ラボ・テープのシリーズ名）のテープを少なくとも四代から五代位の間は貫徹させてみたいと思います。（……）ひとつの民衆的コンセンサスができてくるまでやりたいと考えています。そして、できれば、ハワイ、朝鮮、中国、アメリカなど、至るところで『ぐるんぱ』や『たろう』が Common に存在するというような状態にしたいと思います。》（「ラボ・テープの考え方」）

ラボランドに建設されたぐるんぱ城　ラボ教育センター提供

《この運動は、着実に、全国を蔽っていくでしょう。やがて海外にも、東西を問わず、結び目ができていくことでしょう。しかし、文化の根源を、こどもの魂のなかでたがやそうとするこの運動は、長い長い時間に耐えなければなりません。いまのこどもたちがテューターになり、その子どもたちがまたテューターになり、回帰してはのびるはるかな連鎖が、私たちを永遠の無名に送りこむとき、私たちのひとりひとりが、先駆者としての大きな意味をもつことになるのではないでしょうか。その水平線を見つめるまなざしを失わないようにしたいものです。》（「テューター通信」七一年一月十三日）

またまた雁の大風呂敷と思う人もいるかもしれないが、設立後わずか五年で、ここまで発展し、翌夏からはラボ教育センターはアメリカの4Hクラブと結んで、国際交流を開始する。ホームステイ先は、アメリカ、カナダ、オーストラリア、ニュージーランド、中国、韓国。

夏、冬、春の休みには、大自然のなかで野外教育キャンプも開催された。七一年、長野県黒姫山の中腹に「ラボランドくろひめ」が建設され、約一〇万平方メートルの四季基地には、二六棟のロッジ、本部棟、集会場などが点在、各国から国際ホームステイにやってきた青少年たちがホストのラボっ子とともにこのラボ・キャンプに集結した。

一九八〇年、のちに述べるように雁は幹部と対立して、このラボ教育センターとは袂を分かつが、こうして雁が中心になって築きあげた画期的な教育システムとその事業は、その後も順調に発展した。二〇二〇年現在、全国に三六〇〇教室が存在し、ラボっ子と呼ばれる会員は六万人ほど。宇宙飛行士の若田光一、シンガーソングライターの宮沢和史はOB、NHKアナウンサーの小野文恵はOG。高校二年まで九年間、ラボに在籍した日本総研の藻谷浩介は、教材の物語をみんなで考えて演じる「人体表現」が好きだったとして、「朝日新聞」の取材に答えて、「誰かがステキなことをやれば面白がって全員がまねをした。演出家がいなくても不思議な調和が生まれる、それがラボの基本精神だとおもう。私の血肉になっています」と語っている（二〇一七・七・五）。

また、若田光一は、「優れたリーダーは、リーダーを支える能動的なフォロワーとしての役割も演じられる人だと思います。コマンダーとして宇宙に行く二年前から集中的な訓練を受けますが、厳しい状況でもチームの士気を維持してチームとしてのパフォーマンスを最大限に発揮すると共に、皆が楽しいかけがえのない時間を一緒に過ごしていると思ってもらえるように工夫し、実践し、リーダーシップ能力を高めていかなければなりません。ラボで勉強させてもらったことと重なるものがあります。重要なのはお互いの信頼関係です。「和の心」は大切ですが、最初から妥協点を目指すだけでは真の信頼関係は生まれません。しっかり議論し、最終的な解を出していくことが肝要です」と、小さい頃から様々な国々の人々と交流し、共に活動することで、地球人としての意識が身に着いたことを述べている（門脇厚司著『社会力育ての現場を訪ねて』）。

アフリカのモザンビークで電子マネーを用いる新事業に取り組む合田真も、その一人。小学一年生の頃からラボ・パーティに参加し、その後、小学二、三年生から「ものがたり文化の会」に参加するが、雁との交流はその後も絶えなかった。氏の著者『20億人の未来銀行』の「おわりに」で、こう書いている。


《雁さんは、大学進学（＊京大）で興味のない法学部に入ってしまい、その後どうしたいという考えのなかった私に、民俗学者の柳田國男や宮本常一などの話をした上で宿題を与え、香川県高松市にあるため池のフィールド調査を指導してくれました。雁さんが、日本の文化・風俗など民俗学について語る時、私にとって一つ一つが新鮮で驚きに満ちていたのを覚えています。長野県の黒姫にある雁さんのご自宅で、囲炉裏を囲んで話し込んだことも貴重な経験でした。私は私でありながら私ではない。元・共産党員の雁さんと、国柱会信者の宮澤賢治が混ざり合い、撒かれた「原点」がこれからどのように成長し、華を咲かせるのか、私自身楽しみにしています。

過分な評価ではありますが、ある方が「合田くんは、賢治さんが東北で行っていたことをアフリカでやっているのだね」と仰ってくださいました。私も、そうありたいと思っています。》

こうしたラボの活動の軌跡を追えば、松本健一が予言していたように、雁が「世俗に埋もれていた」どころでないのは、一目瞭然であろう。炭鉱であらくれ者の労働者と共闘していたのとは様変わりしたとはいえ、その気宇壮大な構想はそれ以上だったといえよう。事実、雁が取り組んだこうした試みは、受験戦争のための塾通いとは大違いで、たんなる英語学習の枠を超え、人と人とのつながり、表現力、コミュニケーション力、社会力を養うのに絶大な効果を発揮したのであった。
だが、それにしても、なぜ子どもたちが相手だったのか。前衛舞踏家である田中泯へ宛てた「片道通信」は、おそらく、雁が自分の子どもについてふれた、唯一の文章のはずだ。

《田中泯様。
先日はこどもたちが共同演出した賢治童話の〈人体交響劇〉をいくつも見てくれて、ありがとう。「さらっていきたい子があっちにもこっちにもいた」という言葉を黒姫の雪に持って帰りました。（中略）
会のあと、車中であなたは少年の自分をさらりと語った。十二歳のころ、戦後のある時期を風のように走った盆踊りに熱中し、毎日のように着物をかかえて家を出るたびに、嘲笑の渦を泳がなければならなかった、と。（中略）
つぎは私の番だった。けれども私は自分について口をつぐんでいた。トカゲを食うホトトギスか、その逆か。もう四半世紀も〈こども〉にとり憑かれている理由を語るのは、自分の暗黒部に花束を供える気がして、悪寒がするのです。しかしあなたに告白させておいて、黙っているわけにもいきません。昔、私に息子があった。二歳十カ月で死んでしまった。道ばたの小便くさいはこべの花に魅せられ、しゃがみこんで動かなくなる子でした。逆修の痛みというのはふしぎなものだな。封じこめようとする努力すら忘れたころ、そいつは地下で工事をはじめる。気がついたら、孫のような存在に十重二十重とりまかれていたという次第です。あの会場でごらんの通り、私の息子は幼児から少年にいたる階段を、永遠に上ったり下りたりしている——

告白をつづけます。彼よりわずかに早い出生というあなたの舞台をはじめて見たとき、ぼんやりした月光のかさを感じた。孤立した山田から告知をふらす案山子に似ていた。一瞬、こちらの遠近法がくずれてあなたは膨張し、汐の出入りしない洞窟になった。そのときなんと馬鹿な、わが子がイソギンチャクになってあなたの脇腹にくっ附いているとおもったのです。空也というかつての固有名詞をすて、男の子でもあり女の子でもあるような〈こどもアルファ〉になりかかっているその子。》（「舞踏のなかの〈こどもアルファ〉」『極楽ですか』）

松本輝夫は、この早世した空也《くうや》を愛惜する気持が、雁をラボの少年少女に結び付けたと書いている。おそらく、右の一節を踏まえてのことであろう。しかし、私はそれもあったかもしれないが、のちに述べる宮沢賢治と合せて考えてみたい。

黒姫山移住

ところで、それについて語る前に避けて通れないのが、こうした精力的な活動を展開するその一方で、雁がテック労組を弾圧する急先鋒だったことである。七一年四月十五日の朝日新聞は、この職場闘争と内紛をめぐって、揶揄まじりに雁を「落ちた偶像？」の見出しのもとに、以下のように報じた。

《谷川雁　詩人。評論家。その評論は、既成の「左翼評論家」の顔色をなからしめ、六〇安保の偶像的存在といわれた。「東京へゆくな」の詩がもてはやされた。その谷川雁自身が、東京へもどり、渋谷の教育企業会社の専務におさまった。この会社で組合騒動が起り、十四日、組合員五人が逮捕された。「谷川は転向した」と、組合員はいう。はたして偶像は落ちたのか。
◇経過
会社側の説明 「団体交渉継続中、組合は示威行為はしない」という労使協約がある。去年夏のボーナス闘争の際、これに違反した二人を解雇した。ところが組合側は、毎月、解雇した二十八日を、「記念日」として職場集会を開いたり、会議の席に乱入したりし、警告しようとした会社側の主査らを突倒して、全治十日程度のけがを負わせた。暴行は十一月から二月まで前後五回にも及ぶ。
組合側の説明 解雇理由はまったくのいいがかり。力を弱めるための計画的な首切りだ。
◇攻撃目標
組合側が対決している「会社」は「谷川雁専務」といいかえられる。すべての実権を彼がにぎっている、と組合では説明する。

谷川氏は四十年秋、創立四年目の同社に部長として招かれた。社員に左翼運動の経験者がかなりいるのは、同氏や知人の評論家吉本隆明氏の推薦で入社したものが多かったことにもよる。が、組合員はいま、わずか四十七人。「谷川さんの会社なら組合になんかはいらなくても、という信者もいるもんで」と組合側。

組合の一致した谷川評 「転向者。かつて行なった政治活動は、真赤なウソ。人間を組織して、その上に乗ることが好きなだけだ。彼は労働者の精神を搾取している。その言行を見聞きすれば、明白だ」
◇谷川氏の釈明
——東京へ帰ってきたことについて
「九州の炭鉱で運動していた時に思い当った。大衆は逃げることしか、意志表示ができない。ところが、いままでの指導者は、逃げてはいけないとされた。そんなことはない。立体的に逃げればよい」
――入社のきっかけは
「知人の現副社長から声がかかった。こどもを相手にした言語教育で、世界が変えられるかも知れないと思い、誘いにのった」
――現在の心境は
「二百年先のことを考えてる。日本のこどもが、世界のこどもと手をつなぐ日がくる。言葉を媒介にした世界意識の完結だ。ボクの転向とかいうのは問題じゃない」
――組合活動について
「会社はおままごとではない。日常業務や対外信用に支障のあるものを排除するのはあたりまえではないか。それに、彼らは、労働者というが、炭坑夫とくらべたら、労働者とはいえない。組合とひと口にいうが、彼らは、全職員のごく一部にすぎない」》

ご丁寧に、「谷川語録」まで付いている。

《(組合側による)①(社内で詩人、評論家として〝転向〟を批判され)「オレは株式会社の専務以上のものでも、以下のものでもないよ」②「日本に徴兵制がしかれたら、オレは社員の先頭に立って、国会にデモをかける。そういう会社にしたいんだ」「テック労組の委員長はオレである」(「こういったなにわぶしに、ウチの社員はぐっときちゃう体質なんで」と組合員)③「同じ人間なんだ。組合と会社が、いがみあうのはおかしいじゃないか」(「そう、この会社は〝労使一体化路線〟なんです」＝組合員」）④「この会社は保護監察所なんだ。世間に出ても、使いものにならない連中を矯正してるんだ」⑤「労働者を、すべからく神聖視するのはまちがってるよ」》

雁らしいとはいえ、あまりに身勝手と思う読者もいるかもしれない。ちなみに、この組合員のなかに、のちのジャズ評論家平岡正明がいた（初代労組委員長）。彼は早大時代に雁の「自立学校」に参加、雁に心酔していたが、この闘争を機に雁と決裂した。

七八年夏、雁はラボ・ランドのある黒姫山に移住した。理由は社長である榊原陽との対立が表面化したので、そこから一時距離を置いて、鎮静化をはかるためだったろうと、松本輝夫は書いている。陽と雁のタッグで社業を隆盛に導き、職場闘争も乗りこえたが、七二年七月をピークに業績は減少傾向に転じた。この年、ラボは日韓ラボ交流を開始し、七五年には、韓国語を導入した。推進したのは複数言語活動に関心のある陽で、日本神話や宮澤賢治にこだわった雁とのあいだに溝ができた。七六年、箱根に理事が集まって開かれた会議では、雁のひきで入った幹部まで、雁を排斥する側にまわって、対立は決定的になった。

黒姫山に移った雁は、「古事記物語」の再話に打ち込む。このとき雁を助けたのが、ウェールズ出身の作家で環境保護活動家のC・Wニコルである。彼も、その後、黒姫山が気に入って移住し、終の住処となった。

テープ『国生み』の制作を強行したことをきっかけに、雁が専務理事を解任されたのは、七九年四月。解任にあたっては、ラボ国際交流センター会長の大河内一男（元東大総長）らが仲裁にあたった。

しかし、そんなごたごたはどうでもいい。この年十二月に刊行された「国生み」の書き出し（英訳はC・Wニコル）を、読んでみよう。

がらんどうがあった。

大地は、まだなかった。

がらんどうしかないけれど、まんなかはあった。

そのまんなかを見あげると、高いなあという感じがあった。

とうといものがあるぞという感じだった。

この感じがあつまり、けもののあぶらのように浮いてきた。

くらげみたいにただよいはじめた。

そこに、春にもえる葦の芽のかたちがすうっと立ちのぼった
たてとよこ、空と雲、さらさらしたものとねばっこいもののちがいができた。

ほう、きれいだなあというため息と、ああ、力強いなあというため息が生まれた。

その思いが男の神と女の神になった。

男神、名はイザナキ、女神、名はイザナミといった。

イザナキとイザナミは、たったいまひらいたふたつの花のようにふるえ、肩をよせあっていた。

大きな声がした。

「足もとを見るがいい。

あなたたちの立っているところが天の浮橋だ」

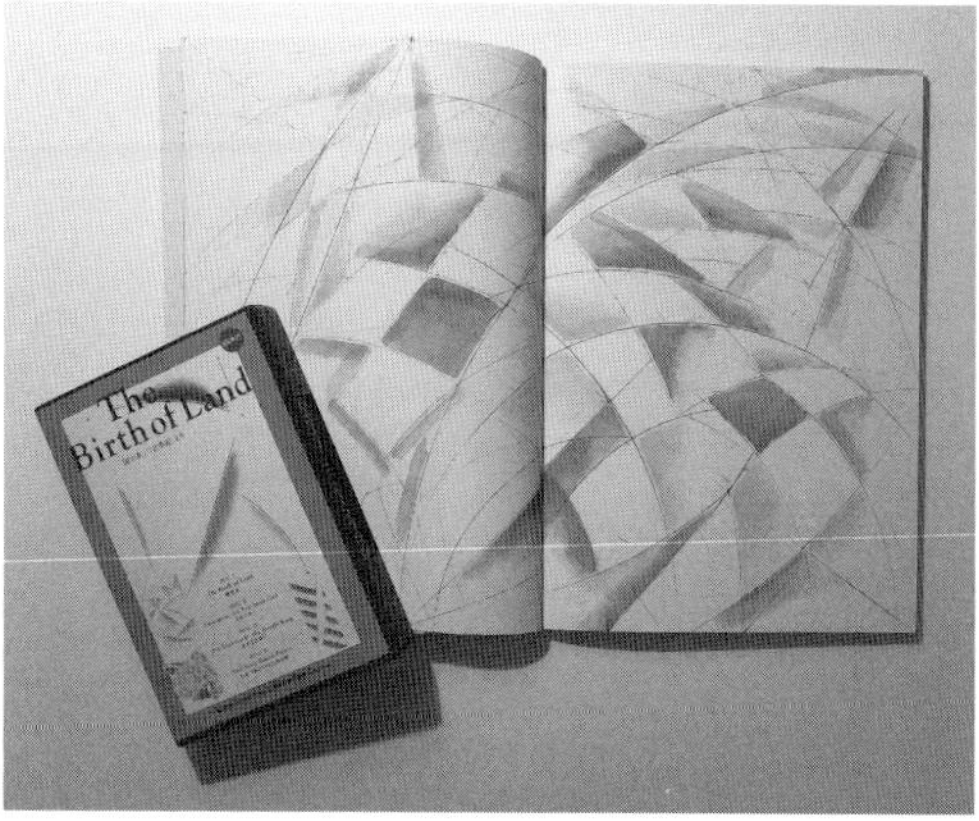

「国生み」絵本（絵：高松次郎）　現在は **CD** が付いている

目のとどくかぎり雲の波がうねっていた。
ふたりがふまえているのは虹だった。
「下界はまだ、ふわふわただよっている。
ふたりで、たくましい心にやさしい気持をあわせて、りっぱにつくりかためてほしい」
その声が終わらないうちに、大きな矛がおりてきた。
すきとおる玉のような光でできていた。
イザナキとイザナミはそれをおろし、
力をあわせて、こおろこおろとかきまわした。
矛をひきあげると、そのさきから塩のしずくがしたたりおち、
かたまってひとつの島になった。

原文は左のとおりである。

《天地《あめつち》初めて発《ひら》けし時、高天《たかま》の原に成れる神の名は、天之御中主《あめのみなかぬしの》神。次に高御産巣日《たかみむすひの》神。次に神産《かみむ》巣日《すひの》神。此の三柱《みはしら》の神は、並独神《みなひとりがみ》と成り坐《ま》して、身《み》を隠《かく》したまひき。
次に国稚《わか》く浮きし脂《あぶら》の如《ごと》くして、久羅下那州多陀用弊流時《くらげなすただよへるとき》、葦牙《あしかび》の如く萌《も》え騰《あが》る物に因《よ》りて成れる神の名は、宇摩志阿斯訶備比古遅《うましあしかびひこぢの》神。……
是《ここ》に天《あま》つ神　諸《もろもろ》　の命以《みことも》ちて、伊邪那岐命《いざなきのみこと》、伊邪那美命《いざなみのみこと》、二柱の神に、「是《こ》の多陀用弊流《ただよへる》国を修《をさ》め理《つく》り固め成《な》せ。」と詔《の》りて、天《あめ》の沼矛《ぬぼこ》を賜《たま》ひて、言依《ことよ》さし賜ひき。故《かれ》、二柱の神、天《あめ》の浮橋《うきはし》に立《た》たして、其の沼矛を指し下ろして画《か》きたまへば、塩許々袁々呂々邇《しほこをろこをろに》画き鳴《な》して引き上げたまふ時、

其の矛の末《さき》より垂《しただ》り落つる塩、累《かさ》なり積もりて島と成りき。》（日本古典文学大系、岩波書店）

いきなり、「がらんどうがあった」とはじめ、神の固有名である天之御中主神を「まんなか」、高御産巣日神を「たかいなあ」、神産巣日神を「とうといもの」と大胆に言い換えているのが、新鮮だ。ジェイムズ・ジョイスやミルチャ・エリアーデのいわゆるエピファニー（聖なるものの顕現）である。雁は「古事記」を、天皇家の政治的な正統性を主張するための王権神話というふうには読まない。子どもたちに届けるのに、そうした要素は一切排除した。それでいて、古代人が聖なるものへ惹かれていく感情に、ぐんぐん引き込んでいく。

前に紹介したラボっ子のひとり、藻谷浩介は、次のような一文を寄せている。

《今でもよく覚えているのは、『国生み』の冒頭の、「がらんどうがあった」を身体でどう表現するかです。みんなで手を繋いで、中に穴の空いた輪を作るというのを誰でも考えるのですが、それではかえってがらんどうに見えない。そこで皆が端に固まって、何もない真ん中をうつろに見ている表現を提案しました。「がらんどう」そのものを演じるのではなく、外側からがらんどうを見たらどうかと考えてみたわけです。格好良くいえば今で言う「メタ思考」です。陽があるからこそ陰もあるという、構造的な把握ですね。後に『デフレの正体―経済は「人口の波」で動く』（角川書店）とか、『里山資本主義―日本経済は「安心の原理」で動く』（角川新書）といった本を書くにあたって活かしたのもこうした見方で、そんなこともテーマ活動をしながら学んだように思います。》（門脇厚司『社会力育ての現場を訪ねて』）

11　谷川民俗学の場所

多系列の歴史空間

目立ちたがり屋で、衆目をひきつけながら、常に先へ先へと動いていた雁にくらべて、健一の歩みは着実すぎるほど着実である。戦時中はパスカルを読み耽ってカトリックに接近したものの西欧思想の壁に阻まれ、さりとて戦後日本を風靡したコミュニズムにも同調できず、外来のイデオロギーの目を通した日本ではない日本、それも戦前の皇国史観に見られた硬直した日本ではない、毛細血管のように細く小さい網目のような日本を知りたいとずっと思っていたときに出会ったのが、柳田國男であり、折口信夫であった。

健一が自らの民俗学を開始するにあたって、フィールドワークの場所を、沖縄・先島に定めたのは、柳田・折口が発見し、洞察を深めた、その特別な空間に自分も飛び込んで、先達の学問を正しく継承し、乗り越えようと思ったからだろうが、それとは別の問題意識も働いていた。

一つは、ナショナルなもので閉じた日本を、インターナショナルなものに開いていこうとする意欲である。作家の島尾敏雄の造語になる「ヤポネシア」という言葉に、健一が惹かれるようになったのは、「日本列島社会を日本と同じものと考えたくない心情」があったからだった。

《私にとって日本というイメージは手垢によごれすぎた。そのイメージを洗うものは、日本よりももっと古い歴史空間か、日本よりもっと生きのびる、つまり若い歴史空間かのどちらかでしかない。日本よりも古くかつ新しい歴史空間、それが私にとってのヤポネシアだ。「日本」は、単系列の時間につながる歴史空間であるけれども、ヤポネシアは多系列の時間を綜合的に所有する空間概念である。つまり日本の外にあることとヤポネシアの内にあることとはけっして矛盾しない。なぜならヤポネシアは「日本」の中にあって「日本」を相対化するからだ。

沖縄に通い始めた頃の健一

私たちは、ナショナリズムを脱しインターナショナルな視点をもとうとすれば、単系列の時間につながる歴史空間であるところの「日本」を否定するしかなく、「日本」を肯定するとなれば、単系列の時間の中に組みこまれるほかない道を歩まされてきた。「日本」に埋められるか「脱日本」のどちらかしかない二者択一の道をえらばされた。けれどもヤポネシアは、日本脱出も日本埋没をも拒否する第三の道として登場する。日本にあってしかもインターナショナルな視点をとることが可能なのは、外国直輸入の思想を手段とすることによってではない。ナショナルなものの中にナショナリズムを破裂させる因子を発見することである。それはどうして可能か。日本列島社会に対する認識を、同質均等の歴史空間である日本から、異質不均等の歴史空間であるヤポネシアへと転換させることによって、つま

り「日本」をヤポネシア化することで、それは可能なのだ。（中略）
このことを本能的に察知しているのが知識人でなく常民と呼ばれる人たちであることは、皮肉である。無自覚な形であるにせよ、常民が漠然とそれに気がついて生活しており、「市民」または「人民」という言葉をやたらとふりまわす知識人が、かえってその感覚に鈍感であるという事実は、私をひとつの感慨にさそいこむ。
歴史の彼方から存在する常民は、国家意識の枠組みの中にあるばあいでも、それの規制とは異なった次元に自分の意識の中心核を従属させる。こうした常民の意識の前提に立って日本民俗学は成立した。しかし明治官僚であった柳田国男も、近畿の風土に生まれた折口信夫も、ヤポネシアの意識を方法論にとりいれることで日本を相対化する論理を構成するには、あまりにも単系列の時間の近くに自分を置いたのである。時間の垂直軸に対する信仰の否定を一歩すすめて、多系列の時間とそれにつながる空間意識の重層化を肯定したものとして、柳田の「山の人生」と折口の「異郷意識の進展」をもつことはせめてものなぐさめであるけれども、ヤポネシアはこの線をさらにいっそう強化していかねばならぬ。（中略）
日本の各地方の歴史がそれなりの全体性をもって相対的独立性を持つことを主張することが、まぎれもないヤポネシアの成立与件であるとすれば、その一方では多系列で異質な時間を単系列の時間という一本の糸に撚り合わせていったのが「日本」であり、そのために支配層が腐心し、ときによっては糊塗と偽造をあえて辞さなかったのが「日本」の歴史である。したがって、撚り合わせた糸をもう一度撚り戻す作業、つまり「ヤポネシアの日本化」を「日本のヤポネシア化」へと還元していく努力が要請される。
吉本隆明が「異族の論理」で示唆しているように、時間の無限遡行のための努力が払われなくてはならぬ。そのはてにあらわれるヤポネシアの幻こそ未来へ投影できるものであり、それのためには下降するエスカレーターの階段を逆に上っていくにひとしい苛酷な苦行を自己に課さなくてはならないことだけはまちがいない。》（「〈ヤポネシア〉とは何か」『沖縄　辺境の時間と空間』）

同じ日本という国や国土を対象にしながら、健一には先人である柳田や折口、さらにはその忠実な弟子たちが、同質均等なものとして論じたことのなかに、異質不均等なものを見いだし、ナショナルな枠を内側から破裂させ、突破するダイナミズムがあった。島尾敏雄や吉本隆明の揚言にただちに応じることができたのも、健一が民俗学者であると同時に、かかる思想の持主だったからだ。

もう一つは、沖縄住民の苦悩を目の当たりにしたところからくる反省である。

《沖縄の表情はふくざつである。すくなくとも私の眼にはそう見えた。私は自分の沖縄観を修正せざるを得なかった。古代の日本の信仰形態の原型が沖縄にあると今まで信じていたし、今でも信じている。また沖縄の復帰運動やＢ52撤去闘争が、もっとも純粋な国民運動であると考えていたし、今でもその純粋性に疑いをもってはいない。しかし古代の純粋さと現代の純粋さとをつなげて、沖縄に出かけていった私は自分の考えがやはり単純であったことを反省している。（中略）

沖縄に関するあらゆる論調に「差別」とか「被害者」とかの言葉が使用される。それはそれなりに正当なものであるが、しかし私は今「差別」の底にながれる憤怒や本土との一体化の願望よりも「差異」すなわち本土とは等質ではない沖縄の文化や沖縄人の生活意識について考えておきたいのである。沖縄人の発想が旋回的であるのは、政治的には日本と中国への両属政策から二重意識が生まれた結果であるが、琉球弧が地理的にも日本と中国との間にはさまれていることが沖縄人の生活

宮古島の人頭税石　この石の高さまで背が伸びると課税されたという言い伝えがある　撮影：渡辺良正

文化に大きく影響しているのを見のがすことはできない。》（「火にかけた鍋」『孤島文化論』）

柳田は標準語を押し付けることに強く反対した以外には、沖縄の現実の問題を取り上げることは少なかったし、折口に至っては意識にものぼらせなかったろう。けれども、健一はこうしたことがらからも目を逸らさなかった。健一がかかる思いを抱くきっかけになったのは、竹富島の老婆から次のような話を聞いたからだった。

《私が八重山で会った竹富島の八十四歳の老婆は少女時代、人頭税としての上納の布を織ったことがあるといった。一反を織り上げるのにいく月もかかるので、毎日毎夜時間に追われつづける。そのために何のたのしみもなかったと答えた。結婚してのちは、離島に稲を作りにいった。人頭税は反布の上納だけでなく、水田のない島民にも米を上納することを命じた非合理きわまる悪法であった。結婚後、老婆が他の島へ米を作りにいったのは、人頭税の施行されていた時代の習俗のつづきであったろう。

しかしその苦労は言語に絶するものだった。サバニと呼ばれる丸木舟に農具や肥料をのせて、夫とともに海をわたっていく。舳のむこうからは、真っ黒い山のような波がおいかぶさってくる。舵をとる船頭は夫である。舵のとり方をまちがえれば、サバニはたちまち転覆する。彼女は私のまえで突如船頭かわいやを歌い出した。必死になって舟を操る夫への愛情を歌ったのが、この歌だと信じこんで疑わないのだった。つまり老婆にとってこの歌は、米作りに他の島へ海をわたっていくときの歌であった。

私は先島の人頭税について聞いてはいたが、それを実感として受けとったのははじめてだった。このような話は、老婆と同齢以上の宮古、八重山の老人ならば、みんな体験している。終戦の時点でいえば、先島の六十歳以上の老人はみなその経験者であったはずである。

それなのに首にまきつけた縄のように先島の民を苦しめた人頭税についての聞き書きが、いまだに誰の手でもなされていない。不幸な体験の持ち主が思い出を苦痛とし、それを忘却するのをのぞむのは理解できる。しかしこの苦痛の思い出を記録して残そうと志すものがいないのはどうしたわけか。それが現在の沖縄を物語っていないとでもいうのか。（中略）

沖縄は火にかけた鍋である。その中の水は沖縄本来のものであり、そこにあとから、本土産や中国産の材料が投げこまれたのだ。鍋を焚いている火は、島津であり、日本の政府であり、アメリカの軍政府である。長い年月の間に鍋の中にはふくざつな味のスープができあがった。とろ火にかけられた長い世紀の苦しみが、沖縄の味を独特なものにしている。その独特さは「あれかこれか」の二者択一を超えている。》（同）

健一にはただの民俗学者にはない、怒りがある。この怒りが『孤島文化論』に結晶している。

柳田民俗学への挑戦

健一が民俗学者として初めて世に問うた著書は、『魔の系譜』（一九七一）であった。題名通り、日本人の情念の奥底にひそむ魔の正体を見きわめようとした作品で、保元の乱に敗れて讃岐に流された崇徳上皇の怨念、潜伏キリシタンが信仰するバスチャン伝説、平田篤胤の『勝五郎再生記聞』、夢野久作の『ドグラ・マグラ』などを例に、人間には知性や理性で処理できないことがらが、黒々とわだかまっていることを掘り下げている。

こつこつと民俗の採集をし、古老の話に耳を傾けるといった従来の民俗学者とは、その行き方がずいぶん違う。折から、一九七〇年前後の全共闘運動に挫折した若い読者の共感を呼んだのは、こうした視座と内容にもよろう。

続く『青銅の神の足跡』（一九七九）とその続編『鍛冶屋の母』（同）の二冊は、師の柳田國男に挑戦し、師を乗り越えようとした画期的な著作として、よく知られている。

柳田國男が稲作を重視し、偏重していたのに対して、健一は早くから金属器の制作に関心を寄せていた。それは、『風土記日本』第二巻中国・四国篇で「金属文化のなかへ」という章を設け、第五巻東北・北陸篇では「かな山掘りの話」という章を設けているのを見ても分かる。健一が未開拓な部分に切り込むきっかけは、風だった。

《一九七五年（昭和五十）十一月八日、私は岐阜県不破郡垂井町にある南宮《なんぐう》大社のふいご祭を見にいった。南宮大社の祭神は金山彦命《かなやまひこのみこと》である。その日の祭りは、神社の拝殿の正面に設けられた祭場

南宮大社のふいご祭　南宮大社提供

で、ふいごを動かし、炉の炭火をおこしたあと、炉の火に焼いた鍬先を禰宜《ねぎ》が金槌で鍛えるだけの素朴なものであった。祭りが終わったあと、社務所で宮司の宇都宮敢から話を聞いた。それによると、垂井町では伊吹おろしと呼ばれる冬の西北風がつよく、むかしは、たたらを風の方向にむけておくと、足でふまないでも、風が炉に入って炭をおこすことができたという。その時、私に閃めいたのは、「吹く」というのは銅や鉄を精錬することを意味することから、南宮大社の近くにある伊《い》富岐《ぶき》神社も、またそれを氏神とする古代の伊福部《いふくべ》氏も、金属精錬に関係があるのではないかということであった。

私の連想はとっさの間に花火に火がついたように燃えはじめた。早速家に帰って調べてみると、伊福部氏に関係あると思われる伊福郷が『和名抄《わみょうしょう》』に六ヵ所記されているが、そのうち四ヵ所が銅鐸などの出土地であることが分かった。そこから銅鐸の製作には伊福部氏が関与していたのではないかという仮説をたて、それを実地に検証する旅行を三年間、毎月のようにくりかえした。私が手がかりにしたのは地名と神社であった。

炉に風を送ることをその姓名に冠した伊福部氏を主役に七九年に『青銅の神の足跡』を著した。この書物は柳田国男批判も含み大きな反響を呼んだ。柳田によれば、「天目一箇神《あめのまひとつのかみ》」あるいは「目一つの神」というのは、大昔、祭りの日にいけにえとなる者があらかじめ一眼をつぶして置かれた習俗の名残りである、というものであるが、私説では銅や鉄を溶解する仕事にたずさわる労働者が、炉の火を長く見つめすぎて一眼を失したことが「目一つ神」の名の由来である、とするのである。私説は現在では大方の研究者や読者の承認を得ている。

『青銅の神の足跡』を書いたあと、銅鐸を製作した伊福部氏を支配した物部氏《もののべ》のあとを追う『白鳥伝説』（八六年刊）にとりかかった。物部氏は白鳥を始祖とする白鳥信仰をもっていたと考えられる。その一方、東北地方には、昭和の初め頃まで、熱烈な白鳥信仰が残っていた、それを遡ると蝦夷の活躍していた時代にたどりつく。こうして物部氏と蝦夷を主人公とした弥生時代と古代の物語を、『白鳥伝説』で、九州から津軽の果まで展開した。

物部氏は敗者として正史から抹殺されている。敗者は記録を残さない。陽の目を見ることのなかった敗者の歴史を、敗者になりかわり世に知らせたいという物書きとしての姿勢は、処女作の『最後の攘夷党』以来、一貫している。

敗者である物部氏のかくれた歴史は『四天王寺の鷹』（二〇〇六年刊）でも追求した。蘇我氏とたたかって滅亡した物部守屋《もののべのもりや》の配下の後裔が四天王寺の大祭「聖霊会《しょうりょうえ》」の長者役として今も欠かせない存在であることを知ったのは大きな驚きであった。四天王寺の境内の片隅には、物部守屋を祀る小祠もある。このような形で敗者の歴史が古代からとだえることなく伝わり、現代まで生きつづけていることに私は深く感動し、それが『四天王寺の鷹』の執筆動機になったのであった。》（「私の履歴書」『妣の国への旅』）

『青銅の神の足跡』では、ヤマトタケルの物語の背後に、水銀を中心とした金属精錬集団の悲劇があることを突きとめ、続編の『鍛冶屋の母』では、中世の物語や説話の中に見え隠れする鍛冶族の姿をとらえた。この場合、健一の方法論は四つあった。第一は地名、第二は式内社などの古い神社、第三に地名や神社にまつわる伝説、第四にその地方に盤踞する豪族である。この四つを組み合わせれば、文書史料がないところでも、不足や欠陥を補うことができ、ある程度古代の姿を復元できると考えたのであった。これが、柳田とも折口とも違う、健一が開発した学問の独創である。そのために、「『青銅の神の足跡』や『白鳥伝説』を書いているときは、カラスの鳴かない日はあっても、吉田東伍の『大日本地名辞書』（冨山房）を開かない日はなかった」。

次に引くのは、健一が編み出した手法による推論と考証の一例である。

《『古事記』によると、飯豊《いいとよ》の青皇女《あおのひめみこ》の兄にあたる市辺之忍歯王《いちのべのおしは》は雄略帝のために誘殺された。そのとき王には意祁《おけ》、袁祁《おけ》の二王子がいたが、父が殺されたと聞いて逃走した。山城の苅羽井《かりはい》、現在の京都府綴喜《つづき》郡井手町玉水のあたりまで来たとき、猪甘《いかい》の老人がやってきて食糧をうばった。二人はさらに逃げて播磨国に行き、志自牟《しじむ》という人の家に身をかくした。

私はこの話を調べるために現地をおとずれたことがある。玉水水主《みずし》の東隣に青谷《あおだに》という地名が見つかる。そこはかつては青谷村であって、市野辺という字名も現在のこっている。土地の老婆にたずねてみると、大柴という場所があって、昔そこに王子が住んでいたという伝承のあることを教えてくれた。「大柴《おおしば》」というのは、市辺之忍歯王の「忍歯《おしは》」に由来するものであり、王子という言葉から大柴の名が生まれたのではないであろうか。この大柴の地名にまつわる俗伝は、『青谷村史』にものっていない。したがってそれは、知識人が『古事記』の故事にのっとって、あとで土地にくっつけた伝承ではけっしてない。しかも市野辺とか大柴（忍歯）という地名が今日に伝えられのこっているということは、私にとっては大きな衝撃であった。おそらく市辺之忍歯王の名もこの地名からとったものであるとさえ推定されるのである。大柴のさきの青谷に粟《おう》神社が祀られていた。

青谷という言葉と照らし合わせて、私の考えでは、「粟」は「青」の訛りではないかと思う。なぜなら、市辺之忍歯王の妹は青皇女だったのである。》（『青銅の神の足跡』「序説　耳と目の結婚」）

推理小説顔負けのぞくぞくするような考察である。集英社版『青銅の神の足跡』のあとがきで、健一はこう述べている。

《この三年間、私は本書の主題と一緒に渦の中にまきこまれた状態にあった。つまり私はひとつの「事件」と遭遇し、そこから抜け出すことができなかった。あらゆるものが否応なしに金属との関連において眺められる時期であったから、手にふれるものがすべて金《きん》になってしまうミダス王の悲しみが、私にもおとずれなかったわけではない。

その一方、古代天皇制もまたミダス王のようにロバの耳をかくしもっているのではないかというのが、私の執拗な推測であった。私は古代天皇制が確立される以前と以後の変質を明らかにすることで、戦時中のみじめな青春に私たちを追いこんだものの「存在」を批判することに役立てたいと考えた。》

この文章に続けて、それは柳田國男が弥生時代以来の不可欠な主題である金属文化をその対象から欠落させたことについて容赦ない批判を加えることにもなったとも述べている。つまり、そのことも含めて、同書の執筆は健一を健一たらしめた「事件」だったのである。

事件といえば、晩年の著作『蘇える海上の道　日本と琉球』（二〇〇七）も、そうだ。長崎県彼杵《そのぎ》半島にしかない石を用いて石鍋がつくられたが、それが沖縄で発見されたことから、これが倭寇の商人によって沖縄にもたらされ、それまで土器も鉄器もなかった沖縄が一挙に文明化し、古琉球の建国に繋がったと閃く。たったひとつの石鍋との出会い、これを見逃さなかったのである。本書一〇頁の「平泉の石鍋」の原稿の写真をごらんいただきたい。十二世紀には、東北にも運ばれていた！

凡庸な人間は、「事件」を自覚することがないまま、日を送る。学者であろうが、文筆家であろうが、私はその人の仕事や思想を評価するとき、当人がどのような「事件」と出遭い、それをどのように掘り下げたかが鍵になると思っている。

埋もれた日本地図

沖縄は、谷川民俗学のアルファでありオメガだった。初期の『沖縄・辺境の時間と空間』（一九七〇）や『孤島文化論』（一九七二）のみならず、中期・後期にも、小説『海の群星』（一九八一）、『南島文学発生論』（一九九一）『神に追われて』（二〇〇〇）と、ピークをなす著作が聳《そび》えている。

健一の南島論の魅力は、他の多くの研究者が折口信夫に追随して図式的な解釈で満足しているのとは違って、膨大な資料の読み込みと、長年のフィールドワーク体験に基づく精確さで、その本質に激しく迫っていくところにある。代表作の『南島文学発生論』は、その一大達成で、奄美のクチ（呪言）や挽歌に込められた「コト」から「コトバ」への変遷に、深い畏敬の念が満ちている。たとえば、宮古島の住人が葬儀の折、万葉集に載る柿本人麻呂の挽歌と同じ「何しかも」「何すとか」という用法で、哀悼を表していると指摘されれば、誰しもうならざるを得まい。

また、年季奉公で八重山に「雇いん子」に出た少年が、南海の海でサバニ舟に乗って素潜り漁をする物語『海の群星』と、宮古島の女性が神の導きのままにカンカカリア（神がかった人＝ユタ）になるまでを描いて、宗教の淵源を示唆するノンフィクション・ノベル『神に追われて』には、文学者健一ならではの感性とスタイルが、見事に定着している。

ことに『神に追われて』は、著者が足かけ二十年の調査と、五年の執筆期間を経て書き上げた、宮古島の精神世界の集大成ともいうべき作品。主人公の根間カナ、弟の鷹彦、奄美大島のルチアという少女の三人が、それぞれに「神ダーリ」という幻視幻聴に襲われて、神の道へと入っていく、その想像を絶する試練の様子は、著者の取材に何度か同行して、そのモデルとも親しくなったので、私にはとりわけ思い出深い。

しかしながら、健一の民俗研究はこの沖縄にとどまらない。そこを基点に、日本列島の隅々にひろがり、時間的には遙かな過去へも遡行する。

初期の紀行文を集めた『埋もれた日本地図』（一九七二）は、私がはじめて健一の著書と出会ってその魅力の虜になった本だが、その「あとがき」は、こう書かれている。

《私はこの数年間、旅行と執筆とを交互にくりかえしてきた。旅行は取材のためのものが主である。私にとって旅行とは何か。それは取材するまえにあらかじめ描いていたイメージが現地でくつがえされるときの新鮮な衝撃を手がかりにして、思考をすすめること以外の何物でもない。（……）しかし、問いがなければ、現地は何も答えてくれないこともたしかである。それが私にたいする「現地」の不断の教訓である。

私が日本国に生を享けたことは、幸福とか不幸とかいう以前のことである。しかし、古いものが途絶えることなく、森かげや海のほとりに、いまもつつましく息づいていることをありがたくおもう。伝統とはことごとしいものを指すのでなく、注意ぶかく観察するならば、むしろそうしたひそやかな生のいとなみの中に、百年千年もくずすことのない生き方として、つづけられているものではないか。

　古いものを中途で断絶せずに今日まで守り抜いてきたということ、そのこと自体が人間のしるしである。中央の高級社会にだけあると信じられてきた優雅さや高貴さや幽玄も、すべて庶民の生き方の中にこそある、と今は言い切ることができる。中央はそれを洗練し、様式化したにすぎない。本書の「第一部」は以上のことを自分に確かめるためにおこなった旅行のささやかな報告である。》

ことごとしく伝統を言い立てるのは、つねに中央の、支配者の側だ。自分を正当化する論理として持ち出すのである。けれども、伝統とは、そういうものではない。百年、千年と、名もない庶民の生のいとなみの中に、ひっそりと守りぬかれてきた知恵であるからこそ尊いのだ。ここに、民俗学に開眼した健一の確信があった。

　第一部「埋もれた日本地図」に収録されているのは、「大王崎紀行」「八重山民謡誌「由布島由来記」「月夜の愛の歌」「関東地方に遺る古代朝鮮の文化」「追分宿の女たち」「庶民遺文抄」「下北半島紀行」「獅子島の若者たち」「白鳥伝説を訪ねて」「霧島山麓のカヤカベ信仰」の十一篇。第二部は「琉球の宇宙観と他界観」と題して、「太陽の洞窟」「あかるい冥府」「沖縄の日本兵」の重要な三編も収められている。

　紀行は空間を旅するものだが、時間を遡って旅する著作も、『古代史ノオト』（一九七五）をはじめとして、たくさんある。こちらも同著の「あとがき」の文章を引く。

《人はだれしも三十代の半ばをすぎると、個人の内面の心理や感情をもてあそぶ世界に倦きてくる。

私もまたその例に洩れなかった。これを現代文学の世界とすれば、人びとはそれから訣別してかならずしも古代の記紀とはかぎらないが、古典の世界に向かう。私のばあいは古典というよりは、民俗学に関心を抱くようになった。
しかし日本の戦後社会は民俗学の調査に適してはいない。とくに六〇年代以降は高度成長によって日本の風土も庶民の生活も一変した結果、民間伝承や残存文化は急速に姿を消していっている。
（中略）
ここにおいて民俗学は従来どおり民俗採集をつづけておれば、それで済むかという問題が起こってくるのは当然である。どんなに強く擦っても過去の常民の生活が鮮明な姿で浮かびあがらないとすれば他の方法を用いねばならぬと私は考えた。
そもそも大昔の素朴な生活民であっても、ある世界観をもっていたというのが私の考えである。このばあいの世界観は知識人のそれのように明確に意識的なものでなく、地域社会の中で慣習化された形をとる。（中略）
では常民の意識の自覚されない枠組みをどのようにして発見し設定するか。それは古代をさぐるよりほかない。このようにして、民俗学への関心は必然的に古代研究への道を私に歩ませることになった。それはすでに述べたように、個人の内面の世界よりも、それを背後から支える集合的無意識の世界への関心の傾斜とも一致するのである。》
文芸雑誌の編集者として、現代の文学と格闘する現場から、次第に民俗や古典の世界に惹かれるようになっていった私の場合、それはもう定年近くになってのことだったから、晩生《おくて》もいいところで、余りといえばあまりに遅きに失した。民俗の調査はいっそう困難になって、海外での事例に目を配ったり、文化人類学や宗教学の成果を参考にしたり、欧米のカルチュラル・スタディーズの手法に学んだりと、悪戦苦闘している。
ちなみに、本書の冒頭の「ひさごとたまご」は、なぜ神聖な神社に死穢そのものの墓地があるのか、もしくは以前は墓地だったものがなぜ神社になったのか、あるいは前方後円墳がなぜヒサゴ形をしているのかという、私の長年の疑問にはじめて真正面から答えてくれたものとして忘れがたい。

《韓国の学者でシャーマニズム研究家の徐廷範は卵が天から降りてきたという共通性をもっているのは、生命の母体が天（ハヌル）だという観念があるからだとする。ハヌルはハナルともいうが、ハナルはハン（大）とアル（卵）の複合語だと、徐廷範は言っている。徐はかつて私に、王陵や庶民の墓が円墳であるのは、卵の形を模したものであって、卵から再生するという意味がそこにこめられているにちがいない、と語ったことがある。（中略）
前方後円墳は横から見せるものだというのは、三品彰英説であり、松本清張説である。その説にしたがって横から見てみると、その姿はひょうたんをたてに割ったいわゆる「瓢塚」の形なのである。（……）ひさご（ひょうたん）が卵とおなじように再生の器であり、しかも天空はひさごの形をしていたと信じていたことが推測される。》

ほかに、「日本の脊梁文化」「常世の鳥」「シャコ貝幻想」「サルタヒコの誕生」「旅する女神」「産屋の砂」「魂と首飾り」など、収録作のいずれもが興味津々だった。日本人の宇宙観や古代人のカミ観念、国津神と天津神の問題、日本人の魂のゆくえを論じる『常世論』（一九八三）、『大嘗祭の成立』（一九九〇）等々も、この系列の著作である。

移動と漂泊

健一は自らの民俗学を定義して、「神と人間と動物の交渉の学」であると言う。

《民俗学は人間を自然界のメンバーの一員として見ていくという考え方が根底にあります。人間とほかの生物の間に優劣をつけません。

ただ一つ違うところは、すでに「常民とは何か」のところで申しましたが、人間は死後を考える動物である。死後の世界を夢見ることもできれば、恐れることも可能である。あるいは、死後の世界を観念することができる。その観念のうえに、壮麗な哲学や神学を打ち立ててきた、という点です。

人間はほかの生物とまったくおなじである。誕生から死まで他の動物と同じような過程を通っていく。しかしながら、我々はさまざまな想像を死後の世界に加える。とくに自分の最期が近づくにつれて、死後の世界をあれこれと思うことが多くなります。死後の世界を夢見る動物としての人間が自然的な人間であり、常民であるというのが私の考えです。(中略)

ヨーロッパのキリスト教神学では、神・人間・動物というはっきりした区分がありまして、そこには越えがたい一線があることは、すでにご存じだと思います。それに比べまして、日本の常民の世界では動物と人間との間に越えがたい一線はない。また、上下の関係もない。さらには、人間と神の間でも上下の関係、越えがたい一線がない。日本の神は、人間の生死を司る絶対的で普遍的な全能の神ではないということになるのです。

そうした神と人間と動物の三者の関係が一つの世界を構成するのですが、その三者の交渉の学が民俗学であるといえると思います。「民俗学とは何か」といいますと、神と自然的人間と動物のコミュニケーションの学問であるといえるだろうと思います。（中略）

　自然の生物の間には種の絶滅防止のためのさまざまな抑止力が働いています。それゆえに自然の生物は弱肉強食という右まわりの循環の回路を持っていると同時に、その底に共存共生という左まわりの回路を持っている。民俗学は、相手を侵しながらもどこかでまたほかのものから侵されて、バランスを保っていくという自然界の法則の中で、食物連鎖に見られる敵対関係ではなく、生物相互の共存共生の面、つまり自然界に働いている「親和力」を民俗現象に置き換えたものである、と考えることができます。》（「わたしの民俗学」）

　この「神と人間と動物の交渉の学」を、文字通り実践したのが『神・人間・動物　伝承を生きる世界』（一九七五）で、「霊界をはばたく使者――白鳥」「海を照らす神《あや》しき光――海蛇」「海神《わたつみ》の娘――鮫」「もの言う南海の人魚――儒艮《ジュゴン》」「狩りに騒ぐ太古の血――鹿」「黄泉《よみ》への誘い鳥――鵜」「不死と再生の象徴――蛇」「狩言葉に満ちた世界――猪」「葛葉《くずのは》の神秘と幻想――狐」「北の異族の匂い――鮭」「荒ぶる山の神――熊」となる。

　たとえば、白鳥については、次のように書かれている。

《わが古代人が白鳥を神の使いとも冥界の死者ともみなしたのは、どんな理由にもとづくものなのだろうか。他のどんな存在よりも白くはばたくそのすがたが、まわりをいつも幽暗で神秘的な雰囲気のもとにおくことになったのか。しかしそれ以上に、白い鹿、白い蛇、白い猪などの動物と同様、白い鳥は神の誕生するすがたとおもわれた。ヤマトタケルは白い鳥になってこの世に再生した。白鳥が「和子《わこ》さま」と親しみ呼ばれ、古代の皇子の愛玩物ともなったことは、白鳥の中に再生した魂のかたどりをみとめたためなのかもしれない。

ヤマトタケルは日高見国《ひだかみのくに》の蝦夷《えぞ》を征伐したが、その日高見国は、陸奥《むつ》の北上川の下流一帯を指すとされている。白鳥がたえずつきまとうヤマトタケル説話とか、『記紀』の白鳥捕獲の話をとおしてみることができるのは、山陰、北陸、東北といった地方では、北への意識がたえずあったということである。オオハクチョウに対する信仰は、北から渡来する神霊への信仰にほかならず、時をきめて海を渡り、空の彼方からおとずれる白鳥は、愛するものと自己との一体化の幻想をかき立ててきたにちがいない。白鳥がおとずれる季節は、東北では神の滞留する期間であり、白鳥が飛び去るのは神の不在の時期と同じことを意味していた。》

短い文章だが、ここには健一の言う神と人と動物の三者の交渉の学である谷川民俗学の真髄が、見事に表現されている。これにヒノモト（日高見）国、つまり物部族の東遷を重ねた古代史ロマン、それが『白鳥伝説』（一九八六）だ。

『白鳥伝説』の舞台は、九州西端から津軽半島の先端、さらには蝦夷松前にまで及んでいる。邪馬台国の東遷にともなって天皇族に先立って大和入りしていたニギハヤヒ（物部氏の祖）の一族が、天皇家との争いに敗れ、白鳥信仰と銅鐸文化を携えて、蝦夷（アイヌ族）と共に、東へ北へと敗走していく道筋を、神社、地名、伝承など、さまざまな事実の破片を手掛かりに浮かび上がらせる著者の手さばきは、鮮やかというほかない。時代も縄文・弥生・古墳時代から、鎌倉後期の十四世紀までおよんでいて、スケールが大きい。この場合、私たちが見逃してならないのは、著者が敗者の側、中央から排斥された側に立ってはいても、決して一方に偏していないことであろう。それでいて、正史が抹殺しようとして抹殺しきれなかった歴史の深層が鮮やかに浮かびあがるのである。

『青銅の神の足跡』『鍛冶屋の母』『白鳥伝説』に続く谷川金属民俗学の掉尾、大作『四天王寺の鷹』（二〇〇六）で、私は編集者時代、四天王寺、宇佐、香春、近江、甲賀と、著者の取材に同行している。取材というと、カメラ、レコーダー、ノートを手放さない研究者が多いなかで、健一は、一切そういうことをしない。感心して、私が昔からそうですかと聞くと、「だって、聞きたいことは忘れないでしょ」の一言。「あとがき」は以下のように書かれている。

《私はよくよく物部氏に縁があると思っている。本書を書き終えてその感は深い。

物部氏は氏族の存亡に関わる二度の大敗を喫した。最初は神武東征の軍にやぶれ、ヤマトの中央に占めていた主役の位置を空け渡した。次には蘇我馬子とのたたかいで、権力の座から転落した。そのゆえか、物部氏は「日本書紀」などの正史でも、あるいは近代の史家の間でも不当に遇せられているると私は思っている。勝者が敗者を抹殺するのは歴史の定石である。

このことは一企業の「社史」のごときにも貫かれている。かりに会社内に社長派と専務派に分かれて抗争が起こったとして、「社史」には、抗争などはまるで無かったかのように滑らかな筆致で、勝者が敗者の存在そのものをまるごと無視するのがふつうである。とすれば、物部氏は敗者として軽視されてきたのも、尤もであろう。

だがしかし、天皇氏よりも早くこの島国の中央部を支配していたと称する物部氏の末裔の誇りは長く続いた。その残党を名乗る一類は東北北端の辺陬《へんすう》の地に、かつての先祖の栄光を忘れずに生きていた。私はその途轍もなく長く続いてきた意識の連続を目のあたりに見て驚嘆し、『白鳥伝説』

を書いた。その後、永奴婢として四天王寺に隷属していた守屋の配下の末裔が、寺の一隅に祀られている守屋祠への参詣を欠かさず、物部氏の祖神のニギハヤヒを今も礼拝していると聞いて、二度驚くことになった。千年の歳月を越える深層の情念が敗者に流れていることを知って、それが本書の執筆動機になった。

私は別の側面からも物部氏に着目している。それは物部氏と金属精錬の関係である。私は『青銅の神の足跡』、『鍛冶屋の母』、『白鳥伝説』、そしてこの『四天王寺の鷹』の四つの本で、民俗学の立場から金属文化を追求している。そこには伊福部氏や物部氏が登場するが、今回は秦氏の役割を重視した。秦氏は鉱山開発や治水、木工などに貢献した帰化人の大族であるが、政治権力社会には縁のうすい集団であった。しかし芸能の面では当初から並々ならぬ手腕を発揮し、やがては「秦姓の舞」と称する四天王寺の楽人として活躍した。

その物部氏や秦氏が四天王寺にふかく繋がれているという事実は、四天王寺に対する私の愛着をいっそう断ちがたいものにした。

弱者に対する愛は聖徳太子にはじまるといえるが、おなじく太子に由縁の寺院であっても、法隆寺と四天王寺とでは、歴史的経緯も景観もまるでちがっている。

癩者の救済に挺身した僧忍性は、永仁二年（一二九四年）に四天王寺の別当となり、かたわら悲田、教田の二院を興したとされる。忍性にかぎらず、貧者や病者のいたわりは、他の寺に見られない四天王寺の特色であった。

広々と開放されている四天王寺で、私は人間の精神の解放感をつよく感じる。その一方私には四天王寺の境内を吹き抜ける空無の風のようなものが快い。慈悲と虚無は紙一重であるとさえ思う。『青銅の神の足跡』にはじまり、『鍛冶屋の母』『白鳥伝説』と書きついで、本書『四天王寺の鷹』

に終わる四部作で、私は金属民俗学の主題を追求した。それに携わる人々の生態はいうまでもなく、哀歓も見落とさないようにつとめたつもりである。その意味で本書をヒューマン・ドキュメントとしてよんでいただいてもかまわないと思っている。》

移動し、漂泊する民を扱った著書は、ほかにもある。『古代海人の世界』（一九九五）第二章「漂海と移住の海人」では、古代海人族の移動について、左のように書いている。

《『和名抄』に記載された海部郷《あまべ》、海間郷《あま》、海田郷《あまた》、海郷《あま》などは、信濃（長野県）の場合を例外として海岸部に展開している。とくに黒潮が太平洋岸と日本海岸の二手に分かれて東進し北上する海辺に沿っていることは、第一章に述べたとおりである。海部に属する古代の海人たちは、まず九州の地から黒潮を利用して東へ移動し、漂泊をつづけたことが推定されるのである。九州における海人の根拠地として、私はとくに隼人の蟠踞《ばんきょ》していた地域を重視したい。

北九州のアマベは最初、阿曇連《あずみのむらじ》の管理下に置かれたと推測される。五島列島の海人も阿曇連が支配していたが、『肥前国風土記』松浦《まつら》郡の条に「五島の福江島の白水郎《あま》は、容貌が隼人に似て、つねに騎射を好み、その土地の方言とはちがった言葉を話す」と記されているところから、五島の海人と、甑島《こしき》および薩摩半島の隼人との間に、ひんぱんに交流がおこなわれていたことが分かる。

漢の武帝が南越を征したあと、飽くなき漢人の誅求《ちゅうきゅう》をのがれた百越《ひゃくえつ》（中国南部に住んでいた民族の総称）の民は、黒潮に乗って九州西海岸の南と北へ渡ってきた。黒潮は屋久島の沖で二つに分かれ、その一つが北上して対馬海峡に向かっているので、南・北九州に着くのはほとんど同時である。その北九州に着いたものが阿曇《あずみ》族であり、南九州に着いたものが隼人族ではないか、と滝川政次郎は言う。納得できる推論である。
中国の江南地方は漁業の色彩の濃厚な海浜であるが、他方では、中国で金属文化がもっともはやく開けたところでもある。そこの海人が東シナ海を横断して九州の西海岸にたどりついた。そのとき彼らは金属技術と水稲耕作をもたらした。また犬祖《けんそ》伝説をもち、竜蛇をトーテムとする文身の習俗をはこんだ。さらに鵜飼いの技術ももちこんだ、と推測される。それらが日本古代の海人として定着したのが、古代のアマべの前身である隼人であった。（中略）
隼人系の海人集団が南下して、南島までもその文化圏に含めた時代を特定することはできないが、すでに天平時代、大宰府に貢納したときの「掩美《あまみ》」と記した木簡が発見され、徳之島からは須恵器の窯《かま》跡も発見されているので、このころまでには、奄美大島や徳之島が日本本土の政治圏に含まれていたことはたしかである。（中略）
一方、隼人の文化は東進して、伊勢の海人にも受けつがれた。》（「隼人海人の移動」『古代海人の世界』）

古代海人の足跡は、海辺のみならず、信州の安曇野をはじめとして、河川を船で遡行して到達した内陸の各地にも及んでいる。私は健一のこれら一連の著作に触発されて、古代から中世にかけての海人族の移動と、その興亡の跡を、『海人族の古代史』（河出書房新社）に著した。

永久歩行者

そして、健一のオリジナルな著作としては最後の大著が、『賤民の異神と芸能』（二〇〇九）であった。私は、同作が「民間信仰史研究序説」の題のもとに「季刊東北学」で連載が始まったとき、八十五歳を過ぎてなお「序説」と題する著者の若々しさに驚嘆したものだが（全集では、再びもとの「民間信仰史研究序説」に戻された）、「永久歩行者」と題された序章でその雄大な構想の一端をこう述べている（抜粋）。

《折口信夫の『日本芸能史ノート』は次の言葉からはじまっている。

「日本の国家組織に先立って、芸能者には団体があった。その歴史をしらべると日本の奴隷階級の起源、変化、固定のさまがよくわかる。日本には良民と浮浪民とがある。そのうかれ人が芸人なのである。」

　これは驚くべき発言である。日本の国家組織がまだ充分に整わない以前に、芸能者の団体がすでにあり、彼らは良民と異なる浮浪人《うかれびと》であった、と折口は言うのである。国家に先行する芸能者の集団があった。彼らを浮浪人というからには、各地をさまよい歩く漂泊の徒であったろう。良人と賤民とに腑分けされる以前の日本列島社会で、はやくも定住者と漂泊者の二つの異質の流れが存在したことを折口は認めているのである。

「先住民の落ちこぼれで、生活の基調を異神の信仰に置いた其団体が、週期を以て、各地を訪れ渡つて居る中に、駅・津の発達と共に、陸路・海路の喉頸《ノドクビ》の地に定住する事になつた。女性の為事なる芸能（歌舞と偶人劇）と売色を表商売とする様になつて、宿宿の長、又は長者と言ふ事になつたと言はれて居る。私は、此同化せなかつた民族の後なるうかれびとの外に、自ら跳ね出して、無籍者になつた亡命の民がまじつて居さうに考へる。つまり其がほかひゞとである事は、前に述べた積りである。」（『国文学の発生・第二稿』）

折口と同じく柳田もまた生涯歩きつづけた信仰者や芸能人に注目している。その間の消息を伝える柳田の一文がある。（以下「遊行女婦のこと」引用文省略）

長い引用になったが、柳田はここで神の命ずるままに家を出て巡歴する主婦の例を挙げ、そこには「何か拒むことの出来ない背後の暗示」が働いていることを認めている。

『梁塵秘抄』巻二には、「わが子は十余になりぬらん　巫《かうなぎ》してこそ歩くなれ　田子の浦に潮踏むといかに海人《あまびと》集ふらん　正《まさ》しとて　問ひみ問はずみなぶるらん　いとほしや（三六四））」という有名な歌がある。

「あるき巫女」は神と共にさすらい歩く「漂泊の巫女」である。

「大乗院寺社雑事記」に「七道者」として「猿楽、アルキ白拍子、アルキ御子、金タタキ、鉢タタキ、アルキ横行、猿飼」とある。金タタキ、鉢タタキは空也の徒である。アルキ横行は不明とされているが、ともかく、ここにアルキ白拍子、アルキ御子、アルキ横行など、アルキを付した職名が三つも挙げられているのは注目に値する。アルキ白拍子はまさに古代の「遊行女婦」の面影を伝えている漂泊の巫娼である。「アルキ白拍子」「アルキ御子」はどこかの目的地や終着点を目指すものではない。「歩く」こと自体が目的であった、といっても差し支えない。それは柳田が述べた尋常な家庭の主婦たちから、山林放浪の優婆塞やヒジリに至るまで含まれる。

終りなき旅の漂泊者たちは、人間を駆り立てるもっとも深い欲望に促され、旅に生き、旅に死んだのではなかったか。それをもっとも徹底して実行したのが宗教者の群れであった。

空也は山野荒原に捨てられた屍体の始末という、おどろくべき低い目線で賤民の役を買って出た。一遍上人は廻国の砌《みぎり》、丹波国に半月ばかり滞在したが、獣や魚の殺生を業とした異類異形の人びとが念仏札を受けにくることを少しも拒まなかったという。ここで、仏の道にそむく生活をいとなみながら、大悲大慈にすがるほか救いのない卑賤な境遇の人びとに心を寄せ、みずからを「屠沽《とこ》の類」と称した親鸞を思い出す。「屠」は屠者で猟師のこと、「沽」は商人を指す。親鸞は「某閉眼せば賀茂河に入れて魚にあたふべし」と言い、一遍は「葬礼の儀式をととのふべからず。野にすてて獣にほどこすべし」と遺言した。空也、一遍、親鸞に共通するのは、彼らがつねに下層の民衆の地平と共に、漂泊の生涯を送ったことである。

彼らは、土地や主従関係に縛りつけられた定住者の小さな安定よりも、襲いかかる寒さと飢え、盗賊と野獣の危険に満ちた旅の苦難のほうを選んだ。流動こそ生であり、停滞こそ死であるという確信を捨てず、昨日も今日も明日も歩きつづける一所不住の漂泊者を、私は畏敬を込めて永久歩行者と呼ぶ。ここに「歩く」ことのもっとも深遠な意味が鮮明になる。

これら異端の永久歩行者は、世の落伍者とさげすまれ、賤民とあざけられながら、自らの生涯を通して、庶民信仰や民間芸能を開花させ、保持し、後世に伝えた。その一端は本書においても感得できるものと信じる。》（「永久歩行者」）

『賤民の異神と芸能』は副題に「山人《やまびと》・浮浪人《うかれびと》・非人」とあり、第三章の「終りなき漂泊」中の「白の放浪者・白比丘尼・大白神・白大夫」は、拙著『白の民俗学へ』（河出書房新社）で書いたことをさらに補強するような内容だった。

健一が編集にかかわり、存命であれば全巻の解説を書く予定だった『民衆史の遺産』全十五巻（大和書房）は、「山の漂泊民」「鬼」「遊女」「芸能漂泊民」「賤民」「巫女」「妖怪」「海の民」「金属の民」「憑きもの」「民間信仰」「坑夫」「アイヌ」「沖縄」「旅の話」で、別巻は「独学のすすめ」となっている。刊行にあたって「図書新聞」（二〇一二年五月二十六日）のインタビューに答えて、健一はこう話している。

「いまマスコミは、孤独死を非常に悲惨なもののように書きたてますけれども、人間は一人で死ぬんですから、なぜ孤独死がおかしいのかと、私は思うんです。……止まる水は腐るというけれども、流れる水は澄んでいます。永久歩行者は、流動することによって生きるという人生を歩いたわけです。もちろん止まらず歩き続けることに伴う孤独や淋しさは付きまといます。また、迫害を受けたりするといった苦難もあるけれども、それと引き換えに、気持ちの自由さがある。「民衆史の遺産」のねらいは、この自由さにあるわけです。ここでは、永久歩行者の生涯を肯定的に見ていこうという気持が私にはあります」。(「永久歩行者、流動する自由」)

　別巻が「独学のすすめ」となっているのも、健一らしい。自身、同名の著書もあるが、健一こそ生涯、民俗学会その他、一切のアカデミズムとは無縁に、独立独歩で、自分の道を切り拓いてきた、永久歩行者であった。

12　稀代のオルガナイザー

「十代の会」と「ものがたり文化の会」

一九七八年夏、雁は黒姫山に移住した。翌年四月、理事を解任され、十二月、『国生み』刊行と続く。ラボを正式退社するのは、八〇年九月である。しかし、これで終わるような雁ではなかった。八一年一月、五十八歳の雁は、「十代の会」を設立した。発起人は、雁のほか、間宮芳生（作曲家）、高松次郎（画家）、C・Wニコル、根本順吉（気象研究家）、定村忠士（編集者・評論家）、西藤和、高野睦。雁を支持するテューターは賛同者、一般会員として関与した。

《十代の会は、ひとりの少年、ひとりの少女との対話を無限にくりかえす営みをとおして、具体的に十代の若い世代の成長に資するとともに、みずからもまた、そこに明日の人間社会への希望と活力を見出したいと願う有志の会です。

すでにこれまで、私たち十代の会発起人は、こどもたちとの活動――ラボ・テープの制作、テーマ活動、土曜講座、あるいは黒姫学堂などなどにそれぞれの立場から直接かかわり、そこに集うこどもたちの側に蓄えられた強烈な願望と欲求に、深く心を動かされた体験をもっています。こどもたちは、これらの活動を別個に切り離された学習や体験としてみるのではなく、すべてを自己を発見する契機として、ひたむきにとらえようとしています。

ひるがえって、さらに広く今日の十代をみるとき、社会全体が直面しているさまざまな問題があります。毎日のように新聞紙面に登場する中学生の暴力行為、家出などの背後には、まだ十分な形をとりえない十代の大きな欲求が横たわっていることを思わざるをえません。これらは、おとなの側がみずからの在り方を賭した何らかの実際の行動によって応えなければならないことを物語っています。同時に、ことを一挙に解決する道はどこにもなく、十代に対して一片の志をもつ者同士が具体的に語りあい力をよせあう小さな集まりから、一歩一歩、おとなとこどもの輪を広げていく以外にないことは明らかです。

私たちは以上のことを考え、十代の会を発足させることにしました。十代の会は、思いを同じくし志をともにする社会人と広く手をたずさえて以下のような活動を始めたいと考えます。》

右が設立趣意書で、〈十代の会の活動〉として、以下の目標を掲げた。

1、十代を対象とした、人文、芸術、自然科学の諸分野にわたる講座（黒姫学堂をふくむ）。
2、機関紙誌（月刊）の発行。
3、少年少女の研究グループの育成・指導。
4、父母、教師、地域団体との交流・討論。
5、十代の自主的・自発的な読書運動の推進。
6、この活動を進めるに有効と思われる出版。
7、同じ趣旨をもつ各種グループの委嘱に応える活動（出版物の編集・制作、調査研究など）。

雁がこの会を設立したのは、語学の実用教育より、言葉を通して魂の教育に重点を移した結果だろう。機関誌「十代」の「創刊のことば」は、次のように書かれている。

《これは、ちいさな雑誌です。という意味は、君がひとりでいるときのかたわらに、この雑誌が置かれてほしいと思っているからです。ページ数もすくないし、背のびをした議論もたまにしかないでしょう。しかし、この小雑誌が「この世にはじめてうまれた十代の機関誌」というふうに感じてもらえることを願っています。

十代と言っても、ずいぶん巾があります。そのうちに十代前半と後半の二部にわかれるかもしれません。成長のさまざまなかたちを想像するのはたのしいことです。君も読者というよりは、編集員または記者と考えて、さかんに提案し投稿してください。

機関紙「十代」

この雑誌の主題は「私はいったい何者だろう」です。電話帳の職業欄をめくって未来を探すようなやり方はやめて、深く息を吸いながら、すべての十代をとらえているこの疑問の周辺を散歩しませんか。つまり、自分が何であるか、わかってしまった人には用のない雑誌です。

こどもでもなければおとなでもない。変てこな季節――十代は、昔から始末におえない厄介者みたいに扱われてきた気がします。はやく通りすぎることをせかされている中間駅であるかのように。しかし、原子とか胚芽とか、自然のわざが想像をこえるたくみさで発揮されるときには、かならずそこに微小なもののはつらつとした動きがあります。それと同じように、自己の奥にかくれていた素因がおもいがけない活躍を開始する時期が十代なのであって、これは急ぐどころか、ゆっくり味わって眼と舌を肥やさねばならない時間ではないでしょうか。

だが、いつの時代にも、十代はそんなに明るくなかったように思います。それは社会条件がどう変っても、成長してゆく人間につきまとう必然的な暗さという一面を浮かびあがらせます。しかし、それこそ、生命活動のまんなかに座を占めている太陽黒点のようなエネルギーの渦のせいです。光があつまりすぎて、かえって暗く見えるのにひとしい。およそ何事か新しくかつ重大な状況がはじまろうとする人間は、例外なくそんな感じに襲われるものでしょう。とすれば、自分自身をこえようとしている精神は、いくつになっても、自分の十代と連れだっていることになります。

十代の課題は「まさに十代であること」です。そのためには、同時代との対話だけでは色彩がとぼしすぎると考えてほしいのです。さまざまな世代が経た千変万化の十代、古今東西のすぐれた十代と対話して、いつまでも消滅しない十代をみつけてほしい。この雑誌はそのような十代の生成を希求して創刊されます。》

この「十代の会」をもとに、翌八二年には、宮澤賢治没後五十年を機に、賢治作品を表現する媒体として「ものがたり文化の会」が発足した（九五年、二つの会は「ものがたり文化の会」に合体）。

《ものがたり文化の会趣意書

私たちは、現代日本を代表する芸術家たちの協同によって成る「宮澤賢治」を考えています。それはかならず内外のこどもたちに感受されると確信します。日本に生まれたふしあわせもすくなからぬこどもたちにとって、宮澤賢治の作品を母国語として味わえることを、そのしあわせの最たるものに数えてよいと思いますが、この幸福感を外国のこどもにも伝えられる環境ができたなら、そこには賢治その人の眼路の彼方に吹いていたイーハトブの風が匂ってくる気がします。

しかし万人が感じるようにこれは困難な仕事です。宮澤賢治を神格化することはあくまで避けねばなりませんが、その作品を音声と音楽と絵画で立体化しようとする試みは、近代日本のもっとも清らかな品性のひとつを彩色することですから、脚色や省略の許されないことはもちろん、ほしいままな解釈も抑制されねばなりません。方言の鮮度をどうすれば保てるか、翻訳の限界をどのように許容するか、決意に比例して苦悩も増幅します。しかも来年は賢治没後五十年に当っており、そのけじめにふさわしいものでありたいのです。

いずれにせよ、この仕事は私たちのグループの力量を超える重さを持っています。「物語テープ出版」と「十代の会」は従来通り協力して制作責任を担当しますが、この際宮澤賢治の世界に共感を抱かれる方々に一人でも多く、かつ深くご意見をうかがい、助言をいただきたいのです。また、作品をテープにし絵本にし、それを土台にしたこどもたちの活動を軸にしながら、全国各地で「賢治のもとに集まろう」とよびかけ、その作品に触れる語り、朗読、声楽、器楽、絵画、舞踏など多くの分野で「賢治への旅」ともいうべき活動がくりひろげられることを望みます。それは「誰人もみな芸術家たる感受をなせ　個性の優れる方面に於て各々止むなき表現をなせ　然もめいめいそのときどきの芸術家である」といい、「詞は詩であり　動作は舞踏　音は天楽　四方はかがやく風景画」といった人の心にかなうことではあるまいかと思われます。このような営みをたのしく進めるために、ゆるやかに結びつき、親しみを増し、助け合う会として、「ものがたり文化の会」という名前を考えました。賢治を出発点にして、古今東西の物語と少年少女の生育をつなぐ橋を一つふやしたいのです。

「ものがたり文化」ということばを用いたのは——人間文化の核はある規範でもなければ尖鋭な技術でもなく、巨大無名の生活に「ひとしずくの全体」としてしたたりおち、ひろがった物語であること、人生の意義はかろうじてその香気をかぎとり、共通の経験という新たな物語を編んでいくときに周りから与えられる一片の役割にあること、この目的を酸敗させない唯一の保証は、おとながまともにこどもとの共生をめざすよりほかないこと、といった私たちの熱い思いを下敷きにした結果です。》（抜粋）

神話ごっこ

雁が「十代の会」と「ものがたり文化の会」を設立した意図は右の文にあきらかで、筆者が補足することは何もない。関連して、彼は八一年九月、「毎日新聞」に次の文章を発表している。上京して以来、封印してきた一般メディアへの十六年ぶりの登場であった。引き続いての長文の引用を、お許し願う。

《「谷川雁は筆を折った」と何度か書かれて、そのままにしてきた。あらたまった決意をしたわけではないが、ほぼ事実に近い。厳密に訂正しようとすれば、それを書かねばならなくなる。おおげさに言わなくとも、書くよろこびがないから書かない。なぜ、ないのか。読んでほしいと思う顔が浮んでこないだけのことである。

書くという作業は自分自身のためにする行為だから、そのゆえに現実または架空の相手がいる。

現実の相手も、気体にまで昇華しておかねばならない。だが、いつのまにか受け手を活性化する気持ちを失った。それでもなお不特定の読者に書くとすれば、それは演説か、路傍の通行人へのささやきである。

長い間ものを書きつづける人間にはまた別の方法や態度があるのだろうが、専業文筆者を志したことのない人間にとって、自分にたいする自分の不快を表現すればじゅうぶんである。原稿依頼を一切ことわる。それだけで彼は沈黙した、とみなされた。これは重宝な成りゆきであった。

夏の黒姫学堂にて　子ども達に説明する雁（左端）

世の中が面白くないからだろうと言った人があった。自分の内側では、前にあげた理由とそれはほとんど同義である。だからといって、見えない他者との関係を衰弱させたことの弁護にはならない。そこを伏せたまま書きつづけている人たちもあるように思ったが、私は別の道を歩きたかった。

というわけで、書くことをすべて廃《や》めたのではなかった。知れた量ではあるが、この間に若干の童話や古典の再話、民話の翻訳とそれらに関する雑文を書いた。幼児をふくむ少年少女の集団から発生した「テーマ活動」とよばれる表現活動のために、そこへの参入を希望して書いたのである。関係の衰弱から遠い幼年たちと、いわば、「神話ごっこ」をしたいと考えて十五年過ぎた。その道程での二、三滴。ひとりの少年とひとりの少女をまぼろしのなかに持ちつづけるのは、なかなか迫力にみちた冒険であると知った。

さて、「筆を折った」はずの人間がなぜこのように自分を注釈するかということだが、内外の物語を共同の食卓にならべるこの「神話ごっこ」に、多少の発見があったような気がしており、それを表現運動の幻視領域として追求してみようとする人がありはしまいかと考えるからである。

こどもの真剣な遊びを解説するのはむずかしい。ここでは、物語を集団で表現するこどもたちの活動とだけ言っておこう。それじゃ劇だろうということになるが、どうしたらこどもが外国語を摂取できるかという即物的な地点から出発したものが、特定の発明者なしに、演劇の常套的手法を無視して、独自の原理にもとづいた異端の美しさをうみだしたことは、劇というジャンルを越えて、ある表現形式の可能性を暗示していると感じる。

そもそも近代演劇というものは、事件の神話性を目の敵にすることから始まったのだろう。人間だけの世界を前提にするから、ことの首尾をあらかじめ知っているという意味で「神」のごときナレーターを否定する。動植物や無生物が発言したり行動したりすることを否定する。日常の時空感覚を保とうとして、音楽の加担を否定する。これらの禁忌は現代性および超現代性の名においてゆるめられることになるが、それでもなお人間中心の呪縛を残しているように思われる。

これに反して、集団となったこどもたちがまっさきに棄てるのは、人間を人間として限定する思想である。それはまず大道具、小道具といった窮屈なものを棄てるのと平行してあらわれる。人間以外のものを必要なら、それも人間がやればいい。木や花になる。だが感情のない木や花はだめだ。それは物語の生きた単位だから。物語の進行にしたがって、それらは変化し、また別のものに移行する。階段もバルコニィも、天空のオーロラも複数の人体を合成してつくりだす。するとそこには、情念をたたえた抽象空間が出現する。

これは日常活動の場所が民家の一室であるという条件から強いられた結果でもあるのだが、「人体表現」と名づけられるこの領域は、幼児も進んで参加する親愛感にみちたパートになった。むろん幕もないし、物語の理解が目的だから、せりふだけの劇に脚色することはせず、ナレーターを設ける。そこでダイアローグ、ナレーション、人体表現の三者がからみあって、空間を充実する。あえて言えば、空気すらも表現することができるのである。これは劇でない劇ではなかろうか。

近代演劇がナレーションを避けた理由は、ナレーターの「神性」だけではなかったろう。ナレーターの神のごとき孤立でもあったろう。しかし「雨がふっている」というナレーションの前に、すでに人体表現による雨がふっているならば、彼の孤立は救われる。また彼はいつのまにか人体表現の群れにとけこみ、そこから再登場することもできる。それはナレーターに関係性を与える。ラジオ、テレビではとっくに登場しているというかもしれないが、それには顔がない。顔を持つナレーターの出現は、演劇の性格を変えるほどの意味があろう。（中略）

こういう活動が長期にわたって生きのびた場合、どんな社会現象になりうるか。その答はまだ空白のままにしておくのがよかろう。ただ、現代とはつねに神話の擬態としてあらわれるものであり、神話とは有縁および無縁のもろもろの劇を統合する力の一形式にほかならず、劇とは幼児の行動を起点にしないかぎり解きようのない逆説のことではないかと言ってみたい。》（「『神話ごっこ』の十五年」）

一般のメディアで雁がこれほど素直に自分の心のうちを語ったのは、おそらくこれが最初で最後ではなかったか。

地名変更に反対する

挫折やトラブルがあったにしても、工作者雁が実際にも卓越したオルガナイザー（組織者）として、類まれな手腕を発揮してきたことは、これまでに見てきたとおりである。他方、兄の健一も一民俗学者に自足してはいなかった。健一にとって地名は、文献も実証資料も伝承も残されていない民俗の研究をするのに、その手掛かりを提供してくれる学問上の命綱ともいうべきものであった。が、それ以上に、地名は人間の生活を場所や土地と媒介する普遍的な価値を持つとの深い認識があったことを忘れるべきではない。

『日本地名研究所の歩み』という小冊子の冒頭に掲げられた「地名は大地に刻まれた歴史の索引」という短い文章に、健一の考え方が端的に述べられている。

《地名は大地に刻まれた人間の過去の索引です。その索引をひくことによって私たちは、はるかな祖先の営為の跡を知ることができます。地名に接するとき、私たちは自己の中の伝統的な感情を喚びさまし、過去とのつながりをあらためて確認するのです。それは指輪をこすることで亡霊を呼び出す外国の民話とよく似ています。地名に触れた途端、地霊が現われて、立ちふさがります。それは国に国魂《くにたま》があり、土地に精霊のあることを信じた昔の人たちの心根を、現代人の私たちもまた追体験することにほかなりません。日本人は長い間、枕詞や歌枕を愛用してきましたが、それらは古人の心を自分の心とし、居ながらにして旅情をあじわうのに、きわめて有効な方法でした。地名のこうした歴史的役割を考えるならば、それを記号として取扱うことがいかに軽率で愚かな行為であるかよく分かります。

人間の共同生活のあるところには場所の指標が必要であり、したがって地名があります。日本列島においてもすでに石器時代に地名があり、それは大地の母斑のように消え残っています。まして歴史時代に入れば、私たちが日常に使用しているのとおなじ地名を使っていたのです。地名はもっとも古く、もっとも新しい日本人の遺産です。文化財と呼ぶにはもっと身近かなものであり、その意味では日本人の伝統の中核に位置するものです。しかもそれがもっともながく持続しながら今も生きているとなれば、それをおろそかにあつかういかなる理由も見付かりません。地名は持続する歴史の伝導体です。この伝導体は日本人の過去と未来とをつなぐ役割を果します。こうした地名の重要さを今日力説しすぎることはありません。何故ならば、すべてが画一化された現代の生活風景の中で、刻々と変貌する風俗に耐え得るものは、もはや地名しか残されていないからです。どの都市にいっても似たような景観があります。この紛らわしい都市の貌を辨別する方法は、一つしかない。それは地名なのです。地名の役割は時代が進み、生活が文明化するほど、大きなものとなっています。それぞれの地方、それぞれの都市、それぞれの人びとが民族的な伝統との同一化をはかろうとするならば、すなわち当世風の言葉でアイデンティティを求めようとするならば、地名を抜きにすることはできません。

地名は固有の土地とむすびついています。しかし全国各地に分布している同一地名を分析することによって、その土地の共通な性格を発見することができます。つまり地名は固有名詞でありながら、また普通名詞としての性格をもつという二重性をそなえています。地名は土地という対象物の性質を表現すると同時に、その土地に関わりをもつ人たちの、固有の感情や考えをも表現していま す。つまり、土地に付せられた名前でありながら、土地との関わりをもつ人間の意識でもあるという性質をもっています。地名は物に付属するたんなる名辞ではなく、人間と土地との関係を物語る媒介物であります。地名には物と名、土地と人間、具象と抽象、個と普遍という相反する対立物が微妙に共存しています。これこそは他にみることのできない地名の特色であり、地名の魅力でもあります。

このような地名の性質は歴史学、地理学、民俗学、国語学など、さまざまな学問分野の研究に役立てることができます。まさに地名は学際的な学問の広場を提供するものです。それは風土を対象とし、風土を媒介とする諸学問の協力と綜合、仮りに「風土学」と呼ぶところの新しい学問の誕生を予測させます。この地名が現在消滅の危機に瀕しています。全国の大字およそ十三万、小字をかぞえれば百万を越える地名が、嬰児よりも無力に抹殺されていっています。明治維新のときの廃仏毀釈にも匹敵すべき暴挙が平然とおこなわれています。これに対して心ある人びとの中から痛切な叫び声があがっています。地名消滅の危機は、地名へのつよい関心を喚び起しました。こうした世論を背景にして、最近、地名変更の動きはいちじるしく緩慢かつ慎重になっています。これは時代の潮の流れが変りつつあることを告げるものです。国民の希求するところを察知し、時代の動向を予見する洞察力こそは、一般市民にも、ジャーナリストにも、知識人学者にも、行政当局にも課せられた任務だと思います。》

この大切な地名が、明治以来、たびたび変更され、ことに六二年（昭和三十七）五月に施行された「住居表示に関する法律」は、合理的な表示に名を借りた空前の悪法で、行政の無知はここに極まった。貴重な歴史地名を消去したのも許せないが、この法律が道路で囲まれた街区を一つのまとまりとしたことで、道を挟んで子どもたちが遊び、お年寄りが夕涼みする広場の機能まで遮断してしまったことにまで思い及んだ者は少なかったろう。健一はすぐに「地名を守る会」を組織して反対運動に立ち上がり、それは「日本地名研究所」の設立へと繋がる。設立までの経緯は、こう書かれている。

《悪名高い住居表示法による地名破壊を防ぐために私が「地名を守る会」という全国組織を結成したのは、昭和五十三年三月のことである。私はその運動を通じて、地名破壊の背後には、地名に対する無智がひそんでいることを知り、地名研究の必要性を痛感した。このことは、昭和五十四年二月に日本放送出版協会から刊行された『現代「地名」考』（谷川健一編著）の結末にも記されている。すなわち同書のしめくくりの言葉は「数限りない地名が、今や風前の灯の運命にあります。今、総合的な視野のもとで地名資料の収集につとめなければ、やがて遠からず、やろうにもできない事態になるかと思われます。国立および各自治体立の地名研究機関の設立を、私たちは今こそ声を大にして叫ばなければなりません」と書かれてある。

「地名を通して『地方の時代』を考えるシンポジウム」で演壇に立つ健一（1981年 4 月）

　昭和五十五年七月「地名を守る会」は横浜市で開かれた第一回日本文化デザイン会議で「地域文化賞」を受賞した。同年十一月、川崎市で開催された映像祭の席上、私は長洲神奈川県知事と伊藤川崎市長に地名研究所設立の構想を訴え、協力を要請し、両氏の快諾を得て、その構想は具体化の一歩を踏み出すことになった。

　研究所設立の地ならしとして、「地名を通して『地方の時代』を考える全国シンポジウム」が昭和五十六年四月十七、十八日の両日、川崎市の市民プラザで開かれた。主催は川崎市と実行委員会である。この時の参加者数は五百名以上、そのうち二百名が地方公務員であった。シンポジウムの開会の冒頭、長洲知事と伊藤市長はこもごも地名破壊に行政が手を貸したことを反省するという内容の挨拶をおこなった。それは行政側の地名に対する姿勢としては画期的なことであった。

シンポジウムの成功は地名研究の風潮を大きく前進させた。昭和五十六年十月二十日「日本地名研究所」が川崎市の一隅に設立された。昭和三十七年に「住居表示に関する法律」が施行されてから、じつに二十年目のことである。》（「日本地名研究所の設立まで」）

「地名研究所」設立の地ならしとして、一九八一年（昭和五六）四月十七、十八の両日、川崎市で開かれた全国シンポジウムは、以下の著名人が集結した。

四月十七日（金）

10時30分　○開会

○基調報告　谷川健一

○挨拶　坂本太郎・山本健吉・児玉幸多・岡本太郎

H・ドライ（国際地名・人名研究委員会幹事長）

長洲一二（神奈川県知事）伊藤三郎（川崎市長）

12時30分　○昼食

13時30分　○記念講演　永井路子

14時20分　○地名研究者からの報告

池田末則　大和の古代地名

小寺　篤　横浜円海山周辺の製鉄遺跡の地名
鏡味明克　外国の地名研究の現状
W・A・グロータス　わたしの体験した地名の変化
仲松弥秀　「おもろそうし」の中の地名
古江亮仁　歴史解明の資料としての地名
山田秀三　アイヌの地名
議長　馬場あき子
17時30分　○レセプション（懇親会）
四月十八日（土）
10時　○記念講演　梅原　猛
井上ひさし
11時30分　○パネル討論（風土と地名）内村剛介・川添登・柴田武　司会＝後藤和彦
13時30分　○分科会
○第1分科会（文学と地名）
井上ひさし・川村二郎・馬場あき子・松田修
○第2分科会（歴史と地名）
色川大吉・梅原猛・大林太良・林英夫・森浩一
○第3分科会（地域文化と地名）
内村剛介・玉城哲・玉野井芳郎・鶴見和子・中村雄二郎・宮田登
○第4分科会（都市問題と地名）

栗津潔・伊藤ていじ・川添登・山田宗睦・神島二郎
15時45分　○全体会議　議長＝鶴見和子　司会＝後藤和彦
17時　○レセプション（懇親会）　出演　八重山音楽・赤嶺武ほか

顔ぶれを見れば分かるように、いずれも各界の第一人者。テーマも行き届いていて、さすが編集の大ベテランならではの陣容である。健一がひと声かけるだけでこれだけのメンバーがそろうのだから、その実力はただならない。

「日本地名研究所」の活動

地名研（日本地名研究所の略）の活動は翌年五月、第一回の大会を柳田國男没後二十周年記念シンポジウムと銘打って参加者七五〇名を集めて開かれた。テーマは「柳田学の継承と展開」。以後この大会は毎年一回五月、会場を全国各地に移して開かれた。参会者は谷川の依頼に応じた著名人のほかに、北は釧路から南は石垣島まで、各地の熱心な地名研究者が毎回四百名近く集まった。「環シナ海文化と九州」をテーマにした熊本大会以後、研究者大会とは別に、毎年「地名シンポジウム」も開かれた。

川崎、藤沢、神奈川県下、静岡県と各自治体、文化団体の委託を受けて、健一の指揮のもと各地の地名研のメンバーが地名調査を行った地域もあって、それらはそれぞれ『川崎の地名』『藤沢の地名』にまとめられた。

一九八四年、研究交流誌「地名と風土」が創刊され、その後、研究所の活動状況と全国の地名研究組織の活動を知らせる「日本地名研究所通信」、会員相互の交流誌「地名談話室」も、続々刊行された。すべて健一が先頭に立って牽引したのである。

九四年（平成六）には、後述する「宮古島の神と森を考える会」も発足する。

私が地名研の大会に参加したのは、九〇年の第九回大会から。以後、神奈川県川崎、滋賀県大垣、長野県阿智村、滋賀県大津市、宮城県松島町、福井県小浜市の大会に出席して、各地の会員たちと交流を深めた。

健一の要望で地名研のメンバーを中心に「青の会」を立ち上げる手伝いもした。「根釧原野から八重山の礁湖にいたる日本列島を縦断する文化交流誌」と銘打たれた「青」の創刊（九九年）に寄せて、健一は次のように書いた。

《芭蕉にとって旅は何らかの目的を達成するためにあるのではなく、旅そのものが目的であったように、「青の会」も、何らかのために交流するというのではなく、交流すること自体が目的の会である。あえて言えば「あそび」を目指していることになるのであろうか。こうした会の形成を考えたのは、流氷の押し寄せる北辺から雪を知らぬ南島まで、大地に生きる人びとが、その火照る生の営みを、あそびの形で、交歓し合ったら、楽しかろうという一念からであった。さいわいに私には長年付き合いをたやさない人々が大勢いた。新しい友人もふえていく。

勤勉な日本人にはややもすれば誤解されやすいが「あそび」はもともと、神々のおごそかな祝宴につらなる至高の行為であった。

白川静は言う。「遊ぶものは神である。神のみが、遊ぶことができた。遊は絶対の自由と、ゆたかな創造の世界である。それは神の世界に外ならない。この神の世界にかかわるとき、人もともに遊ぶことができた。」

　この神を自然の外の超越神に求めるのではなく、自然に内在する神と考えるとき、それは私共にとってすこぶる身近な存在である。

　二十世紀の黄昏時に発足するこの会の「青」は、やがて新世紀に迎える暁光との間のつなぎの色と考えてよい。それはまた、生死をへだてる海のあわいの色でもある。

　日本中世の絵巻物では、時間や空間の距離感を霞《かすみ》で表現するのが常套であるが、それと同じように、奄美大島の老人たちは、昔は、時間的もしくは空間的な間隔、つまり「間《ま》」の意味にアヲという言葉を使った。

「距離が遠い」は「アヲヌ　トゥーサン」であり、「まだ時間があるではないか」は「マダ　アヲヌ　アツカナ」と言った。

　こうしたアヲという語の使い方には、きわめて古い語感がこめられているように思われる。青という言葉は、「赤」「白」「黒」とちがって漠然とした境界の色全体をさすが、それだけでないことがこれで分かる。青は時空の「間《ま》」をあらわす。この「間」を大切にしなければ、心のゆとりも、あそびも生まれないはずである。

　この会には、北海道から沖縄までじつにさまざまな職業の人たちが、階層や年齢を問わず参加している。「青」の末尾に付した同人名簿の多彩な顔ぶれを見て、私は「青の会」の創立を思い立った一端は、すでに報われたような気がしている。同人として名を連ねていただいた方々に、心から感謝すると共に、手をたずさえてさらに進むことを願っている。》

　私はこの「青」には、「神を追って」「円空・鏡花・真澄の白い謎」「遊部郷訾見」「青ヶ島の祟り神」「吉弥侯部姓追跡」「出羽三山練成修行の記」と、短いエッセイを毎号寄稿した。

創刊の年に開かれた釧路（九九年七月）、石垣島（同年十一月）での懇親会と、長野県新野（二〇〇〇年八月）、熊本県人吉（〇四年十一月）で開かれた懇親会のことは、忘れがたい思い出になっている。釧路では、長老の前登志夫、岡野弘彦の両歌人、俳人の黒田杏子が参加、深夜までお酒を飲みながら歓談したし、沖縄、宮古島、石垣島では『神に追われて』の出版記念会を兼ねた。新野では明け方まで健一らと共に盆踊りの輪に加わり、人吉ではエミシの俘囚が造ったと思われる蕨手刀《わらびてとう》の実物を手にした。

二〇二一年（令和三）五月二十二、二十三日、コロナ禍のなかで開催された第四十回全国地名研究者大会のテーマは、健一の生誕百年を記念して、「谷川民俗学の可能性　小さきものの声をきく」だったことも付記しておこう。健一も、雁に劣らず卓越したオルガナイザーだったのである。

もっとも、いいことばかりではない。地名研の活動にもかかわらず、日本列島を吹き荒れた平成の大合併の結果、七年間で自治体の数は四割強減り、江戸時代には二十万ぐらいあった地名がじつに三千にまで減ってしまった。小さな地名が大切にされず、そこに住む人間が切り捨てられる。それは人が生きることを否定されているのも同然である。健一の夢であった日本地名博物館の構想も、川崎市の予算の都合で、いつのまにか立ち消えになってしまった。会員の多数が高齢者で、若い人の入会が少ないこの組織が、健一亡きあと、活動をどう盛り上げていくか、課題は大きい。

負の前衛

関連して、これまで触れる機会がなかった谷川四兄弟のあとの二人、二弟道雄と末弟吉田公彦の仕

谷川道雄

事についても、ここで一言触れておきたい。

谷川道雄は、一九二五年十二月生まれ。健一の四つ下、雁の二つ下である。健一と同じ大阪の旧制浪速高校に進学し、京都帝大の史学科で内藤湖南、宮崎市定に学んだ。ばりばりの京都学派で、専門は中国史。大学院卒業後は亀岡高校、洛北高校教諭を経て、名古屋大学、京都大学で教授を務めた。名大時代の同僚に網野善彦がいる。

戦前の中国停滞論の反省から、戦後、階級闘争を軸にした唯物史観が流行、道雄もそれに影響されたが、やがてそのことに対する反省から、論文を書かない苦渋の日々が続く。唐の時代からその前の魏晋南北朝の時代に研究領域を転換する中で、北朝の史書を丹念に読み込み、被支配者である民衆の人間的自由に着目、支配者と民衆の対立による機械的な階級闘争史観ではなく、両者の自律的共存関係に注目した独自の「豪族共同体論」を立ち上げた（以上、「谷川道雄先生をしのぶ会」事務局作成の資料より）。

著書は、『隋唐帝国形成史論』『中国中世社会と共同体』『中国中世の探求』『中国史とは私たちにとって何か』『交感する中世　日本と中国』（網野善彦との共著）ほか。一九九四年からは、河合文化教育研究所の主任研究員として、同研究所内に「内藤湖南研究会」を創設、若い研究者の養成にあたった。健一が最晩年、日宋貿易に関心を持ち、それを一本にまとめようとしたについては、道雄からのなんらかの助言があったかもしれない。それにしても、道雄の代表的論文が「豪族共同体論」とは、中国でのこととはいえ、「共同体」がテーマであるのは意味深い。二〇一三年六月、急逝。健一の死の二か月前であった。

一方、吉田公彦は一九三〇年の生まれだから、健一、雁とは、だいぶ齢が離れている。五高ではトップの成績で、東京大学経済学部を卒業後、中教出版、日本読書新聞の各編集部を経て、一九六三年、現代ジャーナリズム研究所の設立に参画、事務局長。六四年、日本エディタースクール開校。代表幹事・社長に就任。健一の『父南方熊楠を語る』、道雄の『中国中世の探求』は、日本エディタースクール出版部からの刊行である。六九年には発起人の一人として、日本出版学会設立に尽力。九四―九八年、同会会長。二〇一五年五月、死去。

日本読書新聞時代に、健一や雁にも寄稿を依頼していたことは前に述べたが、左に掲げるのはその読書新聞時代の同僚、稲垣喜代志（風媒社会長）がささげた弔辞の一部である。

吉田公彦

《弔辞　貴兄はおおらかな人でした。

吉田公彦さん、日本読書新聞で貴兄《あなた》とともに過ごした、六〇年安保闘争の時期を中心とした数年間はじつに充実した日々でした。

国会議事堂の周辺を埋めつくした、おびただしい人々の数に私たちは圧倒されました。谷川雁「乗り越えられた前衛」、日高六郎「われらの内なる敵を撃て」……など、その頃の日本読書新聞の第一面の特集は、それこそその状況にぴったりのテーマで、前衛内部のスターリン主義と真っ向から対決するという姿勢が貫かれ、多くの人々の心をうちました。

その頃が私の青春時代の原点であったといっても過言ではありません。貴兄は温かく、多くのことを学ばせていただきました。一緒によく飲みました。そして、いい仲間に恵まれましたね。何事が起きても動ずることなく、悠然としていた貴兄の姿が目に浮かびます。

貴兄は私が〝読書〟を辞めたあと、じきに日本エディタースクールを始められましたが、私も役員の末席をけがし、応援しつづけてきました。貴兄はつねに高邁な理想をもち、「講座」の他に中国の人々との交流など、さまざまな企画を実行したり、出版部も良質な書籍を出しつづけました。

他の誰もが成し得なかった貴兄の残した仕事は燦然と輝いています。どうぞ安らかに。》

中国の人々との交流とあるのは、上海の出版印刷学校との交流、提携を指し、育英基金まで作っている。秀才四兄弟、そろって頭脳だけの人ではなく、たえず他者に働きかけ、他者との共生を目指した、実行の人だったのである。

そして、私は健一・雁はもとより、道雄、公彦を含め、この四兄弟の仕事を「負の前衛」のそれとして、捉え返してみたいのである。健一、道雄、公彦はともかく、戦後有数の左翼知識人として、あるいは労働運動の指導者として、その最前線にあった雁を、正の前衛ではなくてあえて負の前衛とするのは、たとえば雁自身に次のような文章があるからだ。


《前衛と大衆はいまや問題把握の深さにおいて競争関係に立っている。

それはアキレスと亀の競争に似ていないこともない。むろんアキレスは前衛であり、大衆は亀である。何万分の一ミリメートルか知らないが、亀が前衛の前方を走りつづけていることは疑えない気がする。なぜなら大衆の方が前衛よりも自分のなかの分裂した諸契機を統一しようとする全体的欲求をあらわにしているからである。》（「政治的前衛とサークル」）

私がここで「負の前衛」という言葉を用いるのは、健一が早く『日本庶民生活史料集成』の刊行に寄せて、『南島探検』の笹森儀助、『近世蝦夷人物志』の松浦武四郎、『八丈実記』の近藤富蔵らを指して、そう呼んだからで、これはそのまま四兄弟に当てはまる。

《民衆の先頭に立って、権力とたたかうのが前衛であるならば、意識的に民衆の生活にわけ入った彼らは何であったか。民衆の最前線に立つ者をかりに正の前衛と呼ぶとすれば、民衆の最後方をまもる彼らは、負の前衛と呼べるのではないか。》（「負の前衛」）

すなわち、健一も雁も、道雄も公彦も、戦後の知識人のおおかたが、安保闘争や公害問題、原発反対や基地反対など、その時々で反権力的な時事的発言をすることはあっても、必ずしも民衆と同じ目線で共闘していたとは言えなかったのに反して、四人はめいめい常に「小さき者」に寄り添い、「小さき者」の側に立って、互いの共同性を目指し、共生を目指していたと言えるのである。

13　宮澤賢治vs.夢野久作

魂の水飲み場

健一が地名研を組織して活発な活動を行っていた時期、上京してからの雁がラボ・パーティを組織し、「十代の会」や「ものがたり文化の会」を組織して、筑豊時代と同じく、いやそれ以上に、オルガナイザーとしてたぐいまれな能力を発揮してきたことは、見てきたとおりだ。けれども、それがほかならぬ宮澤賢治へと収斂していったのは、なぜだったろう。
一九八二年十一月、「文藝」発表の「虚空に季節あり」と、同月「アサヒグラフ」に発表した「魂の水飲み場を索めて」からは、前に引いた設立趣意書や「神話ごっこの十五年」からはうかがえなかった、もう一段深い雁の思いが語られているように感じとれる。

《梅雨雲や信濃へ移る湯の道具。どうも俳句はうまくならないよ。杉並の寓居を引きはらったのは四年前のこと、どこと言って冴えたところのない大女のような死火山のふもとで木の名、草の名をおぼえようという寸法だ。なんと東京に十三年いたことになる。「東京へいくな」はどうした、とはやしたてられたがね。かつてきみが言った「直接話法の報い」というやつさ。こちらはふざけ返すどころじゃない。じぶんの言葉が骨髄のところで病み、対象を失っているという知覚が日に日に強まっていたから、難破船の大手術をするつもりだったのだ。

「原因は大正行動隊の敗北でしょう」と人が言う。へたな歴史家のまねをしてくれるな。勝利などという観念からどれだけ離脱できるかを賭けた行動に、どのような質の敗北がありうるかをまず想像してみるがいい。事実は、筑豊百年の坑夫気質をはるかな彼方まで転調しつづけるという闘いの風合いが、ある地点で停止しただけである。しかし、それは生活者集団のプログラムにもともと印刷されることのない課題だ。その場合、敗北に冠せられる固有名詞は個々の人名でしかないはずだ。ぼくの敗北は、ぼくの精神の転調の持続に関わる。だが、それを直ちに表現の放棄に結びつけるのは早とちりと言うほかない。ぼくはたっぷりご馳走になったのだ。坑夫の陰影はまぎれもなくぼくの脊椎に刻印された。

筑豊に足かけ八年いた。あの風景から言葉が浮かないように暮すのはなまやさしくないよ。三日気をゆるめたら、言葉が硬山《ぼたやま》のてっぺんから陥落池《かんらくいけ》にずり落ちる。そんな風に生きねばならぬ。新米の移住者には、この斜度が干潟のハゼみたいに苦しい。しかしこの世界は没落とともにあっけらかんと風俗の表層を変えていった。こんちきしょう野郎が昨日まで乗っていたさっそうたるスクーターは、今日は甲虫という名の軽四輪、明日はなにやら臭い家畜に似た四輪車という風に。気質と風俗のせめぎあいが、うれしげに暴力をふるう体操教師のように声をうばっていく。そして無色の銭もうけ。目がまわるなと思ったとたんに、言葉は風景を追いかけようとしなくなった。

風景と肉体をつなぐものはやはり言葉であって、それ以外にはありえないと言えば、なにがしかの反論をこうむることになろう。だが風景と肉体の結びつきにまやかしがあるのが現代だという言い方が成り立つならば、そのとき言葉は風景からも肉体からも乖離していると言える。同時にじぶんという肉は浮腫としか感じられなくなる。古典的近代の鮮やかな疎外態であった筑豊が解体する。

宮沢賢治

もうすこしそのまま「解体後」にいすわっていてくれれば、新しい文体が……と思うまもなく、高速乖離現象のコンベアにのっかって、すべては沖へ運ばれてしまった。それもまた、ひとつの普遍性が病んでいる証左であったろうが。

　だが病理を外界になすりつけても苦痛は消えない。告白や分析も同断だ。ぼくは試験管でじぶんの尿を透かしみるように考えこんでいた。えい、だれも気づいていない「構成」がどこかにあるはずだ。それは感官をゆるやかなスウィングにまかせ、なによりも香気の新奇さによってみちびかれねばならない。そこで少年少女と外国語。その熔接を野原でおこなえば、ぼくの言葉にも山羊の脚が生えるかもしれぬ。――このあたりはいつもたたかれる。論理の紋様が正統でないのだな。強いて言えばジプシィ風か。》（「虚空に季節あり」）

つまり、雁が新たに熔接をおこなうための野原、それが賢治だった。賢治の地を巡礼した『宮沢賢治巡礼紀行』の冒頭の章である「魂の水飲み場をもとめて」には、こう書かれている。

《花巻が修羅のゆりかごであるならば、賢治の須弥山――岩手山の裾野は、イーハトーヴの都心である。彼が微妙な緊張を感じていた小岩井農場の領土のつきるあたりから、寡黙な開拓地のいくつかを経て、あれが〈ほのかなのぞみを送るのは　くらかけ山の雪ばかり〉か。その鞍部に腰をおろしている山男、稜線をしずかにあゆむ雪童子《わらす》、そのあとにしたがう雪狼《おいの》。見たまえ、あそこに落葉をふんで前十七等官キューストがいく。その林の奥にRESTAURANT WILDCAT HOUSEの看

「賢治への旅11年目のつどい」小さな出演者にインタビューをする雁（1992年７月）

板。まぼろしの大群落。ただひとりの解放区。

道を変えて狼森《オイノもり》、笊森《ざるもり》、盗森《ぬすともり》をすかして見る。〈火はどろ〳〵ぱち〳〵〉とたき火のまわりを走る狼たち、木の枝を編んだ巨大な笊、まっくろな手の長い男。これらのイメェジがかぎりなくそれぞれの林相に接近していることに脱帽しよう。地名から触発される筋書きにあわせて、風景をねじふせる必要などまるで感じていない。寝ころび、空をあおいで口笛を吹き、イメェジが降ってくるのを待っていたのさと言わんばかりだ。

もしここに住むことができたなら、彼は言葉もなくしあわせであったろう。心しずかに長寿をまっとうするグスコーブドリにもなれたであろう。何がそれをはばんだのか。時代ではない。家庭ではない。はるかな時を超えて暗黒の魂たちが彼を呼んだのだ。かなたにかすむ北上山地、エゾ最後のとりで。あそこが彼を眠らせなかったのだ。ああ、達谷《たった》の悪路王、あなたは最愛の末裔のいとすぐれたるものの血を惜しげもなくふりまいてしまった。

奥羽山脈の東面を明度高い物語の倉庫とすれば、海へのあこがれをさえぎりながら朝の太陽を吐きだすあの高地は、蛇紋岩の肌を持つ彩度高い詞章のねぐらだ。きょうはあそこも日光を吸い、おそいウメバチソウを咲かせているにちがいない。その明暗の両域を割いて、さながら銀河鉄道のように生と死の同義を讃える北上川が流れる。

旅は終ろうとしている。帰らねばならぬ。どこへ。位階と差別が伏羲《ふくぎ》と女媧《じょか》のようにからみあうあそこへか。ヘッドライトは反エゾ・関東開拓軍の駐屯地をめざす。刃を帯びた文明の風にむかってただひとり立ち、百千の結晶をもって作られる透明な未来の模型図は、少年少女のための物語の形をとるよりほかはないことを示した人。その人の肺は、若さが兵士となるべく娼婦となるべく運命づけられたとき、いまは後方へ消え去った岩手山の、太古の相となって噴火しつづけた。》

兄《いろせ》の声

賢治に寄せる雁の思いは、さらにつのる。


《自然光線が観念のかけらをここまでつらぬくならば、形而上学はすでに一にして百、百にして一の物語となるよりほかはないことを賢治は証明した。仏教ははじめて、等身大の人間界を超えた領域を、もっとも美しい日本語の自然態で描きだすことに成功した。

窮迫した寒冷地の農民と法華経という二枚のレンズを自然科学の筒にはめこみ、やんちゃな少年にのぞかせてみた程度の単純な装置を用いて、半世紀以上前に「ほら」と彼がとりだしたプレパラートには、資源、食糧、公害、異常気象、差別、抑圧など現代の難関のほとんどが新奇な鉱石の結晶群のように肩をよせあっていた。だが、そこに解答が埋められていると見る必要はあるまい。暗号めいたものがあるとすれば、それはただ……これらの物語を表現=再表現の回路の上に置いて遊んでみないかと誘っている〈山猫のにやあとした顔〉である。

私たちは、賢治が波紋のようにやさしい作品にたいする活性化された反応の一片すら見ないままに、まばゆいほどの統合感覚を大地に返さなければならなかったことを知っている。そして五十年たとうとしている今も、語り手を復唱しようとする声はあっても、賢治に応答する遊びの群はまだできていない。

昭和八年八月三十日、死の一月足らず前、賢治は知人の出征兵士にあてて書いた。〈実に病弱私のごときただ身顫ひ声を呑んで出征の各位に済まないと思ふばかりです。然しながら亦万里長城に日章旗が翻へるとか、北京（昔の）を南方指呼の間に望んで全軍傲らず水のやうに静まり返つてゐるといふやうなことは、私共が全く子供のときから、何べんもどこかで見た絵であるやうにも思ひ、あらゆる辛酸に尚よく耐へてその中に参加してゐられる方々が何とも羨しく（と申しては僭越ですがまあそんなやうに）感ずることもあるのです。（略）既に熱河錦州の民が皇化を讃へて生活の堵に安じてゐるといふやうなこと、いろいろこの三年の間の世界の転変を不思議なやうにさへ思ひます〉。

体制をじかに讃美した唯一の文章とも言うべきこの手紙については、見のがすことのできない課題がある。私がもっとも痛切に受けとるのは、ここにはげしくにじんでいる陰影である。このことばのたましいにはあてどがない。仮想された野原までも消えかかっている。群としての弟が見えない、群としての妹が見えないという事実が、どれくらい賢治のような人格を傷めるか。その深さを測ろうとせずに彼を撃つことは不正である。

賢治は、兄の声という姿をした縄文いらいの父性のなぐさめであり、私たちがもしかすればとりえたかもしれない幕末いらいの流路の最良の可能態である。その道は昭和八年夏につきた。空白の五十年。私たちはそこに立ちどまったままであることをくりかえし確認しなければならない。「もう二度と賢治にあんなさびしい顔をさせたくない」と思うのは私だけであろうか。

　幸いにしてのこされた兄の声がある。それはあきらかに声であって、活字ではない。だが、なんとかすかな磁気を帯びて覚めた声だろう。その声のみなもとへたどりつくには、長い時間がかかる。それを「賢治への旅」と呼びたいと考えた。》（「〝兄の声〟に応えて遊べ」）

人体交響劇　上：「やまなし」，中：「楢ノ木大学士の野宿」，下：「狼森と笊森，盗森」ものがたり文化の会提供

　この「賢治への旅」を子供たちと共に実現しようと考えて始めたのが、雁の言う「人体交響劇」であった。実際にこの「人体交響劇」を見ていない私は、演じられているところを想像してみるほかないが、意図していることは理解できる。賢治童話を演じる少年少女たちと賢治の魂を交流させるなか

で、雁は筑豊においても、ラボ・パーティにおいても未完のままで終わった、彼の理想とする究極のユートピアを実現させようと思ったのであろう。それは、賢治が「農民藝術概論綱要」で述べていたことに通じる。（抜萃）

《世界がぜんたい幸福にならないうちは個人の幸福はあり得ない
正しく強く生きるとは銀河系を自らの中に意識してこれに応じて行くことである

いまわれらにはただ労働が　生存があるばかりである
宗教は疲れて近代科学に置換され然も科学は冷く暗い
藝術はいまわれらを離れ然もわびしく堕落した
いまやわれらは新たに正しき道を行き　われらの美をば創らねばならぬ
藝術をもてあの灰色の労働を燃せ
ここにはわれら不断の潔く楽しい創造がある
都人よ　来つてわれらに交れ　世界よ　他意なきわれを容れよ
おお朋だちよ　いつしよに正しい力を併せ　われらのすべての田園とわれらのすべての生活を一つの巨きな第四次元の藝術に創りあげようではないか……》

土着のエネルギー

ところで、雁が晩年、賢治に急傾斜していったのとは対照的に、健一は早くから夢野久作を高く評価し、全集の企画編集までしていた。私が思うに、宮澤賢治と夢野久作、谷川雁と谷川健一、これはまことに興味深い対照である。

一九六九年（昭和四四）六月から刊行が開始された三一書房版『夢野久作全集』全七巻は、中島河太郎との共同編集だが、各巻の解説対談は健一が相手をつとめている。尾崎秀樹、渡辺啓助、鶴見俊輔、なだ いなだ、森秀人、埴谷雄高、杉山クラ・龍丸。最終巻の月報に、編集委員の言葉として、健一の「原罪と楽園追放」という文章が載っている。絶海の孤島に漂着した兄妹の近親相姦を扱った短編小説『瓶詰の地獄』に触れて書いたものだ。

《私はいま日本の最南端、沖縄の八重山でこれを書いている。ここは、夢野久作の『瓶詰の地獄』を考えるのに、もっともふさわしい場所だ。マングローブの群生する人気ない干潟をあるきながら、私は自分が自然の一片でしかないことを確認する。眼を放てば、珊瑚礁にいろどられた海のとびきりの青さは、それが「生」そのものであるかのように私を酩酊させる。この「青」は絶対だ。この明るく透明な「青」に匹敵する文学も思想もまだ日本には生まれていないのではないか、と私は足もとのシオマネキ蟹のようにぶつくさつぶやくのだ。（中略）

原罪思想をカトリシズムのせまい枠に限定する必要はない。どだい、旧約聖書の創世記そのものがユダヤ民族の独創ではないのだから。創世記は世界中のあらゆる民族にある。民族によっては幾十もの創世記をもっている。おそらくフロイトもそうであったと私は想像するのだが、私がこれらの創世記の中で注目するのは、そこに原罪観念の破片や原型が、共通してみられるという事実である。

そもそも人類は、あるいは民族または部族は、自分の先祖の物語をなぜ「恥と非道にみちた」（ユンク）ところからはじめねばならなかったのか。いいいいそれがなければ、人間の置かれている真の状態の説明がつかない、ということの真偽はともかくとして、なぜそのように考えたのか？（中略）兄妹相姦という人間自然のタブーを破った不倫のものが、聖化されて神とあがめられるのはなぜかという疑問は、沖縄に特有の姉妹神（おなり神）の考えだけで片付く問題ではない。

人間の自然がどのように自然らしくみえようとも、それがタブーにそって作りあげられた擬制的自然であるかぎり、それは文明の別名にほかならぬ。したがってそれを破壊しようとする本能が強烈に潜在することはうたがい得ない。それは現前する解決不能な不条理の容認、すなわち人間の不条理な状態の原因をその始原にもとめる本能のはたらきでもある。この本能の昇華が兄妹相姦の聖化という形をとってあらわれたのではないか。原罪と楽園追放は、たとい地獄をひきずることになろうとも、恐怖と甘美さにみちた人間の本能の凱歌ではないか。それを想像力の世界でみごとに結晶した夢野久作の『瓶詰の地獄』が沖縄の果ての島々の御嶽聖地に埋もれていることを、私はあらためて確認するのである。》

『夢野久作全集』第 **1** 巻

少年時代に雑誌「新青年」で愛読したという健一は、尾崎秀樹との「解説対談」で、夢野久作を日本人の伝統的無意識を扱った上田秋成、泉鏡花、ラフカディオ・ハーンの系譜に位置づけ、そのロマンチシズムの極点が「氷の涯」、ドロドロのほうは「犬神博士」、両者を止揚したのが「ドグラ・マグラ」であろうと述べている。また、鶴見俊輔との対談では、宮沢賢治とも比較して、以下のように語る。

《谷川　このまえ「思想の科学」をひっくり返してみたら、鶴見さんが宮澤賢治と夢野久作とを並べて書いておられたんで、私の考えと触れ合うような気がしたんですけれどもね。

鶴見　尾崎秀樹とあなたとの対談の中で、あなたが宮澤賢治、深沢七郎、夢野久作と三人あげていますね。あれはおもしろいね。確かに私もその三人というのはものすごく重大だと思うし、それがやっぱり日本の民衆の象徴を、西欧的な目で傍観者としてとらえて分析するというんじゃなくて、それが自分にのりついちゃって、一種の気違いになって演じてみせるという、そういう自在観をもった作家だと思いますね。中里介山も、そこに加えるべきかもしれない。

谷川　まったくの土着の中から生み出された文学が、近代文学の中で西欧教養派をしのぐほどの作品になり得たのは、どれだけ評価しても評価しすぎることはないと思いますね。

鶴見　なるほど確かに夏目漱石は偉大ですよ。偉い作家だと思うんです。鷗外も偉いですよ。しかしその鷗外とか漱石では尽くせないものが、いまの宮澤賢治、夢野久作、深沢七郎にあるんだなあ。日本の民衆の土着的な象徴というのを自由自在に演じている作家って、名人の能役者みたいなものですね。

谷川　それに、宮澤も夢野も土着からいきなりインターナショナルのほうに――いわゆる国家主義的な意味でのナショナリズムを飛ばしちゃった。土着に執着したから逆にインターナショナリズムというのが獲得できたことを鶴見さんは書いておられたんじゃないかと思うんだけど、それはぼくもほんとうにそのとおりだという気がしますね。国家という中間項みたいなものが抜けちゃって、微視的であるものが普遍的で巨視的なものの中にすすんでいったということですね。》

夢野の土着的なるものの代表に「いなか、の、じけん」と「犬神博士」がある。前者は、作者が住まう福岡県香椎村の近隣で起った実際の事件や村人から聞いた話をヒントにしているという。留守になった家の土間でアヤツリ人形を踊らせる眼のわるい乞食爺「空き家の傀儡踊」、もらいもののご馳走を腹いっぱい食べ、口から出そうになるのが勿体なくて喉頸をひもで縛って窒息死したケチな婆さん「一ぷく三杯」、わずかばかりの借金を取り返そうと、風邪薬に毒を盛ったと思い、相棒を鶴嘴で殺害した男が、調べにあたった巡査から、その薬で風邪が治っていることを指摘されて、相棒に済まなく思い、自分から死刑を申し出る「赤玉」など、前近代の共同体に生きる民衆の滑稽なすがたが描かれる。

後者は、キチガイ博士、犬神博士と綽名される男の前半生。捨て子だったのを拾われて、両親と大道芸をして渡り歩く美少年チイ。その周辺には、いかさま賭博師やら被差別民、玄洋社の壮士、炭鉱労働者など、さまざまな下層民が出没する。

一方、インターナショナルなものとしては、「氷の涯」にとどめを刺すだろう。大正九年、シベリア出兵時のハルビンが舞台だ。日本軍将校、日本料理店の女将、白系ロシア人の政治家、赤軍兵士などが複雑に出入りするなかで、日本軍の公金十五万円が紛失する。この事件の謎を追うのが一等兵上村作次郎と白系ロシア人の少女ニーナ。二人は謎に深入りしたために逆に犯人に仕立てられ、逃亡を余儀なくされる。ウラジオストックまで逃げたあと、二人は馬に引かせたトロイカに乗って氷の海にすべり出す。すでに二人は死を覚悟しているものの、まことに平然としている。編み物をしているニーナに上村が語りかける最後は、こう結ばれている。

《「もし氷が日本まで続いていたらドウスル……」

と云ったら彼女は編棒をゴジャゴジャにして笑いこけた。》

さりげないけれど、夢野はここで真の愛国は、国を捨てることによってしか貫徹できないことを示したのである。ちなみに、久作の父杉山茂丸は、右翼の結社である玄洋社の中心人物、頭山満と親しく、政界の黒幕として暗躍したことはよく知られていよう。

狂笑の論理

夢野の代表作『ドグラ・マグラ』については、「人間の個性とか、特徴とかいうものは、吾輩の実験によると一つ残らず、その人間が先祖代々から遺伝してきた、心理作用の集積にほかならないのだ」と断言する精神科医の正木敬之の「胎児の夢」という論文をめぐって、健一は『魔の系譜』のなかで、次のように述べている。

《柳田國男は民俗学を規定して「文字には録されず、ただ多数人の気持や挙動の中に、しかもほとんど無意識に含まれているもの」の研究と呼んでいるが、彼は無意識の伝承をさかのぼって、祖霊という無意識の集合体につきあたった。この無意識の集合体は、稲作の渡来とともに、この島国に集積された体験の総和で、くりかえし私たちの心意のなかに再現されてくるものである。柳田は、稲魂の死と復活が日本人に再生の観念を与えたのだと考えている。しかし、死者の再生を恐れる感情は、石器時代にすでにあったのであり、この原始的な恐怖が、再生の観念の誕生をうながしたと、私は考える。ただ、稲づくりとともに固定した自然暦が、この島国に再生の観念を確立するのに役立ったのである。

再生の観念の裏がわには、他者の再生への恐怖が寄生している。それが原始時代から今日まで無意識の領域に潜在している。（中略）

これと酷似する思想を『ドグラ・マグラ』の正木博士は、「胎児の夢」と題する論文の中で、次のように述べる。

「胎児の先祖代々にあたる人間たちは、お互い同志の生存競争や、原人以来遺伝してきた残忍卑怯な獣畜心理、そのほかいろいろ勝手な私利私欲をとげたいために、直接、間接に他人を苦しめる大小様々の罪業を無量無辺に重ねてきている。そんな血みどろの息苦しい記憶が一つ一つ胎児の現在の主観となって眼の前に再現されてくるのである。」

こうして私たちは、人類の記憶の彼方から現在にいたるまで、他者の再生への恐怖が自己の再生への欲望とワンセットになって共存していることをみとめざるを得ない。他者の再生の恐怖という情念は意識の下でふかく眠っているが、この否定的な魔は予告もなく出現し、日常的時間の因果律を一挙に破壊して、始原の生へとつれもどすと同時に、過去の心像を一人の人間のなかに再現させて、彼を狂気にかりたてるのである。》（「再生と転生」）

このことだけではない。谷川健一が夢野久作を評価するのは、民俗学的な興味もあったろう。現に犬神博士の犬神は、憑き物の一種で、犬神筋とは婚姻を忌まれるなど、差別の対象になっていた。それを、夢野はここでも痛快なほど見事にひっくりかえしてみせたのであった。そして、夢野作品の笑いの質について、健一は次のような指摘をする。

《現代人はアウシュヴィッツ体験や原爆体験によって涙とは訣別したが、笑いを生むにいたってはいない。ブルジョワも独占資本も、かつてのように、その素朴で凶悪な実体をもって私たちの視野に立ちはだかることはない。戯画化する相手の像を見失い、嘲笑をあびせかける敵の実体がつかめぬ無気味さが霧のように現代の社会を蔽っている。そこで人々は当然無気味さの表現をあれこれと考える。怪奇なるもの、無気味なるものが、笑いの代用品として現代人の心情をひきつける。人々は擬似的な笑いを無気味なもののなかに発見してそれに満足するが、それはラブレーやセルヴァンテスの哄笑とはほどとおいものである。

ここで私は夢野久作をその例外としてとりあげねばならないだろう。夢野の作品の中には、どれをとっても痛烈な笑いがあり、その笑いは無気味なもののなかにある病的な部分をぬぐいとる浄化作用のはたらきをもっている。たとえば、『いなか、の、じけん』に出てくるさまざまなエピソードは病的雰囲気からほどとおい凄絶な笑いにみちている。『ココナットの実』では、窓の下に爆弾を投げた美少女が「恋というものの詰まらなさ……アホラシサをゾクゾクするほど感じさせられながら、シンミリした火薬の煙と腥《なまぐさ》い血の匂の中に立ちすくんでいる」シーンが最後となっている。

ここからは少女の笑い声が読者の耳にはっきり聞こえてくる。

夢野ほど、作品の中に笑い声を入れた作家はないと断言してよい。それは笑い声であると同時に笑いの精神であり、その笑いは、恐怖をともなわずにはすまない笑いであって、お茶の間の笑いとはほどとおい。なかには『狂人は笑う』とはっきり題名にうたっているものもあるが、恐怖と笑い、狂気と笑いとが作品の中ではなれがたくむすびついているという点で、夢野は、狂笑の論理とは何かという冒頭の主題を私たちに投げかけずにはおかない。》（「狂笑の論理」）

民俗学者の健一は、雁と違い、現代の時事的な問題、政治的社会的な問題に直接発言することは、そう多くない。しかし、彼がこういう論理をもって戦後社会を眺めていたことは注意していい。このことは、たとえば次のような発言にも現れている。

《ありとあらゆる階層が、大衆として参加した国会デモが最後の止めを刺し得なかったのは、前衛の大衆恐怖と大衆蔑視にあった。すなわち、安保は祝祭であり、樺美智子はその祭りの主役をおわされる意味をもっていたこと、樺の死によって大衆運動を呪詛をともなった高みに一挙にもっていくということができたにもかかわらず、それを見のがしたために、祭りの狂気と錯乱とはついに訪れなかったこと――が理解されなかったのだ。安保が祝祭であるという表現に抵抗をおぼえる向きは、一揆がハレの日であることを思い出してもらいたい。一揆の百姓たちが鎮守の森を集合場所としたというのは、人目を忍ぶのにつごうがよいというだけではなかろう。神前に誓うというそこには、やはりハレの日の意識がはたらいていたはずだ。ハレの日はふだんの日とちがって、際限のない破壊に身をまかせることを神にゆるされる日だ。そういう意識が一揆のエネルギイを惜しみなく発揮させたのだ。

しかし、わたしが一つ言いたいのは、ハレの日の狂気には笑いがともなわねばならぬことだ。その笑いは諷刺の笑い、罵倒の笑い、嘲笑など敵に浴びせかけるものだ。柳田國男はもともと笑いが敵をたおすことをめざしたと言っている。暗い情念にさいなまれて笑いを保有することのできない者は、狂気をもつことはできても、敵にたいする力を失うことになることがあきらかであることを指摘しておきたい。ゲバ棒だけではたたかいの活力を持続させることはできない。それと同時に、そのプラカードも、日本人が古来使用したありとあらゆるものがあっていいのではないか。

先日テレビで「世なおし」というプラカードを掲げているのを見たが、そのほかにも、「非理法権天」や「動くこと火のごとし」があってよく、また島原の乱で使用した旗じるしをもつキリスト者があっていい。明治十年のいくさのときのように、「天下太平」を逆しまに書いて「兵隊勝てん」とよませるのもいい。「アンポハンタイ」「オキナワカエセ」というおなじ慶弔電文のようなものばかりでは意識も行動も画一化する。そうした多彩多用なスローガンがあって、七〇年安保は真に祝祭の名にふさわしいものになるのだ。》（「祭りとしての〈安保〉」）

これは七〇年安保の前年に、雑誌「現代の眼」に寄稿した文章だが、健一が危惧していたとおり、結局は、ゲバ棒を振り回し、「アンポハンタイ」を叫ぶだけに終わってしまった。

14　青の思想家

青の伝承

「青は青銅の色の青であり、沖縄の海の青であり、他界の色の青である」（『「青」の民俗学　谷川健一の世界』題扉裏）。健一は青という色に関連して、さまざまな箇所でさまざまに述べている。もっともまとまっているのは、次に引く「青の伝承」だ。

《青といえば未熟さの形容詞と思われるが、それればかりではない。ノバーリスの『青い花』、ロープシンの『蒼ざめた馬』、上田秋成の『雨月物語』の中の「青頭巾」とならべると、この「青」の形容詞が憂鬱《ゆううつ》でロマンチックなものの象徴であることに気がつく。すなわち、それは終局として、青年期にあり勝ちな死への憧憬《どうけい》とつながっている。

青は青年の色であるばかりでなく、死の色でもある。蒼ざめた馬に乗るものは死であると「黙示録」にあるように、生者が死者に投影した色である。死者の国の青衣の美女に会う話が、中国の志怪小説集である『続捜神記』には載っている。「二月堂縁起」に出てくる有名な青衣の女人は、自分の名前が過去帳によみあげられないのを怨《えん》じて、すがたをあらわす。小栗判官と照手姫の物語では、藤沢の上人の夢に、冥府《めいふ》の使者と称する青衣の官人がやってきて書状をわたす。

死者の衣を青色で表現するのは中国渡来の考えの模倣かというと、かならずしもそうとはいえないふしがある。

沖縄では奥武《おー》と呼ばれる地先の島が七つある。これは、もと古い葬所となっていたと推定される島だ、と沖縄の地理学者、仲松弥秀氏はいう。仲松氏によると、この「おー」は青から由来するものである。古代の沖縄では、赤、白、青、黒の四色のことばで表現するほかなかった。この中で青ということばの領域に黄色もふくまれる。冥府の色は、うすぼんやりした明るさを示す黄色であり、黄色を青ということばで呼んだのだ、と仲松氏は指摘する。この説の当否はともかくとして、青の島が死者の島を意味するものならば、それは本土でも適用されはしないものか。

もし、本土の海岸や河川の流域に「青」を冠した地名があって、一つには埋葬地と関係があり、二つには海人族とつながりがあるならば、それはなにがしか民族移動の痕跡をたしかめる手がかりともなろう。

若狭には青という地名が残っている。ここは、もと青の郷と呼ばれた地域の一部である。(……)贄《にえ》ものをささげた「青」の地域は他所とはちがった生活習俗をもつところであったはずである。

小浜市の青井は八百比丘尼の神像をまつった神明神社のあるところだが、その近くにもとは火葬場があった。(中略)

鳥取市の西方に湖山池《こやま》という小さな湖があって、その南方に青島という小島がある。ここからは縄文、弥生、古墳期の遺物が出土している。この湖山池のさらに西の東郷池の近くではもと水葬であった。(……)出雲美保神社の青柴垣《あおふしがき》の神事はコトシロヌシの水葬儀礼だといわれているが、山陰地方に水葬の痕跡があることは注目してよいだろう。

さらに西にいくと、対馬に青海《あおめ》と呼ぶ部落がある。この海岸は両墓制のステバカに相当するもので、だれ彼なしの死体を埋めた場所であり、荒涼とした風景を呈していると伝えられる。はじめにのべた小栗判官と照手姫の物語の中で、照手姫は美濃の青墓《おーはか》の長者の家で酷使されるというくだりがある。この青墓は美濃の中でも古墳の集中する地域であり、『古事記』にいう美濃の喪《も》山の候補地の一つに比定されている。（中略）

大波加島という小島が隠岐にある。この大は青であろう。壱岐には渡良村の鹿の辻に青波加《あおはか》明神がまつってある。漁民の尊崇のあつい神で、鹿の辻は数十の古墳が存在するところである。私は最近、沖縄本島の東海岸にある阿部《あぶ》オール島という地元の小島があることに気がついて、現地に問合せをしてみた。すると、オールははたして沖縄の方言で青を意味し、このオール島は洞窟に人骨が葬られている神聖な島だという返事が返ってきた。しかも阿部は海人の活躍する村である。本土でも阿部は海部と関係のある言葉とされて、徳島県の阿部《あぶ》には今も、もぐりの海女が働いている。これを考えると阿部の地先の青島《オール》は日本の各地の地名とつながっているかも知れない。》

他界の青

青銅の色の青、沖縄の色の青については、すでに述べたので、ここでは他界の色の青を取り上げる。一九八三年五月刊行の『常世論　日本人の魂のゆくえ』は、健一が敦賀湾に面した常宮という海村で、子供三人を集落の産小屋で産ませた経験のある老人から、敷藁の下に敷く海のきれいな砂をウブスナと呼ぶと聞いて「ウブスナとは産屋《うぶや》の砂」であることを発見した記念碑的論文「若狭の産屋」が収められているが、他界の色の青に関しても、重要な指摘がいくつもある。

《琉球列島はもちろん、日本本土でも古くは、人が死ぬと、その死体は海上の他界である常世にもっとも近く、波打際や岬や地先の小島に葬るのがつねであった。沖縄本島とその属島には「青《おう》の島」と呼ばれる地先の小島があった。青の島と呼ばれる所以は、そこに死体を風葬するからであった。青は死者の色である。》（「常世──日本人の認識の祖型」）

《南方から渡来した海人は、海岸の地先の島に死人を埋葬する習俗を保ちながら、西から東へと動いていった。その痕跡が「青」なのであった。》（「越の海」）

《かつて青の島はニライカナイとおなじであった。しかしそこは理想の神の住む幻影の島ではなく、呼べば応える地先の島であり、人の死体の運ばれた島であった。祖霊は青の島にとどまり、時を定めて子孫たちの村々に訪れた。

祖霊と神は区別がつかなかった。しかし後世になると、祖霊と神とは分離した。神は海の彼方から訪れるものと考えられるようになった。また地先の島に死体を運んで捨てる風習もすたれた。そうすれば海の彼方のニライカナイこそは青の神のいます場所とみなされるように変わった。（中略）

観念の浄化作用とともに、神の住む世界は海の彼方に押しやられてしまった。しかし神が青の島にとどまっていた時代の記憶を消し去ることはできなかった。したがってニライカナイの神は、上陸するときにはそのまえにかならず青の島に立ちよるという信仰が後代までつづいたと私は考えている。》（「ニライカナイと青《おう》の島」）

《日本人は死後の魂の住む場所を閉ざされたものとは考えなかった。そこは明暗をわかちがたい薄明の世界であり、死は再生を約束するものと考えられていた。とはいえ常世は、そこに住む祖霊が子孫であるこの世の人びとをいつくしみにみちた目で見守っている場所であるという考えが最初からあったとは思われない。はじめは荒々しい力をもった死後の霊魂が住んでいると想定され、善きものも悪しきものも常世からくると信じられていた。したがって常世をひかりまばゆい楽土とみなし、常世に住むものは慈愛にみちた祖霊というふうに考えを限定することはできない。それは後代になって純化され、浄化された考えである。私が折口の「暗い冥府」に反対しながら、手放しの「明るい常世」に同調できないのはそのためである。こうしたことから南島の洞窟にみられる「青の世界」につよい共感をおぼえるのである。》（「終章」）

南島のシラと白

この健一の「青」に対して、私は「白」を追求している。健一の言葉で言い直すと、「白は、白鳥の色の白であり、白山信仰の白であり、死と再生の色の白である」ということになろうか。『白の民俗学へ　白山信仰の謎を追って』（河出書房新社）で、そのことを書いている。

南島語でシラは刈り取った稲穂をそのまま積んだもののこと。そこから、シラビ（産で焚く火）、シラサ、シラスといった言葉が派生した。つまり、シラは誕生を意味し、白をシロ、シラと訓読みするのは、そのためである。このことは、柳田國男が『海上の道』中の「稲の産屋」で次のように指摘したことを受けている。

《曾ては日本の西南一帯の地にも、産屋をシラと謂つた時代が、あつたのではないかと私は考へて居る。ほゞ紛れのない一つの例証は、いはゆる産屋の穢れをシラフジョウといふ地方語は、こちらでも決して珍しくない。是は喪の忌を黒不浄、月の障りを赤不浄といふに対して、白であらうと事も無げに解する者が多いが、産屋の慎しみを白といふべき理由は無い。寧ろ黒赤二つの名の方が、この誤解に誘はれて後から出て来たもので、つまりは是も亦シラといふ語の元の意味が、追々忘られて行く過程だつたかも知れない。是について更に思ひ合す一事例は、愛知県の東北隅、三州北設楽の山村に、近い頃まで行はれて居た霜月神楽の中に、シラ山と称する奇特なる行事があつた。数多の樹の枝や其他の材料を以て、臨時に大きな仮山を作り、前後に出入りの口を設け、内には桟道を懸渡して、志願ある者をして其中を通り抜けさせた。是を胎内くゞりといふ言葉もあり、又障り無くこの行道を為し遂げたことを、生れ清まはりと呼んで居たとも伝へられる。我邦の山嶽信仰の、是は普通の型とも見られようが、それをシラ山と名づけたのには、或は埋れたる古い意味があるのかもしれぬ。加賀の名山などは、夙く白山《はくさん》と字音に呼ぶことになつて居り、之を菊理姫の神の故事に結びつけた神道家の説も新しいものでは無いが、今迄の常識者は寧ろ春深くまで、消え残る高嶺の雪を聯想して怪しまなかつた。しかし考へて見れば是もやゝ無造作に過ぎて、命名の詮も無いやうである。》（「シラといふ語の分布」）

《そこで立戻つてもう一度、何故に琉球列島の一部に、稲の蔵置場と人間の産屋とを、共にシラと呼ぶ言葉が、残り伝はつて居るのかを考へて見たい。容易には国語の先生の同意を得られぬ一説と思ふが、自分などは是をDR二つの子音の通融、と言はうよりも寧ろダ行が曾てはもつとラ行に近かつた時代の名残では無いかと思つて居る。一つの類例は太陽をテダ、是は照るものといふより他の解は有り得ない。沖縄ではすべての行為の主体を、A母音一つを以て表示する習はしがある故に、生むもの又は育つものを、シダ即ちシラと謂つて通じたのかと思ふ。育つ・育つるといふ日本語の方は、夙く展開を停止したやうであるが、西南諸島のスダテイン（育つる）等は、別に原形のシディン・シデイルンがあつて、人の生れることから卵のかへることまでを意味し、スデミズは産井の水、スデガフーは大いなる喜悦の辞、更に此世の衆生をスヂャといふ語も元はあつた。旧日本の方でも、方言にはまだ幾つもの痕跡があとづけ得られる。たとへば育てるといふ代りに、大きくするといふ意味のシトネル、又は成長するといふ意味のシトナルなどは、人を動詞にしたやうにも考へられて居たが、実際はこの南方のスデルと同系の語らしい。それよりも更にはつきりとして居るのは、種子をスヂといふ語であつて、タネは沖縄の方にもあるが、別にや、変つた方面に用ゐられて居る。信越二国を流れる信濃川の水系では、翌年の種子に供すべき種籾をスヂと謂ひ、乃ち其スヂ俵を中心とした正月の色々の祭儀がある。遠く離れた肥前西彼杵の半島でも、稲の種実のみは特にスヂとよんで居る。この種神の信仰と、人間の血筋家筋の考へ方とは、多分は併行し、且つ互ひに助け合つて、この稲作民族の間にも成長して来たことは、所謂新嘗儀礼の民間の例からでも、証明し得られると私は信じて居る。》（「稲と白山神」）

引用が長くなってしまったが、ちなみにこの私は柳田が前段で、霜月神楽（花祭り）のシラヤマ行事を「生まれ清まはり」の行事と呼んでいたことに触れて、「我邦の山嶽信仰の、是は普通の型とも見られようが、それをシラ山と名づけたのには、或は埋もれたる古い意味があるのかもしれぬ」と述べていたことに大いなる示唆を得て、白山をハクサンと字音で呼ぶ以前のシラヤマ信仰の本源を追求したのであった。

他方、健一は、柳田が種籾に執着したあまり、稲霊の誕生儀礼としてはるかに重要な初穂儀礼（抜き穂行事）を無視していることに疑義を呈しているものの、シラ＝白が「誕生」「生まれ変わり」を意味したことには賛同して、左のような例を挙げている。

《穀霊または穀神が再生すると考えられたのは、奄美大島にみられる節小屋《しちゃがま》の行事にもうかがわれる。奄美の旧八月はもっとも大切な年の折り目にあたる。折目の皮切りの日をアラセツ（新節）と呼ぶ。その前日に片屋根の仮小屋をつくり、新しい稲の藁で屋根をふく。（……）この節小屋の行事は穀霊をいったん小屋にこもらせ、その小屋をつぶすことによって、穀霊の再生をうながすという意味があると私は理解している。これはいわゆる「稲の産屋《うぶや》」なのだ。》（「常民の世界観」『民俗の神』）

《新しくユタになる女は、アミゴまたはショージコにいき、白衣を身につけてシトギと線香をあげ、正座して、「生れ語り」（マレガタリ）と呼ぶ呪詞をとなえる。このときが新しいユタの誕生の瞬間である。（……）このあとユタはシトギを川の水に溶かして身体にそそいで帰り、祝いに焼酎を呑む。これをシロミズアミ（白水浴み）と呼んでいることは注目に値する。白水は「神女として誕生する水」の意味である。シロはシラにも通じ、生命の誕生を指す語である。》（「信仰にちなむ地名」『神は細部に宿り給う』）

また、白山信仰と被差別の問題に関しては、「シラ山のシラは誕生することをいう。沖縄ではシラは誕生であり、シラ火は産屋にたく火のことである。『生まれ清まり』というのは斎戒して、再生するという意味があるが、被差別部落で白山神社を祀っているのにも、その意味がある。白山神社の祭り神の菊理姫神は、イザナギが黄泉の国のけがれを濯ぎ除うためミソギをしたとき、水にくぐってそれを助けたとされる女性である。このことから被差別民が白山神社を祀るのはケガレを脱して再生する「生れ清まり」を願望したためであり、その願望を叶えてくれる菊理姫（ククリ姫）が祭神の白山神社を祀ったと思われるのである」と述べたのに続けて、中世のキヨメという職業について、宗教的な見地から一段踏み込んだ見解を示した。

《「六月の晦の大祓」の祝詞に「祓へたまひ清めたまふ」とあるように、キヨメは触穢を清めることで、ケガレをハラウことがすなわちキヨメルことにほかならなかった。それは神社の神主がふだんおこなっている儀式の所作であるが、中世社会にキヨメ（清目）と呼ぶのは、汚穢や不浄とみられるものを排除して清浄な状態、境地を回復することで、一口にいえば「掃除」であったが、この「掃除」を非人が職業としたのは、もちろん困窮のためであったにちがいないが、それだけではなく、被差別民である非人の再生・新生への願望（生まれ清まる）を満たすものとして、清目の仕事があったと思われる。》（『民間信仰史研究序説』「終章　ケガレとキヨメ」）

かつては神社の祭礼の前に、地区の被差別民が境内の内外を清掃し、神の先導役を務めるのが習わしだった。それは被差別の民にのみ許された特権で、彼らにはそれだけの自負があったのである。

青と白の幻想

沖縄の海の青、他界の色の青については、これまで何度も触れてきた。ここでは、私が着目する

「白」と青の交響について述べた健一の文章を引く。久米島の離島である奥武島と古宇利島とに渡ったときのことを書いた「青と白の幻想」というエッセイである（抜粋）。

《奥武島はもと青の島と呼ばれた。そこは死者を風葬した島であった。はるか古代には、南島では人が死ぬと死体を舟ではこんで地先の小島にほうむった。風葬墓にあてた洞穴に外光が入りこんで、死者の世界をぼんやり照らしだすと、そこは「ようどれ」、つまり沖縄語でいう夕凪のようなおだやかな黄色い光にひたされる。この黄色い死者の世界を「青」と呼んだのだと沖縄の学者の仲松弥秀は言う。

青の島は死者が歯がみする暗黒の地獄ではない。そこは「明るい冥府」である。私はそれがほしいばかりに、ここ十年近くも沖縄に旅をし、いまもまた、イフの海岸の珊瑚礁の砂に踝《くるぶし》を埋めている。

古宇利島の港の左手につき出した岩がある。海神祭のときにはこの岩の上で神女たちが並び海の神を送る、そこをシラサと呼んでいる。このシラサという言葉が私の関心を引いた。島びとに聞くと、ヘソの緒を切ったカミソリと茶碗をもって、この浜に出かける。そして茶碗に水を汲み、その上にカミソリをおく。またシラサの浜の石を拾ってもってかえる。この石はヘソの緒と一緒に保存しておく。茶碗に入れた潮水で赤ん坊と母親の額を三回塗る。それは洗礼に相当する、水撫で（うびーなで）の儀礼である。赤ん坊が生まれて一週間目に、赤ん坊を抱いた母親は、東を向き、松明（とぼし）に火をつけて三回ふる。それは東方にのぼる太陽に対して呼応する行事である。

シラサは南島語のシラに縁由のある語とおもわれる。刈りとった稲を穂のまま積んでおくのがシラであり、産室の炉にもやす火をシラビという。つまりシラは生れることを意味する言葉である。

宮古島の狩俣部落の背後には原生林がよこたわる。そこは大森《ふんむい》と呼ばれて、神女たちが山ごもりをして苦行をおこなったのち、ふたたび部落に出てくる場所である。神女たちは山ごもりしているとき、とつぜん眼前に真っ白い壁のある家を見ることがあるという。狩俣でうたわれる神歌にも、

根島《にすま》から降《う》りんな
シラスから降りんな

という対句が出てくる。そこは山ごもりした神女が再生するところだからシラスと呼ばれた。古宇利島のシラサの浜もそれと関連があるにちがいない。それにふさわしくこの浜も真っ白い砂で敷きつめられている。そして太陽が照るとき、白砂はまぶしくかがやき、海は明るい青を燃えたたせる。青と白のこの原色はしかし、南島ではたんなる色以上の深い意味をもっているのだ。人は死ぬと青の島にいく。そこは暗黒の地獄ではない。夕方のような光の射す明るい冥府である。そこではこの世に生まれかえる、つまりシラへの希望をもつことができる。青から白へ、白から青へ、それは蝶の脱皮となんらことなることがない。

私はシラサの浜に降り立った。風がつよく耳が吹きちぎれそうだ。青と白との炎がそそり立って私をつつむなかで、私はつぶやいた。

耳が鳴る　死の島に
今ぞ舞う　巫女ひとり
綾蝶《あやはびら》　奇蝶《くせはびら》
耳が鳴る　生《す》で島に
脱ぎ捨てし　蝶の亡骸《なきがら》

真白ら砂《ご》の　浜辺の真昼》

白いうた青いうた

時間が飛ぶが、なんと雁も、白と青を同時に冠した歌詞集を刊行する。一九九一年秋、新実徳英の作曲に合せて作詞した二十一の歌をおさめた『白いうた青いうた　十代のための二部合唱曲集』である。作詞を始めたのは一九八九年からだが、合唱に適するように、難解な詩とはうってかわった平明な言葉で、直接、少年少女の心に響くように書かれている。

十四歳

はなびらのにがさを
だれがしってるの
ぴかぴかのとうだい
はだしでのぼったよ
かぜをたべた
からっぽになった
わたしはいま十四《じゅうし》
うみよりあおい
はなびらのにがさを
だれがしってるの

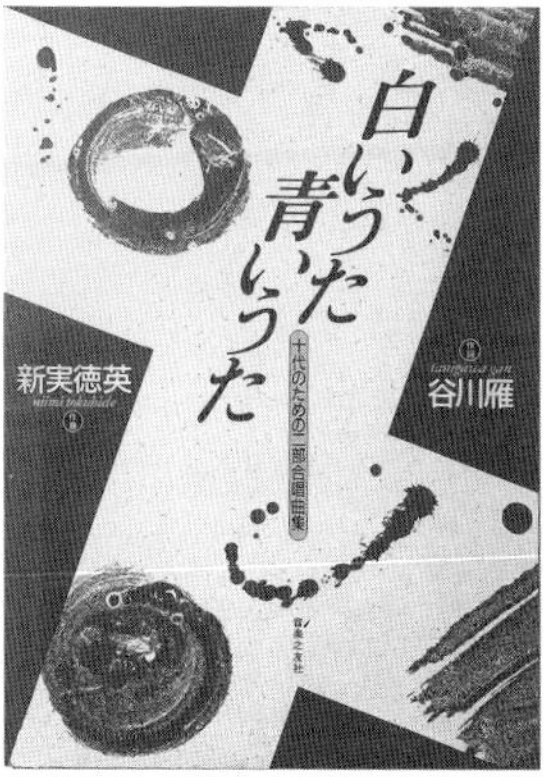

『白いうた青いうた　十代のための二部合唱曲集』

だれが
　ぼくは雲雀
英語はにがてさ　数学きらいだ
（あたまは帽子《ぼうし》をのせるため）
国語もさっぱり　社会はねむいよ
（あの子がふりむくはずがない）
それでも雲雀《ひばり》は歌じまん
（あがってさがってまたのぼる）
陽気な小節をぴりぴり震《ふる》わせ
（空からスピーチ）
世界はおいらの

（世界はおまえの）
なかよし
（なかよし）
鉛筆なくても　暮しにゃこまらぬ
（もうじきほんわか香りだす）
麦ばたけ
（麦ばたけ）
かげろういっぱい麦ばたけ

「ものがたり文化の会」が発行する『谷川雁さんからのバトン』（二〇〇八年九月刊）の付録として制作された「歌詞解説」の冒頭に、「三世代リレーからの贈物」という雁の文章が載っている。

《あなたのお父さんがまず曲をつくり、なんとおじいさんが詞をつけ、十代のあなたがそれを歌うということになったら、おうちの空気はどうなります。盆栽までにやにやし、冷蔵庫がかたこと踊りだしはしませんか。だってちょっぴりジャスミンの香りする節で「ほしぞらにくしゃ　まふゆのひとりたび」とくるんですからね。こまったような恥ずかしいような、それでも試験がいやなときなど冷たい飲物よりも気分転換になる。そんなものをこさえてみたかったのです。》

そうかと思えば、次のような歌もある。前者は、ヴェトナム難民を、後者は旧満州孤児を歌ったものだろう。

南からの人々
やしの木に　たのみました
こもりうた　わすれるな
よるのはま　はしりました
おもい土　すてました
こよみなく　時計もなく
蟹《かに》のとき　はじまり
あなたの　おじいさん

きた道　さかさまに
うみの色　かわりました
北のほし　みえました
波にぬれ　つぶやくゆめ
あしたから　どの言葉
まねかない　岸べをさし
とびうおと　ならんで
はるかな　おやたちが
きた道　たどるだけ

ああ旅いつおわる

北のみなしご

つめえり青く　ほほを染《そ》めて
わたしはだれか　おしえてほしい
枯野《かれの》のゆうひ　ふるえる道で
すがった指は　この島にいる
血潮《ちしお》のはじめ　ただそれだけ
知らないうちは　うそのわたし

父なら名のり　母なら抱いて

風吹く土の　春がにおう
この眼と口に　おぼえはないか
ふるさといらぬ　祖国《そこく》もすてる
わたしはどこで　何していたか
雪どけ水に　答えぬ花
それでも声を　きいてみたい
兄なら名のり　姉なら抱いて

前掲の雁の文章は、こう続いている。

《あなたのおじいさん、つまりぼくが十代だった戦争のさなかでも軍歌ばかり歌ったわけではなく、流行の歌曲も映画の主題歌も気ばらしに愛唱しましたが、心にしみるものはむしろ外国のりんとした歌曲で、それでもどこか借り着をしているよそよそしさがつきまとうのを避けられませんでした。せまる死の影と首すじをなでる十代の風。その両方をなめらかに一つにまとめる母国語の歌がほしいとおもいました。

戦争が終っても、十代の明暗を率直に告白して気品を失わない歌は多くありません。この世への敏感な反応をかくして静かに紅潮している時期は、自分の方から愛とか恋とかのことばは持ちだせません。ヴェトナム難民、ベルリンの壁、旧満州孤児などの時事問題にある抒情性を表現するのも年少者にはむずかしいことです。それだけにアドレッセンス前期の感情を年長者が歌のかたちできっぱり〈代弁〉してやる必要があるのです。でないとやたらにどなったりだまりこんだり、歌うことのない心ができてしまう恐れがあります。》

詩人を廃業した雁が、このような優しい心を保持していたのである。しからば、彼はなぜこれらの歌集を「白いうた青い歌」と名づけたのだろうか。そのヒントが、グリム童話「白雪姫」について語った「青の発見」という文章に見つかった。

《原作の初版本では、胴着のひもの黄・赤・青と一箇所だけ青が出てきます。この一点の例外をのぞけば、あとは森にしろ、いばらのしげみにしろ、七つの丘にしろ、色を感じないほどに簡潔に描かれ、色による形容はむろんありません。つまり暖色系の裏側が禁圧されているということは、何を意味するのでしょう。だれでも思いつく理由はまず、あまり多くの色を使えば物語の印象がにごってしまうこと。つぎに、寒色系を多用すれば物語の悲愴感ひいては残虐度が増すことなどでしょうが、どうもそのような美学的説明は装飾風にすぎて、生きものを論じている味わいがありません。私は、もっと切実な理由があるように思うのです。料理で言うかくし味のように、青を伏せながら青をはたらかせる。その見えない青で主人公の生命の新鮮さと未来の幸福を暗示し、聞き手との間に暗黙の了解をとりかわしておく心の機微があると考えます。

女王が窓のそとを見やったとき、雪はもうやんでいたのではないでしょうか。空の青がちらとのぞき、そこに縫いものをする女の放心が吸いこまれ、おもわず指を傷つけたのではないでしょうか。たしかに冒頭では、雪は羽のように舞いおりています。そしてたちまちこの場面になります。しかし、雪に落ちた血のしずくは女王自身が見とれるほど美しかったのです。その美しさがひとみすずしい幼児のおもかげに連合するのに、鉛色の空としずんだ鮮紅色でよいと思うのはひねくれた感性でしかないばかりか、女王のその後の意識の屈折を消して、彼女をただの性悪女にしてしまいます。》

白雪姫の「白」がなにを意味し、何を象徴しているかは言うまでもないとして、「見えない青」が、主人公の生命の新鮮さと未来の幸福を暗示していると、ここで明言している。つまり、「白いうた青い歌」の白も青も、そのように受け取ってよいはずだ。

15　ロゴスとパトス

海としての信濃

谷川雁は一九八四年七月一日から翌年の一月二十七日にかけて、例外的に地元の「信濃毎日新聞」に、のちに詞集『海としての信濃』（一九八五）としてまとめられる十六篇の詩を発表している。どれも十四行詩（ソネット）のスタイルだ。『白いうた　青いうた』の五年前である。詩人廃業から二十四年目、禁を破るほどの衝迫を抱えていたとしたら、それは何だったのだろう。

倭寇の休日

昼まの耳鳴りに点灯したのはだれだ
とてつもなくはかない青が南を占領し
斜面はちいさくしゃっくりする埠頭だから

おれは水辺のリウキンカに会いにゆく
めしを食うならおまえの隠れ家にかぎる
流れをくだる雪片の澄んでくらいこと

黒姫にて

はねっかえりの茎を膝に組みしいて
二輪草の湯《たん》をやっていると
イカルが歌で歯車を作ろうとする
どこにも粉にひく実がないのを知りながら

世界なんてものは間口九尺の古道具屋さ
値札のないものならみんな買うぜと
あそこに草道を跳ねて漕ぐ虫男がいるな
えい　おれに白魔術酒をもう一本だ

信州無頼

ひよどりの声が矢弦《やげん》をまわる風になった
落葉はまだ熊の物語をはじめない
旅とは単皮つまり足袋をはくことだから
はさみしか残らぬ虫の裁った布を
空にはじけるくさぎの実の劈開面にあてる

この地方にゆうひは禁じられている
一匹の邯鄲のなかに切羽があるらしく
つりがねそうの選炭機がちろろと鳴るばかり

おい　附子《ぶす》の根と冬虫夏草《せみたけ》でやろうぜ
頭蓋に刺さったやじりの錆などまぶしたら
紫も朱も坑夫の酒に似あいの色さね

道は円周率のまちがいをぶつくさぼやき
さっきから暗喩の腐るにおいがして
もうすぐ花札ばらまかれる十月とござい

漂流劇

樹よ　おまえがほんとうは鷹であることを
三日月のひかりにうたれて知ったとき

十字対生する葉に数滴の血を支払って
つめたい鱗の落ちる劇にみとれたものだ

まるきり水のない航海を計画した者がいる
いつのまにか虚空に斧が一梃浮んでいて

青くだまりこくっている岩を削りはじめた
火花にかざられた舟のかたちのなまなましさ

よろめきながら自分の腸をまきつけて
鉄の鋲でおさえたあと不安な眼つきをする

つばさの音がして刃はすでに消えた
木質と離れることが漂流の意味であるゆえに

天井裏の野原で梶もつくらず立ちすくめば
あれは九頭龍神の帆か　いやもう幕だ

棘

信濃は海だった　むろんいまも海だが
山法師の実に似た貝なんかいくらもとれた
ぶなの肌をなでて語るのは自動機械の月

あそこの象の声を掘りだしてごらん
崖っぷちの波にすかすように見ていたやつ
ひとほろんだ地球がどこからやり直すかをね

それなら蜂と交合する道を照らしてほしい
あなたなしの回帰も循環もありえないけれど

半弓をしぼった最強の雄になってみせる
みちひきする霧という形式のなぎさに
ひどいソプラノで描いたわらび手文があり

葉をおとした木はもう布《め》ではなく　藻だ
つばさある魚の地鳴きからまる浅場で
象をつらぬく棘となる日を待つことにする

　敗王へ一献
暗い鍋の水面につきでた小鴨の脚へ
つぐないは何かと責めて雪ふりはじめる
からまつ谷の幾筋を凬の櫛でかきあげ
水《み》の蛇《ち》の郡最後の王が目をさましたのだ

はしれ　ふぶきの声する差別を鞍につけ
天狼を指して地のいただきが沈むまで
王よ　あなたとまばゆい白を競おう
どこまでも垂直をこばむ語法をなびかせて

なぜ前方なのか　ぜひもない後円なのか
半島と湾のだきあうかぶとなどとは
毛焼きのあと切断された首の模写にすぎぬ

したたりおちる液汁は灰に吸わせよう
今夜かつての奴《やっこ》の肩を抱いて盃をほしたまえ
さげすみの力学もちょうど煮えてきた

終止符

(月のない晩におおきくなる卵です)
野原に口語の壜があり　その酸をかけたら
さぎごけの青と白のどしゃぶりになった

(ひともうさぎも動くアイスクリーム)
仮装する海よ　いちまいの符の直立をゆるせ
こめかみに蔓をたらした樹がどっとゆれた

(あっちの村もすっかり白身だそうです)
巫がいる　さるなしの実のかたちをして
こってり倭をなじったあとスプーンに変る

（殻や膜は風と調合してつくられます）
しょせん一匹の蟻の高貴な痙攣をこえない
音のせぬ破局をだれかが水平線とよんだ

（にがい曲率でして円弧ではありません）
補陀落はあるか　究極としての青はあるか

山に囲まれた信濃を海と見て、自分をついに漂流者、渡り鳥（雁）と観ずる彼の絶唱である。健一の青をどこまで意識していたかは不明だが、ここでも「究極としての青はあるか」と、問うている。封印した詩作（正確には詞作だが）を二十四年ぶりに解除したのだから、それだけでもビッグ・ニュースなのに、私が調べた範囲では、詩壇からの目ぼしい反応はなかった。むしろ、否定的だったことが、一九九六年九月、「図書新聞」での岡井隆・佐々木幹郎対談からうかがえる。

《岡井　実はこの詩集が出た時、北川（＊透）さんと二人で、もうやめた方がいいよ、なんて悪口言ったんです。でも今回丁寧に読み返してみて、あんまり悪口いわないで、もう少しこの後書き続けた方がよかったじゃないかと思ったんです。
佐々木　もっと書いて欲しかった。あの時、詩を書くのをやめちゃったでしょう。
岡井　いろんな人が笑ったんだと思いますよ。
佐々木　ええ、でも雁さんのエネルギーなら、そんな風評を吹き飛ばして書き続ければよかったんですよ。》

そして、このあと佐々木が「あの時期の雁さんが意識していないプレッシャーというのは強かったと思います。谷川雁の沈黙というのが完全に伝説になってしまった後に、もう一度詩を書くということは、あらゆる抑圧の声を聞きながら、ひとさし舞ってやるという状態じゃなかったでしょうか」と言うのに対して、岡井は「「瞬間の王は死んだ」といった時点で、終わっていただきたい、神話としての谷川雁を奉っておきたいという僕ら読者の願望が強かったわけでしょう」と述べ、さらにこう続く。

《佐々木　ええ、読者としてはそうですが、本人はどうでしょう。ひょっとしたら雁さんは、自分のその神話を愛してたんじゃないかという感じがするんですよ。
岡井　少なくとも、その後の詩でも文章でも読むと、もう書けなくなったからやめたわけじゃないわけで、悠々と書ける力はあるはずですね。
佐々木　ところが自分の作られた神話を愛している素振りが見えるわけです。「敗王への一献」なんかまさにそういう素振りでしょう。雁さんは、自分がどう見られているかを常に意識しながら舞う人なんです。そこがオルガナイザーの悲劇なんですよ。》

私に言わせれば、神話を愛しているのは佐々木の方であって、仮に「自分がどう見られているかを常に意識して舞う人」というのが本当だとしても、それはオルガナイザーの光栄であって、断じて悲劇ではない。

北がなければ日本は三角

谷川雁が右気管支の癌腫瘍を発見されて、放射線治療のために清瀬の国立東京病院に入院したのは、一九九四年十月二十六日のことであった。雁が癌に冒されるなど、洒落にもならない。

《十一月四日からちょっと危険な症状に陥っていたところへ、十一月六日、気管支のできものの組織が切れて陥ち込んで右気管支が完全に詰まってしまい、そのままでは窒息死も危ぶまれ、あと数時間その状態が続けば、まさに命とりになるところでした。

主治医は気管支鏡を突っ込んで、その詰まった物質を取り出そうとするけれども、一時間半たっても、なかなかうまくいかない。ついに医者はぼくに対して、もちろん苦しいですから、「谷川さん、これ以上この操作を続けてほしくないと思われたらやめますが、もう少し続けろと言われるのだったら、いま握っている看護婦の手首をもう少し強く握ってください」と言うので、ぼくはほとんど無意識のうちに、その手を握りしめたらしいのです。

その時の状況は、ぼくの自意識はこんなぐあいでした。

まず、ぼくの首はどこにあるのかわからなかった。首はどこへ行ってしまったのだろう、と思っていた。電気掃除機の太いパイプ、アタッチメントをつける前のあの太いパイプに当たる三百六十度の円、または百八十度の半円から、ゴーゴーとコロナのように炎が吹いていて、その炎の隙間から向こうにぼんやりと兄・健一の面影が見えるけれども、こちらの炎とは、どうしてもつながらない。

ぼくは自分の生命が、ある場を失っていると感じました。その時に医者の言葉で、実際の言葉とは違うのだけれども、「ここがモンゴリアンワンドらしいから、ぼくはここから器械を入れるよ」という声が聞こえて、それは左の耳の後ろのあたりだったので、ぼくは何となく自分流に半円を切って、ゼロから百八十度の半円を自分の前方につくり、そこからゴーゴーと炎が上るのを見ていました。

するると突然、大きな鉄の鎖が二筋絡まって、ロンドン塔の地下牢から、てっぺんまでという雰囲気で、すごい音をたててガラガラガラと登り始め、それと同時に「ワーッ」という歓喜の声がした。ぼくはそれを聞きながら、「これは歓喜の歌だが、やはりベートーベンや何かと違って旋律は日本的だなあ」と思いました。そして、右上方から、まるで天使の声のようなボーイソプラノが聞えてくる。と同時に左のほうからも、それに唱和する声が聞こえた。その瞬間フッと息が楽になって、目を開けたら、みんな「とれた」「とれた」と言っているような気がして、あとで訊くと、その時、長い四センチぐらいの組織が気管支鏡そのものにくっついて上ってきたそうです。それによって、ぼくは蘇生した。

そういう体験をしたあとでたぶん白鳥の歌を歌えというわけでしょう。しかし、ぼくにはその気はありません。なぜなら、ぼくはあの時聞いた歓喜の歌と、二人の男の子のボーイソプラノにいまだに耳を傾け、それ以外に、いまのぼくに歌はないからです。》

これは、「文藝」一九九五年春号に掲載された特別インタビュー「いと小さきものが世界を動かす」の一節で、同年二月刊行の『北がなければ日本は三角』の「あとがきにかえて」に用いられた。

この入院中に石牟礼道子が見舞いに来たことは、前述した。病床で執筆した初の幼少年時代の回想記『北がなければ日本は三角』は、「西日本新聞」に五十回連載された。第一回は、「わが幼年を路上に遺棄したい。そのためにスライドをばらまきます。笛のように鳴る、せわしい気息をこめて。」と始まる。「原郷のゆうひ」と題された回は、前に引いたが、その前段は以下のごとくであった。

《祖母が少女時代から、十数人の使用人を指図してとり仕切ってきた干拓地の実家、父も叔父もそこで育ちました。私を引き受けたときは、大叔父の未亡人、大伯母二人、叔母くらいのイトコ半が三人と、母系制の空気がただよう大家族でした。

そこへ同年の女の子と一歳下の男の子が合流しました。小さなこども共和国ができました。男女の使用人もいました。牛と馬と鶏もいました。屋敷の前と脇には、小川が流れていました。

つまり、こどもが核家族のなかでの座標をなくして漂流し、単に一人のこども、遺伝子の群島にちらばる舟着き場の一つになり変るには、絶好の環境がそなわっていました。しかも家にいるよりもむしろ、父系の血の色はここに濃縮されていたのです。

「原郷はどこ」と問われれば、ここことしか答えようがありません。》

書名の『北がなければ日本は三角』は、説明がいる。昭和八年、雁が小学校五年のときのこととある。同級生に、「鼻歌からうまれてきたとでもいいたくなる」陽気なえくぼの女の子がいた。

《おもしろそうな新人だというので、私たち兄弟は彼女を遊びの輪に入れてみました。すると尻とりゲームの「星座」のつぎにあたった彼女は「ザボン」といい、間髪を入れず「ん・てん・ぽす」ととどなったのです。おしまいの「ん」をいった人間が、相手の指摘より早く、この妙な呪文を唱えたら一番上り。そんな新ルールで私たちを感服させました。

蚊帳の中の食事は、すこぶる彼女の気にいらないようでした。鍋にくっついている煮魚のしっぽを、平気で指でつまみあげ皿にのせたりします。そんな彼女の仕草を、だれか兄弟の一人が「きたない」と非難したときのことです。

彼女はいたずらっぽい目をくるっとさせ、あかるい声音で「北がなければ日本は三角」と応じました。この答は私たちを驚倒させました。父母ともに執着している清潔思想のお家芸が、軽いフックの一撃で吹っとばされたからです。何たる大思想ぞ。

私と弟は、寝室の蚊帳の釣り手をかわるがわる一箇ずつはずしては、三角になった日本を笑いながら検証しました。》

あまりに出来すぎた話で、雁の創作ではないかという疑いを禁じえないのだが、これは前段で、後段はこう書かれている。


《北がなければ日本は三角。この唱え言に、十歳に達しようとしている私がどんな衝撃を受けたのか、正しく再現することはもちろん不可能で、ある推理の力を借りるよりほかはありません。

まず私が、日本という国の本来のかたちは四辺形だとする主張に、虚をつかれたのはたしかだと思われます。なぜ、おどろいたかといえば、それまでの私は頭の中でニホンがこだまする場合、それを丸としてとらえていたからではないでしょうか。

北東から南西にのびる列島弧、琉球弧。それに樺太・千島はどうやら収まるとしても、朝鮮と台湾を加えた領土圏のフォルムをどのように単純化しうるかと考えれば、とりわけ朝鮮半島が図像的にじゃまになります。そこで、これらの矛盾をダンゴにまるめてしまった円形。それが日本人の内なる日の丸なのではと想像します。

円はくるくる廻って、どこでも気のむく方向でとまることができます。きびしく規定された軸がありません。海辺の娘の「北がなければ」は、とりようによっては、「あなたに北はあるの、それはどこ」という問でもあると見れないこともありません。

たしかに私たちは、北とか北方とか、簡単にいいますけれども、たとえば福岡市の北をまっすぐにたどれば、じつにチョウセンノヤマオクデの歌枕ともいうべき豆満江の河口部に達することを、福岡市民の何パーセントが理解しているでしょうか。まして自分の精神をある透明な冷たさの極に集約する、〈抽象としての北〉に関しては、いまでも九州人はちょっと弱いような気がしませんか。

こどもの私が、こんな問題を考えるわけはありません。けれども日本を丸ではなく、方形とみなす考え方もあるのではないかと、漠然と感受して、そのアイディアの斬新さにおののいたのです。

いま地図をひろげてみますと、北海道東辺（北方四島としてみても）、小笠原諸島、与那国島の三点を結ぶかたちは、みごとな三角形をなしています。いつわりの所有をとりのぞいた日本のすがたは、三角なのです。彼女のいう〈北〉とは、〈いつわりの領土〉の意味だったのかと、つい深読みにおちいるほどです。》

この短い文章のなかに、アナーキズムとは一味も二味も違う、雁の反国家の思想が結晶している。

谷川健一歌集

『北がなければ日本は三角』の最終回「故郷忘るべく候」の結びは、こうだ。

《私を孵化し、幼年期のあらかたを飼育してくれたのは、女の夫《つま》問いという精神につながる芦北《あしきた》であったと思います。そこからポッとうかびでた「北がなければ日本は三角」が、十歳未満で腐りかけていた私を解放してくれたのです。

そこで私の提出した一筆描きの水俣は、動物進化の始祖を示す図があたえる印象と同じく、あまりなごやかとはいえないかもしれません。ともかく、べっとりした牧歌とは無縁の、口さがないシニシズムの利いた町で、そこがよかったのです。

最近の水俣ですか。三十年あまり帰っていませんが、これはもうすっかり落胆しています。戦時軍国主義の指南番、A級戦争犯罪人の生家を公費でヨウカン、センベイがらみの観光名所に仕立てあげたりするのですからね。こどもたちや外国人の訪客には、どんな説明をするのでしょう。

故郷は忘じがたいけれども、こんな故郷は忘るべく候といわざるをえません。》

戦時軍国主義の指南、A級戦争犯罪人の生家とは、健一・雁の生家からいくらも離れていない徳富蘇峰・蘆花の生まれた家のことである。死ぬまで、減らず口を利くのが、雁である。その後、雁は川崎市の聖マリアンナ医科大付属病院に再入院した。九五年二月二日、永眠。健一が弟を見送った歌を左に掲げる。

知られざる夷狄《いてき》の裔《すゑ》を任じたるおとうとはいま馬上の死者
満月の光にうすら眼をひらく月盲《げつまう》の馬をはなむけにせむ
千年の後また見むと言ひしかば阿利那礼《ありなれ》河の夜明けに待たむ
死の棘は生の棘より易《やさ》しとはわれらが若き日よりの言葉
切られたる蜥蜴《とかぎり》の尾の煌《きら》めける瞬間の王たらむとせしか
死の蔭を汝《なれ》は歩めり大いなる覇王樹の下に馬をとめつつ
死の蔭を旅ゆく人は遙かなる天山の野に胡歌《こか》聞くらむか
かなしみは酢牡蠣《すがき》の上に落ちにけり天山の風は卓布まきあぐ

（「この冬」『海境』）

用語も調べも、よく練られている。生前、健一は、時折私が、雁について聞こうとすると、「世話ばかりかけて」と言って、話を転じるのが常だった。内心はらはらしながら、他人に向っては、「苦労ばかりさせられる」とこぼしていた健一が、じつは真に弟を愛し、誇りに思っていたこと、その最愛の弟を失ったかなしみが、深々と伝わってくる。

健一が処女作『最後の攘夷党』で、直木賞の候補になったことは、前に述べた。民俗学の道を歩むことになってからも、小説や戯曲に手を染め、創作への関心は衰えることがなかった。なかでも歌は、健一の中学校時代の恩師である国語科教師山崎貞士の手ほどきで、中学の上級から旧制高校の一年生にかけて熱中した前歴があって、柳田や折口と同様、彼の文学の中心に位置していた。

そして、長い空白期間を置いて、昭和六十二年の暮から一月足らずの入院生活のあいだ、研究を離れてふと立ち止まり、何か心を満たすことをと思ったとき、ノートに短歌めいたものを書き始めていた。

それを一冊にまとめたのが「海の夫人よ　おまえの　白い喪服が　渚の風景を　明るくする」というエピグラフにはじまる第一歌集『海の夫人』（一九八九）で、彦火火出見命と豊玉姫の悲劇を素材にしている。

時を置かず海の娘を連れ去りしわだつみの神の大き手を見つ
吾をおきて海に還りし夫人《ひと》の乗る海馬《ざん》のたてがみは荒き汐路に
吾が喉の柘榴のごとく裂くる日も海青々し昨日のごとく

「あとがき」にこうある。

《「海の夫人」の素材である彦火火出見命と豊玉姫の悲劇は、『古事記』によれば、薩摩半島の西南部を舞台として展開していて、どこか南の島々ともつながる雰囲気をそなえている。（中略）「海の夫人」のテーマはながい間、私の中にあったものである。渚に立つとき海の彼方への思慕が「妣の国」を描き出し、思いを切なくする。私はさまざまなエッセイにそれを書き、今も書いている。（中略）

四十代の後半になって、遅まきながら、私は民俗学に志した。それ以来、私はでき得るかぎり歌わないようにつとめてきた。喉もとまで湧き上がる歌を扼殺しつづけることが、私の仕事であったと言ってもいい。自分の追い求めた民俗学の輪郭がかすかに見えてきた昨今、私は自分に向かって禁じていた歌を許すいくぶん寛大な気持ちになっていた。そうした気持ちがはしなくも褥中詠と

なって、とつぜんあらわれたのであった。》
歌人の馬場あき子から、入院中何をしていたのかと問われて、ついノートを見せたのがきっかけで、歌集が生まれた。それを塚本邦雄は「この歌には師承がない」と述べたという。つまり、歌壇の手垢にまみれていないオリジナルなところを高く評価したのである。

宮古島に建立された健一の歌碑

第二歌集は『青水沫《あをみなわ》』（一九九四）二百六十六首。題名の青水沫は、出雲国造神賀詞《かむよごと》の「豊葦原の水穂の国は、昼は五月蝿《さばへ》なす水沸き、夜は火瓮《ほへ》なす光《かがや》く神あり、石根《いはね》、木立《こだち》、青水沫も事問ひて荒ぶる国なり」からとってある。

青水沫言問ふ川に罔象女《みつはのめ》あそぶと見しはもゆる陽炎《かげろふ》
海風の手よわが虚無の妹《いもうと》に捧ぐる歌をしばし奪ふな
大麦の黒穂のごとき狷介の生を遂げむと思ひさだめき
稚《わか》き日に乳母に背負はれ嗅ぎたるは洗はぬ髪の燃え立つ匂ひ
地震《なゐ》しつつ時はすぎゆく真白なる芙蓉の花の咲ける真昼を
死よ汝《なれ》は花粉をつけし蜜蜂のごとく飛びくる夏雨《なつぐれ》のなか
狩俣の尾根に連なる大森《ふんむい》に神の気配のひそけき月夜

異神《あだしがみ》旅装を解かず去りゆきて古見《こみ》の村境に夏あつきかな

第三歌集は『海境《うなさか》』（一九九八）。

海境に不可思議の時まどろめばいのちの果の祈り湧き立つ
海膽《うに》の怒り海盤車《ひとで》のなやみ魚族《いろくづ》のゑらぐ夜空はわが水鏡
鬼やんま尾に法力をこもらせつ山なみの上を越えゆきにけり
朝な朝な顔を洗へば垢膩さへなすべきことのまだありといふ
死の谷に作りし西瓜黄泉《よみ》の国の鼠黄色に熟すをかじる
海豹《あざらし》とむすばれしアイヌの女《め》の子あり夫《つま》は流氷に乗りて去りにき
幼くて神の咬傷を受けしかば三日月に残るわが聖痕は
ものみなを侮蔑する夜の秋雨に鵠《くぐひ》の王の死ぬ気配する
日本の命運もはや尽きたるかと問ふがにつくつく法師頻《し》き鳴く

いずれも、海が舞台であり、背景にある。

うたと日本人

健一がうたの始原を説き、それが共同体の詩であることを力説した書に『うたと日本人』（二〇〇〇）がある。

《短歌や俳句をたしなんでいる日本人は数百万人を超えると言われている。このような民族は日本民族のほかにはなく、日本人が一億総芸術家と言われるゆえんである。

日本人は人生行路の喜びも悲しみも歌（俳句）に託してきたが、日本人をそうさせた歌とはそもそも何であるか、という問いには、歌があまり身近にあるものだけに、かえって答えがたい。折口信夫は、歌は日本人にとりついたゴースト（魔）であると言ったが、それならばそのゴーストの正体とは何か。そのことについて歌の起源にさかのぼって考察してみたのが本書である。（中略）

歌はもともと相手を意識してうたわれたものであるが、その作者は個人というよりは共同社会全体の制作に関わるものであった。しかるに、これまで口承社会の産物であった歌が文字を借りて表記される記紀万葉の時代になると、よみ人知らずの「うたう歌」から「よむ歌」へと大きく変化をとげた。それがさらに平安時代、鎌倉時代と時代が下がって、ひとにぎりの宮廷歌人の周辺だけに歌の舞台が移されると、歌をよむのは文学の栄光を目指す個人の営為にまかされた。これら宮廷歌人によって鋭瘦《えいそう》な美の頂点がきわめられた。（中略）

孤独な作業である和歌が行き詰まると、連歌が起こったのにはそれだけの理由がある。連歌を「筑波の道」と呼ぶように、それは、はるかな片歌の問答歌につながろうとする動きだからである。その連歌が衰退すると、こんどは俳諧連歌が栄え、やがて連句の時代となった。連歌、俳諧連歌、連句というふうに時代の嗜好は貴族社会から庶民の中へと、その視座を移動させた。これらは共同制作を原則とし、個人はどんなに優れていても、つねに協力者の立場以上にはあり得ない。

こうして連句は庶民が構成する共同社会の中で生まれたかけあい歌の姿に接近していった。歌を国民の「おもやひのもの」（共有財産）と呼んだ柳田国男は、芭蕉を中心として展開された連句の世界にかぎりない親近感を示した。それは歌の本然の状態に通じあうものがあったからではなかろうか。千年の時空をへだててなお私どもの胸につき刺さる東歌の叫びは、芭蕉の目指す「もののあわれ」と呼応するように私には見える。》（「はじめに」）

また、本書の序文である「うたと民俗学」では、こう述べている（抜粋）。

《民俗学の巨人である柳田國男と折口信夫はともに歌を作っている。柳田は若年期に文学に親しんだが、三十代の後半から文学を捨てて民俗学を志した。しかし歌だけは終生やめなかった。折口が若い時から歌人であったことは知るとおりである。この二人が歌を作ったというのは、たんなる偶然なのであろうか。

民俗学はいやしくも学問であるから科学的な分析を抜きにすることはできない。しかしそれだけでは充分ではない。日本民族の意識の深層に沈殿して無意識化した伝承を発掘し、解明するには、するどい感性とふかい共感が必要である。その資質において柳田や折口が群を抜いていたことはいうまでもない。

民俗学と日本文学は過去にさかのぼるほど、その基盤を共有している。近代文学が確立される以前、文学の多くは「口承文学」として民俗学の範疇《はんちゅう》に属していた。神祭の場でうたわれる神謡《しんよう》や呪《じゅ》謡《よう》、さては各地の民謡も民俗学研究の対象であった。

これらは集団の中で人びとが口に発する「うた」であって、作者不明の場合がほとんどであり、またそれで一向にさしつかえなかった。近代歌人の孤独な密室の作業とはまさに正反対である。

私は「うた」の始源を、草も木も石ころも青い水沫《みなわ》も「言問う」時代までさかのぼって考えている。それは日本列島に国家が統一される以前の、村落国家を単位とした社会である。

「言霊《ことだま》の幸《さきわ》う国」というのは後世の考えであって、言霊には邪悪な力があると信じられていた。相手を打ち負かすための言葉のたたかい、それは古代の歌垣にも、戦後までつづいた沖縄の毛遊《もうあしゅ》びや奄美のウタカキにも見られるもので、歌合戦に負けた者は相手の言いなりにならねばならぬという原則はながく失われなかった。「うた」は、こうした呪力をもつ言葉のたたかいの中での効果をあげるために洗練されていったのである。

この見地に立てば、宮廷歌人の姿勢をひきつぐことに終始する近代歌人は、「うた」の世界の半分をひきついだにすぎないことが分かる。おそらく柳田や折口にはこの間のいきさつが手に取るようによく分かっていたはずである。柳田が近代短歌の風潮にたやすく同調せず、また折口が彼の独自の歌境を拓《ひら》いたのも、歌の発生を視野に入れるとよく納得のいくことである。

柳田は『木綿以前の事』の中で、「白木の椀はひづみゆがみ、使ひ初めた日からもう汚れて居て、水で滌《すす》ぐのも気安めに過ぎなかつた。小家の侘《わび》しい物の香も、源を辿《たど》ればこの木の御器《ごき》のなげきであつた」と述べている。柳田はわずか数行の文章で、薄暗い光のさしこむ勝手で黙々と食器を洗う女たちのなげきを描き切っている。

私の生まれ育った頃は木器はなく、陶磁器の食器であったが、それでも私の母や家に働いていた女たちの侘しい後ろ姿が彷彿《ほうふつ》としてくる。柳田は日本の衣食の歴史を叙するにも、それを民俗資料として扱うのではなく、女たちの感官の内奥にまで踏みこんで、論を展開している。

本居宣長によれば「あわれ」は感動の発語であって、かならずしも悲哀の情にかぎらないというが、『源氏物語』に代表される文学の領域と思われるこの「あわれ」を庶民層に及ぼしたのが芭蕉とその一門の連句であり、民俗学の中で描いてみせたのが柳田であった。柳田が一貫して文人の文体を用いたのは、彼一箇の趣味に発するものではなく、必然的ともいえる深い理由があるのである。

こうしてみれば、柳田が若年にして文学を捨てた、というのはまぎらわしい神話にすぎないことが分かる。彼は文学から民俗学に転向したのではなく、彼が詩作を廃したというのも、民俗学の中に、幾千年とつづいてきた「共同体の詩」を発見しようと目指したからであった。その詩の核心には、ありふれた日本人の「あわれ」があった。柳田が庶民の世界を描いた芭蕉に共感を惜しまなかったのは、まことに納得のいく事柄である。》

健一も雁も、ただの学者や知識人ではなかった。ロゴスの人ではあったが、書斎にいて満足する人ではない。健一は月に半分は家を離れ、現地での聞き取りや調査に費やした。雁は、サークルや労組のみならず、ラボやものがたり文化の会を組織して、その指導するのに忙しく、しょっちゅう東京とのあいだを往復していた。それでいて、一人になると、こみあげてくる情感をパセティックなまでにうたいあげないではいられない、パトスの人であった。

両者ともに、歌を捨て、詩を捨てた時期が長かったけれど、本質的には言葉の真の意味で、文学者だったのである。それも、個にたてこもるのではない。つねに他者へ思いを馳せ、協働の社会に思いを致して、共同体の詩をうたいあげることをめざしていた。おそらく健一には、短歌こそわが日本唯一のオルソドクシー（正統）であるとの深い認識があったのだろう。

付言すると、健一は二〇〇九年一月十五日、新年の歌会始で召人をつとめ、左の歌が朗詠された。

陽に染まる飛魚の羽きらきらし海中《わたなか》に春の潮《うしお》生れて

前年文化功労者に選出されて平成天皇とお会いした際、陛下がご自分から大嘗祭について率直に語られるのに驚いたと家族に話していて、そうしたことから召人を引き受ける気持になったと推測される。それにしても、「虚の器」としての天皇制は無くさないでいいが、昭和天皇が退位しなかったことが戦後の無責任体制の一因と考えていた戦中派の健一である。宮中に参列するまでの思いは、相当に複雑であったろう。

16　精神共同体の運命

宮古島の神と森

雁の没後、齢八十を超えてからも、健一の活動は衰えなかった。一九九四年（平成六）、私は古巣の文芸誌「新潮」に復帰すると、第一回分を掲載したままだった『神に追われて』の続稿を促すべく、何度か宮古島に同道した。編集部を留守にするわけにいかぬので、私はほんの数日、あとは健一がひとり馴染みのホテルに宿泊を続けて、とことん聞きとりを重ねた。

おかげで、その本に登場する、モデルとなったユタ（宮古島ではカンカカリアと呼ばれる巫女）やノロ（ツカサ＝神女）たちとも知り合いになった。忘れられない思い出がある。私が宮古島の本島から離れた池間島のウハルズ御嶽《うたき》で、神願いをしてもらったときのことだ。時間に遅れそうになったので、タクシーを呼んであわてて駆けつけると、ツカサたちが四、五名じっと睨み、忘れたものがあるだろうと言った。何度もこうした場面には立ち会っている健一が、しまったと声をあげ、すぐに引き返して、かなり距離のある本島の雑貨屋で、一升瓶、線香、塩を購入して、戻った。

参道は前夜の雨で濡れていたけれど、二人とも靴下を脱いで向かった。ツカサがお供えの品を受け取り、四方に塩をまいてお清めをし、素焼きの器にコメツブをまく。線香を焚く。促されて、私が姓名、生年月日、家族構成を名乗ると、やがて神願いが始まった。一斉に唱え事をはじめ、しばらくすると、みなが欠伸を始めた。健一が小声で、神さまが乗り移った証拠だと教えてくれた。

一連の儀式が終わると、長老がおごそかに神意を伝えた。私の家族に具合の悪いのがいるので、すぐにユタに頼んでお祓いをしてもらえとのこと。翌朝、紹介されたユタのもとへ、健一と二人で出向き、私は訊かれることに正直に答え、時間をかけてさまざまなお祈りをあげてもらった。

「宮古島の神と森を考える会」でアイヌと交流する宮古島の人たち
後列右が健一

ちょうど帰京する日の午前のことで、これから帰ると家に電話すると、下の三歳になる娘が、高熱でひきつけを起こし、入院したばかりだった。

この『神に追われて』は、そのときとは別のカンカカリアである根間カナが主人公である。ある日、突然神ダーリ（神懸り）になって、逃げても逃げても神の命ずるままに、さまざまな戦慄的な体験をさせられ、その後カンカカリアとして再生するまでが描かれる。

本土の都会地で暮らす私たちがとうの昔に失った精神生活が、南の島では日常になっているのである。だが、一方で健一は、こうした風習もいまや風前の灯である現実から目を離さない。同書の中でも出てくる「宮古島の神と森を考える会」設立の動機は、左のように語られる。

《私は沖縄の本土復帰以前から今日まで、くりかえし沖縄に足を運んでいる。宮古は沖縄本島のように琉球王国の歴史的な記念物にもめぐまれず、また、風景の美しさでは八重山の島々には及ばないが、私をひきつけて離さない。もっとも高い所で標高百メートルそこそこの平べったい島のあちこちに、サトウキビ畑の中を白い道が走っており、刈り入れの時期になると、以前はキビを満載した馬車が、今ではトラックがすれちがうくらいで、何の変哲もない単調な日常風景が展開している。

しかし、私はこの宮古島で、もっとも貴重な南島の民俗の核心部分に触れることができた。宮古の大地と海から汲めども尽きないものを私は学んだ。かけがえのない教師である。宮古島に対する敬愛の念において、私は人後におちないつもりでいる。

今年の五月二十二日、宮古島の平良《ひらら》市に滞在していた私は、地元紙の朝刊のコラム欄にふと眼を落としたが、その内容の記事を読み終わって、強い衝撃を受けた。沖縄県宮古支庁農水課がまとめたところでは、宮古群島の森林面積は、沖縄県が本土復帰した昭和四十七年（一九七二）には七千八百ヘクタールであったものが、ざっと二十年後の一九九三年には三千六百ヘクタールに減少している。つまり半分以下に減っているという記事である。このままで事態が進めば、単純な計算では、さらに二十年後の宮古島には森林はまったくのこらないことになる。

ちなみに日本全国の森林率は六十七パーセント、沖縄県全体の森林率が四十七パーセントである。それに対して宮古島の現在の森林率は、わずか十六・四パーセントである。

宮古群島は渡り鳥の通路になっている。毎年十月十日頃になると、きまってサシバと呼ばれる小型のタカの群れが宮古の空をおおいつくす。

サシバは渥美半島の伊良湖岬や大隅半島の佐多岬に集合し、道の島と呼ばれる奄美や沖縄の島々を通って南下し、フィリッピン群島で越冬する。沖縄本島と宮古島との間には三百キロメートルに及ぶ島影一つみえない海が横たわる。その海を懸命に横断してきたサシバの群れにとって、宮古群島の森林は、翼をやすめるこの上もない休憩地である。しかし、サシバの数はめっきり減ったという。この愛すべき猛禽に一夜のねぐらを提供する宮古の森が、いちじるしく少なくなっているからだ。もはや宮古の風物詩の一つであったサシバが陽《ひ》をさえぎる大乱舞はみられない。

それに、どういうわけか、以前には宮古島におびただしくいたカラスも、島からすっかり姿を消してしまった。

本土復帰まえの宮古は、辺境といっても差し支えない田舎であった。それが今はみちがえるように変わったが、その二十年間の変化は、森林が半減するという代償と引き替えに得られたのである。宮古島は今年の一月から二月にかけて断水を強いられた。このような長期断水は、宮古島では初めてのことであるという。それは大がかりな開発の結果、緑がさらにはぎとられて、地上と地下の水の循環に異変が起こっていることを示すものである。このために宮古島の雨水の蒸発数量が本土より四十パーセント多く、逆に地下浸透量は本土よりも三十六パーセントも少なくなっている。もともと緑の少ない島である宮古に、やがて赤裸の皮膚をさらした小さく平たい島となる未来が待ちかまえていると、私がおそれるのも、けっして大げさなことではない。

宮古島には、いたるところに神が住んでいる。森にも海浜にも干瀬《ぴし》と呼ばれるリーフにも。大規模な資本によって囲まれた海浜や干瀬から神は追放された。宮古島の森にも神の居場所がなくなった。宮古は神高い島である。その神々が住めなくなったとき、宮古島は魂を失った、ぬけがらの島となる。

ここにおいて私は、明治三十九年にはじまった政府の神社合祀政策に反対して、ひとりたたかった南方熊楠のことを思い出す。神社の森は神霊のやどるところであり、しかも貴重な生物を保存している場所でもあった。その神社の森が伐採され、あとかたもなくなるという状態が生まれた。熊楠は当局の非を鳴らし、実行者の手先の前に素手で立ちふさがった。その壮絶なたたかいぶりはいまも語り草となっている。今日、環境問題がさけばれているが、いまから九十年前、熊楠ははやくもエコロジイという言葉を使用していた。熊楠の精神は今こそ生かされねばならない。

私が宮古島の地元紙をみて愕然とした日からちょうど半年目、今月（一九九四年十一月）の二十三日に、私どもは「宮古島の神と森を考える会」を発足することにした。多くの方の賛同と会への参加をお願いする次第である。》（「宮古島の神と森を考える」）

『神に追われて』は、「新潮」に四分載されたのち、本になった。その出版記念会が、沖縄、宮古島、石垣島を巡回して行われ、各地で著者の知り合いが大勢集まった。「宮古島の神と森を考える会」の大会にも、何度か一緒に参加した。また、それとは別に、宮古島の海を臨む台地で歌碑の序幕式が行われた折も、同席した。老いも若きも、みな健一のファンで、健一は終始上機嫌だった。

しかし、宮古島の神と森も、次の世代には継承困難であることを思うと、喜んでばかりもいられなかった。実際、その後宮古島の各島は沖縄と同様に自衛隊の基地化が進む一方で、悲惨なことになっている。

幻夢の背泳

雁の没後まもない九五年三月に、『幻夢の背泳』という、百ページ足らずの薄い本が河出書房新社から刊行されている。死の前々年、九三年春〜冬号の「文藝」に「単眼ノート」a、b、c、dの表題のもとに四分載された断章で、「大消滅・小消滅」「東アジア黄藍戦争」「手作り細胞一神教」「大口《おお》真神《かみ》を待ちながら」の四章からなっている。単行本の帯は「東アジアの虚空にひびきわたる戦後最大のアジテーター谷川雁・最後のメッセージ」とあって、派手にぶちあげているが、私の記憶では、刊行当時さほど評判になった憶えがない。

けれども、いま読み返してみると、一つ一つが断片的なだけに、かえって最晩年の雁の混じりけのない思考が迫ってくる。語られることの少ない本書の内容を、少しく丁寧に見てみよう。（ ）内は、筆者のコメントである。

《単眼ノートa　大消滅・小消滅

ノートの理想。かがやく白を敬遠する。寒色方向に彩度のある白。（後略）

ノートの時間。小氷河期。新生代への偏愛を禁じて、歳時記は棚上げ。季節はこの国の一神教として勢威を張りすぎている。

『幻夢の背泳』

ノートの場所。フォッサ・マグナの北の割れ目が化石をおしだすあたりを、東へすこしずれた霧の谷。（後略）

ノートの目的。鳥葬。（後略）

ノートの作者。愚人。痛風の特効療法として逆接接続詞の制限を実施中。

（健一は南方を志向し、青がキイワードだったが、雁は北方を志向し、寒色の白を愛好。）

無からビッグ・バン。（……）無から有を生じたとする以上は、因果律そのものがゆがまずにはすまぬ。熱湯をかぶるとむしろ冷たく感じるのに似た反応があった。いま認識論上の火傷をしている。（……）この年になって天文学からエイズにもまさる障害をおしつけられるとは。（中略）

ビッグ・バンのはじめが無なら、おわりも無。（……）三十年前の私は、宇宙は反宇宙と補完しあうので、振子運動をする永久機械のようにどちらも消滅しないと考えていた。いま私の反宇宙──逆説関係の最大範疇──は姿を消し、世界観の第一条がすり変ったのだ。

（宇宙があったから、反宇宙もあると思考してきたのに、無から有ではなく、無から無では、そもそも思考が成立しないではないか。ニヒリスト雁の悲鳴が聞こえるようである。）

死は一つの事業（エンタープライズ）であると、祖《おや》たちはよく口にしたものだ。曰く「あの世ゆきは一仕事」。死にまつわる困難の真髄は、肉体の苦痛ではない。自分なきあとの関係性の空虚さでもない。究極の地点で、死は主体によって成就されるべきものだ。みずから虫歯をひきぬくように、いや、そこまで自虐的ではあるまいが、出欠の札を裏がえすぐらいには、自分自身を生の基盤から剥離せよと迫られる局面がある。その強制を嫌悪せずに受けとめること、生と死の接続を逆説でなく順接の関係にすることを、かれらはちょっぴり古風な労働の比喩をまじえて語ったのだ。死には〈開始〉があり〈完了〉がある。たとえ数秒であろうとその何分の一であろうと、ヴェクトルあきらかな領域である以上は、一刻一刻がことばにつくしがたい前進の諧調を帯びたものでありたい。死は医師の設計思想の手中にあると考えている現代人には、この緊張感の一グラムを服用させても致死量になるのは確実だ。

（一刻一刻と死に近づくことの緊張感。その緊張感に、自分は耐えられるだろうかと、死の床で推し量る雁。

いずれにしても、それは何ものかの成就でなくてはならぬ。）

老衰した皮におさらばしたので、私はすこぶる愉快になっている。その私は拡大した。時空全体が私のような、それが楽隊を編成してあちゃらかに興じているような。厳密な私性はもうないのだ。――一羽の鷹が無垢の肉体をつかみ、低く地を舞っている。何歳にでもなれる虹と同年の、不可逆ではなくなった肉体。庭があり、広い葉の垂れた木があり、キィの狂った金管がのんびりした旋律をまきちらしている。そのこずえを鷹はまだ離れることができない。彼のくちばしから短い声がもれた。「今――」このさけびがある声調に翻訳される。「帰るべき者ならば翼を、帰らざる者は歌を」私という名の全局面はしばられて身動きすることができない。そしてだれが指示したのか、ついに歌がはじまった。単数のコーラス、複数のアリアともきこえる、自分による自分のための挽歌。
〈主体〉はもうこちら側へは帰らない。
（単数のコーラス、もしくは複数のアリアが聞える。それは個のままであって、ついに合唱ではありえないのか。共同体の夢はどこへいったのか。）

理念としての肉体すら棄ててしまったことの何たるよろこび。私性のない、抽象の自己だけがなおも在る。それは魂としかいいようのない仮象であり、とびらの前の露、露よりも露であり、朝よりも朝である。最後にのこる一滴の獣の香りは羊歯の葉に吸収される。ゆえに母よ、私たちの輪廻はもうありません。絶叫が上昇する。真空のとびらは青く閉じられたままだ。》
（母よ、という呼びかけが悲しい。健一は妣《はは》への係恋を手放していないが、雁はとうに突き放しているかのようだ。）

入院して癌の宣告をされる前なのに、雁ははっきりと自分の死を意識している。すべては死をもって停止し、無と考える、徹底して個人的で近代主義的な死である。神も無ければ、死後の世界もない。宇宙すらも、いずれ無に呑み込まれるだろうと言う。

《単眼ノートb　東アジア黄藍戦争

黄と藍と。東アジアは情念の二つの色に染め分けられている。だれもが想像できたのに、だれひとり予告しなかった嵐の誕生。大陸の、半島の、島島の、都市も田園も、港も盆地も、伏羲と女媧のようにからみあい憎みあう人面蛇身の二系統に分裂している。発端はいうまでもなく、膨張してやまない中国大陸の人口圧である。二十億に達した人口の一パーセントが、制止をきかず海にあふれる。毎年二千万人ずつ吐きださなければ、内戦と侵略しか道のない巨大国家。周辺は噴火よりも溢水を選ぶだろう。水位を増すばかりの異邦人の洪水に、東アジアは衝撃を受けつづけ、中国人ゲットーの網はあらゆる都市にひろがる。諸民族の移住も加速される。未来とはなによりもまず、予測より一ケタも二ケタも大きな流動であり、そこにふくまれざるをえない情念の葛藤である。そして情念の差が恒常化するにおよび、一挙に異なる社会システムにまでたどりついたのであった。

〈黄〉とはなにか。一言でいえば漢字世界である。（中略）

漢字世界をバイオ的に化学分解する力が〈藍〉である。（……）漢字世界〈黄〉をむかえうつこのエスプリが、東アジア全域で青く燃えるとき、事態は変る。

（中国大陸の圧力は、雁が予感したように、今日、現実のものとなっている。〈黄〉をむかえうち、分解する〈藍〉は、はたして残されているだろうか。青く燃えることが出来るだろうか。）

中国周辺民族が何千年も、いわんとしていいえなかったことを、今いわねばならないし、いうことができる。すなわち、中国のような巨大さは、その存在そのものが悪であるということだ。これを日本にたいする重力の話にしてみよう。社会の質量を歴史時間と人口と経済力を掛けあわせた立体とみなすとき、国家成立の古さにおいて二倍、人口においておそらく二十倍だから、経済力が同じなら、質量の積である重力比は$(20\times2)^2$、じつに千六百倍ということになる。かりに経済力が半分としても四百倍だ。このような吸引力を、周辺への人口圧とあわせてどのように処理するか。それしだいで、東アジアを究極のところ中国化してしまいかねないおそれがあるのは、火を見るよりあきらかだ。中国vs周辺連合の構図は、長期かつ残忍な対立に転化するだろう。ここに対立を、黄藍の精神潮流とそのシステム化に置きかえる意義がある。たとえまぼろしであろうとも、この道を進まねばならないのだ。見よ。すべての地域で病院、学校、教会、市場、銀行などの生活組織が両派の専属に区分され、他派の利用を不可能にする方式で運営されているため、街はどこか絹糸と綿糸を交ぜて織られた布の、めくるめく光を感じさせる。二つのエコールの拮抗作用が活発であるかぎり、単一組織としての国家のプレゼンスは抑えられる。藍派による戸籍の放棄がじりじりと進行するにつれて、国家は、榕樹の気根のように空中から垂れさがる黄藍二つのシステムにしめつけられ、壊死にみちびかれる。その過程はまた、黄派の化学分解をうながすという仕掛けである。》

ここでは雁が構想し、ついに未完のまま終わった東アジア共同の夢と、それがついに中国（黄）とそれ以外の国（藍）との対立、衝突の結果、無惨に破滅していく未来が予言されている。すでに中国は日本の経済力、軍事力をはるかに凌駕している。膨張してやまない覇権主義、侵略主義は、いよいよ脅威になってきており、わが国も周辺国もなすすべがない。雁の幻夢は現実のものになってきている。

《単眼ノートc　手作り「細胞一神教」

ふつう水を生命のもとというけれども、生命の鋳型とふいごである火と風の役割はそれにもまして大きい。地球のエロスの本質は水じゃなく、火ですよ。綿綿とつづく生物たちの愛撫のかたちは、この当時の火と風のデュエット、それもほんの一部をなぞったものでしかない。愛の行為について、人間がなにか造型的な発明をしたなどとは、アルマビバ伯爵をすらごまかせない、まっ赤な嘘だ。(雁にとって、生命は、エロスは、水ではなくて、火と風だった。愛の行為は何者かを創造するのでなく、接触であり、舞踏だった。)

進化の全過程をつらぬく本源的な動力は、一秒の例外もなく〈性〉である。すなわち性はもともと一元なのだ。それなのに生物が一元的生殖から二元的生殖へと展開し、性の基本構造が変ったかのように受けとるのは、十億年以上の時間をへだてて、脊椎動物哺乳類の雌雄概念を〈性の原基〉とするからである。そうではない。性の原基は、地球の始元たる灼熱の渦に置かねばならぬ。性とは、言語に絶する渦の異名である。(若くして老子の玄牝の門を覗きこんだ雁にとって、性は終生、言語に絶する渦の異名だった。)》

じつに、性は雁の原基であり、同時に鬼門だった。雁とかかわりのあった数々の女性たち。森崎和江、石牟礼道子は言うに及ばない。渋澤龍彦と離婚したあと黒姫山まで雁を追ってきた矢川澄子は、追悼の文章で「vulnerability（傷つき易さ）なる単語を覚えたとき、これこそは谷川雁のためにある語だと感じいったものだった。いずれにせよ、あのタイプの男はもう二度と生れない。「ダイノザウルスの生き残り」は、二度とふたたび地上を闊歩しそうにもない」（「高みからしゃべる人」）と書き、自分も自殺してしまった。

《単眼ノートd　大口真神《おおかみ》を待ちながら

ラジオによれば、巨大な一つ眼は屋久島の西方海上を通過しつつある。筑前の笠をかぶり、大隅半島の片足で立ち、薩摩半島の片足をひょいと浮かせ、肥前の岬を両手のかたちにくりだして簑踊りをする九州本島は、そろそろ仮装を脱ぎすてようとしている頃だろう。岬にはたてがみが生え、波はうろこに変る。ぬれた新聞紙のにおいがふっと襲い、どこかの看板が一声きいっと悲鳴をあげる瞬間ほど、九州人がいきいきするときはない。用もないのに外へ出て大怪我をした。川を見にいって流された。てっきり気圧の急激な変化に酔う、とくべつな生理機構がある民なのだ。（気候の温暖化で、毎夏の集中豪雨、大規模被害は常態化した。これは日本列島の宿命なのである。九州人がいきいきするときが来ている。）

台風が息をつきはじめる。枕崎、瞬間秒速三十米。そこで暴風は音ではなく、声だ。明瞭な人格だ。声は大地を打ちながら、その上に住む動植物のすべてを水びたしにし、泥まみれにし、目鼻もわからない供物にすると脅迫する。人間とみみずはいっしょにその宣告をきく。台風が語る。人間のことばで語る。こんな地方は九州よりほかにない。物理現象をこえた心意現象なのだ。よびかける相手はつねにかつての朝鮮海峡、多島海の民であり、ある聴力にとってそれは「おう倭《わ》、うぉう倭、ひゅう、ひるひゅう、どう、倭、倭、倭」といったぐあいにきこえるのである。
(「輪、輪、輪、輪が三つ」というコマーシャル・ソングがあった。しかし、雁の耳には「倭、倭、倭、倭、倭が三つ」と聞こえたに違いない。)

私の口舌に耳をすましていたらしい蛙が、かすかにみじろぎをした。急に蛙を教育したいという博愛心にとらえられて、もっていた鉛筆の先で頭をこづいた。「おまえは喜劇が悲劇に変るとき、狼が生まれるとおもってるだろ。それを感傷というのだよ。九州は磐井の乱、白村江、元寇、倭寇、朝鮮の役、島原の乱、西南戦争というぐあいに、外部と戦うたびに敗北を重ねた。コップ一ぱいの水を飲むのも喜劇の種になるこの地方で、悲劇しかみつからない状況が生まれる。しかたない。瘤だらけの古生薑の揮発性に富んだ辛味をまぶすよりほかない。比喩を行動で表現するわけだ。すると悲劇のなかから軽い喜劇が遊離される。この遊離感を骨にした、鉛色のメタファが狼なのさ」
(敗北に敗北を重ね、いままた自分も敗北しようというのか。狼は狼でも、鉛色のメタファとしての狼、それが自分だ。感傷ではない。雁の苦い認識であった。)

風が吹く。ラジオを通ってきた台風が、からまつ林のエゾゼミの群れを吹きとばす。蝉がポリネシアの歌垣になって鳴き返す。「戦後はどうしたの。どんな喜劇だったというの。メタファの芯は何だったの」山麓の森一帯にどっと大声がわめいた。「労働原理主義」。》
(「戦後はどうしたの。どんな喜劇だったというの。メタファの芯は何だったの」。本書の読者も、雁にそう訊ねたいにちがいない。私も、そうだ。)

結局、雁はどこにも安住の地を見出せない渡り鳥だったのか。流民であり、流亡の民だったのか。子どもたちのために作った次の歌詞は、そういう自分に向けた挽歌のように感じられて、哀しい。

　鳥舟《とりふね》
荒れし園《その》の春　さぎの羽ひとひら
旅びとのごと　水のうへめぐりぬ
「つつましき世の　ものがたりをせずや」
ほほゑみしよ　青ざめしよ
「かのふねのをかしき　いつの日にか
われ君が手に　とらはれむしるしぞ」
忘れじ　このとき　立ちたるそよかぜ

かなた野のはてに　音もなきいなづま
罪《つみ》知るがごと　ばらの庭かがやく
「あすよりははや　いくさびとのわれぞ」
うなだれしか　震《ふる》へりしか
「いまあけしとびらを　いかで閉じむ
とく帰りませ　しろきふね待てばや」
忘れじ　かのとき　ゆれしはさざなみ

悲しみの海

二〇一一年三月十一日午後二時四十分、東日本大震災が発生した。直後、津波に襲われて、福島第一原子力発電所の建屋も吹き飛んだ。死者・行方不明者およそ二万二千人。未曾有の大災害である。

同年の「海の宮」第三号・夏に、健一は次の文章を寄せた。

《三月十一日、東北地方で大震災が起こった。

「地上では、諸国民が悩み、海と大波のとどろきに怖《お》じまどい、人々は世界に起ころうとする事を思い、恐怖と不安で気絶するであろう。」（ルカ伝　第二十一章）

「そのとき、ユダヤにいる人々は山へ逃げよ。屋上にいる者は、家からものを取り出そうとして下《した》におりるな。畑にいる者は、上着を取りにあとへもどるな。」（マタイ伝　第二十四章）

新約聖書に記された「終末の日」通りのことが、東日本の沿岸部で実際に起こった。着のみ着のままで高所に辿りついたものは助かったが、逃げ遅れたものは、波にさらわれて帰ってこなかった。

また、フクシマの第一原発で生じた未曾有の事故も、聖書の文章を想起させる。

「その日には、この患難の後《のち》、日は暗くなり、月はその光を放つことをやめ、星は空から落ち、天体は揺《ゆ》り動かされるであろう。」（マルコ伝　第十三章）

地震と津波は自然災害で「想定外」であり、フクシマの原発事故は、人災といわれるが、これも大部分の人にとっては「想定外」であったにちがいない。つまり日頃の常識をはるかに超えた大惨事が起こったのである。このとき、われわれを襲った自然は人間に親しみやすい、優しい自然ではない。魔物のように歯をむき出した兇暴な自然であった。つまり人間の日常の尺度で計れない自然であった。

私が人間以外の、あるいは人間以上の存在を否応なしに認め、それが私の思念に介在することを拒否しない心境になっていたとき、どのような殺人事件も及びつかない自然の残酷きわまりない行為に直面した。有情な自然はまた非情である。そこで私は二重の衝撃を受けた。人間以上の存在の姿を見たような気がしたのである。

東北の三陸海岸の、家も船も流された漁師が、連日海辺に立ち尽くし、一日も早く漁が再開されるのを待ち望んでいる姿がテレビに映し出されるとき、彼らにとって、自分の同胞のいのちを奪った海は、自分の生甲斐を支える有情の海でもある。私もまた漁師の背後に立って、有情と非情の矛盾した心境を交錯させながら、海をみつめる。

私どもが今回の大震災から受けた教訓は、人間を超えた存在があるということではなかろうか。それが人生の終点に近づいた私の感想である。

しかし、私の感想はここで尽きるものではない。テレビに映し出される子供たち――その中には三歳未満の幼な子も多くまじっている――が元気に遊んでいるのを眺めながら、「日本の将来はこの子たちが担うことになるのだ」という思いに駆られるのである。そのとき、日本はどうなっているのだろうか。新しい日本の姿を私は見ることができない。ただ美しい日本であってほしいと願うのみである。》

平成二十三年四月二十日

この年十月、私は「やま　かわ　うみ」誌の企画で、健一にロング・インタビューをしている。タイトルは「自然への畏敬、民俗への愛」で多岐にわたったが、そのなかで、健一が私の質問に次のように答えてくれたことが、強く印象に残っている。

《――先ほど、他界では死者も生者も共存していて、それが救いになるんだとおっしゃいました。そのことに関連して申し上げると、私は今度の災害で一番ショックだったのは、南相馬の九十三歳になる女性が、避難避難であちこちに行かされて、ようやく家族と一緒に自分の住んでいたところに戻ったのに、原発事故はおさまらないし、これからどうなるかわからない。また避難しなくてはならないことになっては、もうこれ以上は迷惑をかけるわけにいかないから、「お墓に避難します」という遺書を家族に残して、自ら命を絶ったという毎日新聞の記事でした。これは衝撃だったですね。そして、こういう時に、死のうとしているお婆さんに、民俗学は何と声をかけてあげられるか、それが今問われているのだと思いました。

谷川　東北の被災者は、自分の家族や親族が津波に流されても、人間の誇り、気高さを持っている。死者と生者が共存する世界観が無意識にあればこそ、毅然としていられるのではないかという気もする。キリスト教では次の世界は今の世界と断絶してるでしょう。だけど、日本人は盆とか、正月とか、わりと気安く帰ってくる。外国の場合は壁で仕切られているけど、日本の場合は障子、襖ぐらいの仕切りしかない。現世と他界は繋がっている。そういうような死者に対する身近さ、やさしさ、親近感、いわば循環的な世界観を、古代人は持っていた。ここらへんは救いになるんじゃないか。》

そして、最後に「民俗学は人を謙虚にしますね」と語っていたことが忘れられない。

翌年七月、健一が玉田尊英とともに編んだ『東日本大震災詩歌集　悲しみの海』には、岩手、宮城、福島在住の被災者の詩五編、短歌百八十首とともに、健一の歌「終末の日」も収められている。

棄てられて飢えさまよへる牛の群の足音《あのと》とどろく人絶えし町
飼育されゐし一羽の駝鳥が放たれて町の砂漠を飢え歩きゐる
見捨てられし町の夜更に青赤の交通信号は明滅しをり
海霊《よなたま》の怒り畏《かしこ》し群なして黒き水牛海より襲ふ
百千の黒牛海よりあがり来て街を襲へり「終末の日」よ
誰びとかその名を知らず流れ着きし死者の瞼はやさしかりけり
見はるかす「かなしみの市《まち》」海の果死者の絆の絶《た》ゆるなけれど

『悲しみの海』と『地名は警告する』

北国の海の悲劇を語り継ぐ死者の絆の絶ゆる日なければ
みどり児はその手に青き麦の穂をにぎりしめしか波のまにまに
大波もやさしく抱けよゆりかごに眠るみどり児目ざめぬやうに
水に泛ぶ廃市に降れる淡雪は残れる者の無声慟哭
「泣かねども涙ひまなき」日々を生く北の海辺の小さき民は
悲しみの刃《やいば》は胸を刺し通す九十の坂をわがのぼりつつ
日本の存亡かけて立ちゆかむ時に老いたるわが身悲しむ

これだけではない。翌々年三月、死の四か月前に、『地名は警告する　日本の災害と地名』という著書を、地の「日本地名研究所」の主だったメンバーに執筆を依頼して、刊行しているのである。なんという力業であろう。序の「災害と地名」は、こうある。

《地震を古語でナイというが、この語は今でも奄美や沖縄で使われている。伊波普猷は『古琉球』で、ナイなどの古語は、琉球人の先祖が大和民族と袂を別って、南方に移住したころにもっていた言葉の遺物である、という。伊波は日本文化が南島に波及したという説の持ち主であるから、そのような考え方になるのはとうぜんである。

宮古島でも地震をナイと呼んでいる。『宮古島旧記』に載せられている伊良部島のヨナタマの伝承は本書でも川島秀一氏が紹介しているが、「人面魚体でよく物を言う魚」であるヨナタマは人魚になぞらえられるジュゴンのことである。柳田国男はヨナは海をあらわす古語でヨナタマは海霊をあらわす、と述べている。(中略)

本書で、太宰幸子氏が宮城県南三陸町水戸辺《みとべ》の「経塚」のことを紹介している。それによると、「津波が押し寄せてきたとき、一人のお坊さんが、あまりに強く高い津波が鎮まるようにとお経を唱え続けた。すると、その高台の和尚さんのいる目の前で津波が止まった」という。そして今回の東日本大震災でも津波が押し寄せたが、経塚という地名のある場所はあやうく難をのがれたという。

太宰氏によれば、この話が伝える地震とは、慶長十六年の津波より古い時代であったらしく、もしかすると貞観《じょうかん》の津波ではないか、とする地元の人の説があるという。

今回の大地震では、宮城県名取市閖上《ゆりあげ》も津波の被害を受け、七百五十名にのぼる甚大な犠牲者を出したところである。「揺《ゆ》る」は風波が海底の砂を淘《ゆ》りあげて岸に押し寄せることで、閖上はそれにふさわしい地名であった。

また神奈川の相模灘に面した大磯町、二宮町、平塚市のあたりは、万葉集巻十四に、「相模路のよろぎの浜」と詠まれているところである。「よろぎ」も「ゆる」に由来する。大正十二年の関東大震災のときには、鎌倉市の海岸や大磯町にも津波が押し寄せて、死者を出した。（中略）
日本列島は狭小な土地柄で山地がいきなり海に接して平野が少ない。急峻な河川が大部分であり、四周は海にかこまれている。こうした自然災害に侵される危険な地形にみちており、おまけに地震列島なので、当然のことながら、地名もまたその危険を予知するものが少なくない。それらの地名は、ここは危険な地域だから、ふだんから警戒を怠らぬようにと予告しているのである。それは地震や洪水や津波に対する警告にとどまらない。人間が大自然の中の存在であることを忘れないようにとの警告である。こうした地名の警告に真摯に耳を傾けることは、われわれが自然的存在であることを確認することにほかならない。自然は人間にとって、恩恵にみちた相手である一方では、ときには抗し難い暴力で襲いかかる脅威を兼ねた存在である。このことをあらかじめ知っておくことは、自然に対する人間の驕慢を防ぎ、人間を謙虚にするのに役立つであろう。》

常世の渚

孤独なまま、戦い破れて死んでいった雁と、この健一のきわだった死生観の違い。それは、彼が無意識のうちに沖縄の海に引きつけられていったことにつながるだろう。

《日本人の意識の根元に横たわるものをつきつめていったとき「常世《とこよ》」と呼ばれる未知の領域があらわれる。それは死者の国であると同時に、また日本人の深層意識の原点である。いやそればかりではない。日本人がこの列島に黒潮に乗ってやってきたときの記憶の航跡をさえ意味している。仏教やキリスト教の影響による世界観や死生観が支配する以前の日本人の考え方を「常世」の思想はもっとも純粋かつ鋭敏にあらわしていると私にはおもわれる。

常世の思想は私が沖縄通いをくりかえしているうちに、南風に当てられて、熟していった。それは妣《はは》の国への係恋《あこがれ》と言い換えてもよい。私はあまく熟れた果実をむさぼるように、妣の国の思想の刻まれた南島の風土を旅しつづけてきた。（中略）

沖縄の海を眺めるときの感動は、日常的な空間と非日常的な空間、現世と他界とが一望に見渡せるときのそれである。それを一語で表現するとなれば「かなし」という語がもっともふさわしい。沖縄では「かなし」という語は愛着と悲哀の入り混じった語として、今日でも使用されている。現世への愛着と他界への悲哀だけでなく、現世の哀しみと祖霊の在《い》ます他界への思慕もこの語にはこめられている。（中略）

この世の渚は常世浪《とこよなみ》の押しよせるところである。沖縄本島の西海岸の北部にある大宜味《おおぎみ》村の喜如嘉《きじょか》の海神祭にうたわれる歌に、

ニレー潮《ず》や　さすらどや
みなと潮や　みつらどや

という荘重なひびきのことばがある。このニレー潮は、ニライカナイから海辺にさしてくる潮がしらであり、いわゆる常世浪にほかならない。（中略）

渚に立ってまなざしを海の彼方にそそぐときの解放感は何ものにも替えがたい。

私は幾十年も前から沖縄の旅をくりかえすなかで年老いて今日にいたっているが、いつしか私の心のうちに、どこか先島の離島の人気のない渚で、生き倒れのような恰好で死にたいという願望がひそかに芽生えてくるのを感じるようになった。さりとて先島を一介の旅人として通り過ぎる私に、

そのような至福が訪れることが困難であることは百も承知である。そこで、これは今のところ「快い夢想」として胸の底に蔵《しま》っておくよりほかに致し方なさそうである。渚に死にたいという他愛ない幻夢を道連れとして、私は今日も海の微風をまともに受け、潮騒を聞きながら、渚を歩くのである。

肉は悲し書は読み終へぬみんなみの離《ばな》りの島の渚に死なむ
みんなみの離《ばな》りの島の真白砂《ましらご》にわがまじる日は燃えよ花礁《はなぜ》も
（「この世の渚　常世の渚」『日本人の魂のゆくえ』二〇一二年六月）

私が健一の死を知らされたのは、二日前に依頼した原稿の進捗ぶりについて電話で話したばかりという知り合いの編集者からだった。二〇一三年八月二十四日。享年九十二。三か月前、自身で編集した冨山房インターナショナル版全集全二十四巻の完結を見届けており、前日には歌集『露草の青　歌の小径』が刊行されていた。

ことさらに暑い夏だった。葬儀が柳田國男の墓地のある、小田急沿線の霊園でおこなわれたのは、健一の指定によるのだろう。その年の秋、私は肝臓のがんを摘出して、どうやら命拾いした。生還して、無性に沖縄の青い海が見たくなり、石垣島に飛んだ。あいにくの天候で、海はどんより濁っていたが、たまたま夕食に立ち寄った地元料理の店が、健一と訪れた店だったのが、偶然とは思えなかった。

結びにかえて　共同性をどう回復するか

谷川健一と雁、兄弟の戦後の歩みをたどるなかで、いま私たちが失いかけているものを確かめ、それをどう後代に伝えていけばよいか考えてみた。といっても、両者が残した仕事の大きさに追いすがるのに精いっぱいで、後半はほとんど祖述に近いものになってしまったようだ。

ここで私なりのまとめをしなくてはならない。私が二人を並べて論じたのは、両者が戦後日本社会のオプティミズムとニヒリズムを共に克服すべく別々の方向から探し求めていた精神の共同体とは、結局のところ、私たちにとって何であるかという問題に行き着く。

健一の場合は、比較的わかりやすい。長い思想的彷徨のあと、柳田國男と出会ったことで、姿勢が定まり、以後、柳田を正統に受け継ぎながら、それを乗り越えることが、彼の民俗学となり、十分にその使命を果した。もちろん、その道は平坦ではなかった。なぜなら、戦後社会は民俗学が尋ねあてるべきフィールドが、地名さえもが、徹底して破壊されていく時代だったからである。

そのために、健一はいまだ破壊が及んでいない沖縄を主要な調査地として選び、そこから民俗の問題を考えた。歴史を遡って古代を考察したのも、そこが恣意的な改変のきかぬ領域で、古代人の魂がそっくり生け捕りにできると考えたからだろう。

四十六歳にもなって、在野の一民俗学徒に転身、「最終列車の最後尾」にギリギリ間に合って、以後、息の続くかぎり裸足で走り続けた。

「最終列車の最後尾」とは、よく言ったものだ。健一は沖縄久高島のイザイホーや宮古島の祖神祭《うやがん》が行われていた時代に、かろうじて間に合ったのだから、幸運である。その沖縄も一九八〇年代に激変して、貴重な民俗行事はすっかり途絶えてしまった。後続の私たちには、ペンペン草も生えていない。二十世紀最後の年、私は所属していた文芸雑誌の三月号で谷川健一、岡野弘彦、前登志夫三氏による新春特別鼎談「わが国土の再建」を企画した。その冒頭で健一はこう発言している。

《折口信夫は「神やぶれたまふ」という詩や「倭をぐな」の歌の中で、戦後の自分の心境を書いておりますね。そして、敗戦の痛手を自分に引き受けている。その時私はちょうど二十五歳。戦前の皇国史観でずいぶん窮屈な思いをしましたので、戦後に自分の希望をかけた面があり、折口信夫があれほど痛手を受けたことが半分はわからなかった。ところがこの三、四年前から、折口のあの敗戦体験を思い出して、非常に痛切に響いてきたんですよ。私にとって本当の敗戦は現在ではないか。三、四年前からの、神戸の大震災やオウムなど、ああいう出来事が途切れなく続いてきて、先がわからなくなってきた。私は、日本の敗戦を一九四五年以上に今痛感している。》

また、「国土が傷つけられたり、汚染されたりするのに対する怒りが、僕はナショナリズムの根源にあっていいと思うんです。日本人の国土に対する愛。それは森に対する愛でもありますし、また海に対する愛でもある」「私のやってることは、これは保守的な行動です。地名を守れ、神の森を守れ、砂浜を守れという、守るほうです。新しい形の保守の思想が日本に育ってほしいと思うわけですね」「戦後五十年たちました。これを正統的な日本の歴史に位置づける必要はないと思う。これは頸椎がちょっと外れてる、そう考えればいい」とも。

美しい海岸線が年々醜悪なコンクリートの塊で塞がれていき、地域の大切な地名が失われていく。

海岸線は人間の皮膚だ。地名は無名の住民たちの歴史と暮らしの貯蔵庫だ。にもかかわらず、多くの現代人はそれを軽んじて、もはや何とも思わない。経済第一主義の世の中で、あのまじめでつつましかった日本人は、明らかに変質した。地位と金のみを求め、私利私欲しか頭にない、と痛憤した。タカ派の論客が過去の日本について何の反省もなく、声高に愛国を叫ぶことを批判する一方で、多くの知識人が愛国という言葉を毛嫌いして、恰も自分が無国籍人であるかのようにふるまうのを軽蔑した。

酒の席で雑談に移り、酩酊が深まると、いったい日本人の誇りはどこへ行ってしまったのか、これから先、日本はどうなってしまうのだろうというのが口ぐせだった。

民族の誇の発条《ばね》もなくしたる夏あつきかなほろびの国は
つひにわれ人間を憎みて終らむか夕陽蕩《とろ》かす空棚の火酒
露草の青き夜やみにまぎれゆく狂狷のわれを人に知らゆな
廃王のわれの自由は昼日中湯槽の湯玉散らして遊ぶ
三井楽の浜にわがゐて流氓《りゅうぼう》の終りたしかむおそき日ぐれに

（『余花』）

私の記憶では、晩年の健一は柳田よりもむしろ折口について語ることが多かったように思う。柳田が折口について言ったように、「あれほどよく本を読んでいながら、誰それがこう言ったという類の引用をしたことは一切ない」のに驚き、その凄まじいまでの洞察力に畏敬の念をもっていた。死をまぢかに意識することが多くなっていたせいもあるかもしれない。

健一は、著作においては死後魂は他界へ赴くということで一貫していて、これは柳田・折口と変わらない。しかし、それは主に古代人のことで、民俗学は共同体が対象だから、個人の救済の問題は扱わない、自分自身の死生観とは別だ。親鸞の言う悪には、生々しい現代性がある。宗教的な救済については まだ宿題が残っている、と口にしていた。

それだけに、沖縄の明るい冥府へ寄せる思いは、年々切実なものになっていったのではないかと想像される。そこには魂を安らがせるものがあり、健一の好きな「共同体の詩」があった。この世を去るとき、本人は常世の渚を心に浮かべてたじろぐことはなかったであろう。

私は白川静が『白川静著作集』全十二巻を完結、井上靖文化賞を受賞した際のお祝いの会に列席したことがあるが、そのとき健一が述べた祝辞を忘れない。

「……先生は甲骨文や金石文の文字を一つ一つ解読するという、無限の忍耐を要する仕事からはじめられました。その解読によって、古代中国の民俗はもとより、その心意の深みまで分け入られ、当時の人々の世界観、死生観を明らかにされました。私は白川先生のお仕事を、柳田が終生をかけた厖大な民俗語彙の収集と比較してみたいのであります。中央から見れば取るに足りない地方民の生活の息づかいが、かすかな言葉にこめられております。その生活の襞々に残る言葉を見逃さず拾い集めるという辛気くさい基礎作業があったればこそ、柳田の巨大な民俗学が構築されました。

ながい間、柳田や折口の学問に親しんでまいりました私は、白川先生のお仕事にも、浅からぬ学縁を感じるのであります。学縁とは仏縁をもじった私の造語で、こればかりは白川先生の厖大な字書にも載っていない勝手な言葉ですが、おなじような民俗学徒でも、自分に学縁のないと思う研究者は大勢おります。

それに比べれば白川先生はなんと身近に居られることでしょう。その気持ちをひとしおつよくもつのは、先生が独学者であることからくることも大きいと思います。……

先生の学問は世襲の学問ではありません。戦国武士のように、実力をもって国を奪いとっていく国取りの学問であります。」(「独学できわめた『神遊の学』」)

この健一の祝辞を、私はそっくりそのまま健一に返したい。

一方、雁はどうであったろう。序でも述べたが、もともと私は政治や経済には関心がなくて、全共闘世代に近いというのに、雁や吉本隆明は敬して遠ざけたほうだった。しかし、本書を書くので改めて雁の全仕事を読み返してみると、彼は彼で多様な人間が共働して織り成す、ある幻の空間を構築しようと悪戦苦闘した一本の道が見えてきた。

それは、解体と空洞化に瀕している時代と社会に抗する幻のコミューン、あるいは精神のユートピアといってもいい。

けれどもそれは、雁が詩で実現したようにはいかなかった。言葉が命で、言葉をどう用いるかに一切がある詩は、レトリックが際立っていることで十分成立する。

しかし、敵と味方が入り乱れて闘う現実の場では、何といっても、実際の力がものをいう。アジテーションの天才だった雁は、声明文や演説では、暗喩や反語などのシャープできらびやかな言葉を用いて、カリスマ性を発揮できたけれど、真の理解者には恵まれなかった。唯一の例外が、無心な子どもたちで、雁は晩年宮澤賢治の人体交響劇を演出することに、全力を傾けた。しかし、本当のところ、本人にどれだけ確信がもてたか、また、子どもたちは、どこまで理解したか。

健一の長男の章雄さんから、父親はふだん暗い性格だが、雁は明るかったと聞いたことがある。思い当らぬでもない。チャップリンの映画で言えば、父親は才気走った「モダン・タイムズ」がいいといったのに対して、雁は「街の灯」がいい、ヒューマニズムがあるからと言ったとも。雁とヒューマニズムはにわかに結びつきにくいが、大勢の人間を前にして演説をぶち、さまざまな場で皆をリードしていくには、大きな声を出さなければならぬだろうし、それにはいつも明るくにこやかに、自らを鼓舞していなければ、やっていけない。聞いてもらえない。そのぶん、孤独は深かったかもしれない。鶴見俊輔が、雁没後、熊本の近代文学館で「谷川雁展」が開かれたとき、講演に呼ばれて面白いことを言っている。はしょりながら、引用する。

《「彼がいた」という題を思いついたんです。谷川雁が付けそうな題でしょう。学徒出陣の送別会で、「たとえ奴隷になっても、何か言おうではないか。イソップは奴隷だった」と演説した。これだけのことをパッと言う。すごいですよ。彼には大きく摑む力があったんです。そういう人を私は他に知りません。アメリカだってオーストラリアだって、そういう人にぶつかったことがない。全く独自の人。大きく捉える力と小さく捉える力との組み合わせを、同時にできる珍しい人です。「村」という時、小さく摑むようで日本を大きく摑んでいるんです。威張るということが、谷川雁の生涯を通じての特徴だったね。あれは病気だね。森崎和江さんから聞いたんだけれども、ある時、雁さんに「そんなにいつも威張っていて駄目じゃないの」と言ったら、雁は珍しく弱気になって「俺から威張るのを取ったら、何も残らないんだよ」（笑）。ラボも「村」が原型です。つまり、ラボの運動という構想には、あの幕末の高野長英みたいな活動がある。明治以後の近代化なんて問題ではない、という考え方。高野長英に擬して自分を見ている。

雁の中には大きな地球儀があり、そして長い長い時間があり、キャンバスが常にあった。キャンバスの中に自分をパチンといれた。

彼が一九六〇年、日本の高度成長が始まろうとするときに「もう詩を書くのはやめた。瞬間の王は死んだ。詩を書いても、書いたそばからすぐてんぷらのように揚がっちゃう」と言った。「じゃあどうするの」って私が谷川雁に聞いたんだ。

「みんなが俺を忘れた頃に、能を書くことから始める」。なるほど、彼が書き始めた「能」というのが、あの宮沢賢治の物語であり、人体交響劇です。

一九二三年に彼は生まれた。だけど生まれた時代からはみ出していたね。彼には古代人の夢、人間の夢があった。それにしても、よく威張ったね。威張ることを別にして彼は存在することができなかった。それを考えるとなんとなくおかしいですよ。》（第Ⅲ期「サークル村」二〇〇四年春、第4号）

いま、日本に、世界に、疫病が蔓延していて、終息が見通せないでいる。日本は、世界は、破滅にむかっていよいよスピードを速めているように思える。格差は広がる一方で、戦争の脅威は増している。地球環境は悪化し続け、民族同士の抗争には歯止めがきかない。二十世紀の後半から二十一世紀にかけて、世界史は激変につぐ激変で、底が抜けてしまった。戦後社会の空洞化もきわまったといっていい。これがさらに悪い世の中の到来の予兆であるとしても、だからといって私たちは、まだまだ絶望などしていられない。

これを克服するには、政治や経済の利害に左右されないコミュニティを、個々人の心のうちに築くしかない。ただし、性急にそれを求めるなら、全体主義やファシズムを招く危険がある。そのことを、私たちは嫌というほど学んでいる。しかし、とはいえ、もはや水平の次元での思考だけでは、社会はどうにもならなくなっている。

垂直の次元での思考をとりいれながら、それをどう水平の次元で実現していくか。それが容易でないのは、二人の歩みを振り返るとよくわかる。しかし、可能性はここにしかないと知るべきだろう。

二人の構想と思想をこれからどう受け継ぐか。それが私たちに課せられている。

戦後、論壇を賑わした知識人たちはおおむね退場を余儀なくされてしまった。残ったのが、雁と健一の二人だ。あちらへぶつかり、こちらにぶつかりしたが、決して安易な妥協はしなかった。徒手空拳、たった一人橋の下で寝転んでいた野武士がやおら立ち上がったように、スマートでも、物分かりよくもなかった。だが、目の前の現実や日常にのみ目を奪われるのではなく、垂直の次元に自分の思いを届かせるには、言霊を通わすしかないと思い定めていた。精神の空洞化に抗するには、それしかない。私たちが二人から学べることがあるとすれば、そのことではないか。

末筆ながら、本書を刊行するにあたって、資料の提供から原稿の閲読まで全面的なご協力をいただいた健一の長男の谷川章雄氏、長女の安仲祐子さん（編集作業から写真の手配、校閲まで買って出てくださった）、装幀の毛利一枝さん、その他お世話になった多くの方がたに厚く御礼申し上げる。『谷川健一全集』の版元である冨山房インターナショナルから本書が出版されることは私の大きな喜びで、坂本喜杏社長にも感謝したい。

二〇二一年十二月　　前田速夫

谷川健一・谷川雁　略年譜

西暦（和歴）	健一	雁
一九二一年（大正一〇）	○歳　七月二十八日、熊本県葦北郡水俣町大字浜（現在の水俣市旭町）で、健一生まれる。眼科医の父侃二、旧士族出の母チカの長男。	
一九二三年（大正一二）	二歳	○歳　十二月十六日、谷川巌（筆名雁）誕生。
一九二五年（大正一四）	四歳　この頃肺結核に罹患していた祖母から感染し、小児結核を発病する。十二月、二弟道雄生まれる。	二歳　二歳半から三歳まで親戚にあずけられる。
一九二六年（大正一五・昭和元）	五歳　子守の田上トセが暇をとって実家に帰る。	三歳
一九二七年（昭和二）	六歳　初夏のころ「イエスの一生」という映画を見て、少年イエスにとりつかれる。「十字架の道行」の絵を飽かず眺め、キリスト教に関心を持つ。	四歳　「ピーター・パン」をくり返し読む。
一九二八年（昭和三）	七歳　三月、妹徳子生まれる。	五歳
一九三〇年（昭和五）	九歳　十一月、三弟公彦生まれる。	七歳
一九三三年（昭和八）	十二歳　二月、妹順子生まれる。	一〇歳
一九三四年（昭和九）	十三歳　水俣の小学校を卒業し、熊本市にある旧制熊本中学に入学。熊本市南千反畑町にあった祖父母の家（内田家）に下宿して通学する。一年の夏休みに黒岩涙香翻案の「岩窟王」を読み、文学の面白さに開眼する。	十一歳

一九三五年（昭和一〇）	十四歳　江戸川乱歩「孤島の鬼」、木々高太郎「人生の阿呆」、夢野久作「氷の涯」をはじめ、石川啄木の歌集や芥川龍之介の小説などを読みあさり、完全な文学少年となる。クラス担任の国語教師山崎貞士の影響で短歌の世界に魅了され、歌を詠むことに熱中する。	十二歳
一九三六年（昭和一一）	十五歳　中学三年から五年まで短歌に没頭する。このころ思想的にもっとも大きな影響を受けたのは室伏高信『荘子』であった。	十三歳　四月、熊本県立熊本中学校入学。兄と競い合うように読書する。
一九三八年（昭和一三）	十七歳　文学書だけではあきたらず、宗教書も読むようになる。	十五歳
一九三九年（昭和一四）	十八歳　旧制熊本中学卒業。医者になってほしいという父親の懇望にしたがって旧制五高の理科を受験するが、試験場で白紙の答案を出し、翌年、文科志望への変更を認めてもらう。	十六歳
一九四〇年（昭和一五）	十九歳　旧制大阪府立浪速高校文科に入学。肋膜炎に罹り一年休学する。このころの愛読書は、パスカルの『瞑想録』や梶井基次郎であった。	十七歳　四月、中学四年修了で五高文科乙類に入学。
一九四一年（昭和一六）	二十歳　秋、学友と串本から船で紀伊大島に渡り、樫野崎にて魚見櫓から黒潮の流れを望観、太古からの自然の営みに感動する。太平洋戦争突入を境に歌をやめる。	十八歳
一九四二年（昭和一七）	二十一歳　カトリックの思想に傾倒する	十九歳　九月、五高を繰り上げ卒業し、東京大学文学部社会学科に入学。
一九四三年（昭和一八）	二十二歳　十月、東京帝国大学文学部仏文科に入学する。弟の雁と本郷の下宿に同宿。一カ月もたたないうちに喀血して救急搬送され、聖母病院に入院する。	二十歳　学徒出陣壮行を祝う会での日響演奏、ベートーヴェン『第九交響曲』を今生の思いで聴く。社会学科壮行会で「たとえ奴隷になっても寓話ぐらいは書けるだろうではないか」と演説する。代々木練兵場での閲兵分列行進にも参加せず、もっぱら読書三昧。道元、老子、ヴァレリイ、マルクス、フロイト等を乱読。

一九四四年（昭和一九）	二十三歳　春、熊本大学医学部病院に入院し、その後熊本県松橋近くにあった療養所に転院。敗戦の日までそこにいる。	二十一歳
一九四五年（昭和二〇）	二十四歳　八月、療養所で終戦の詔勅のラジオ放送を聞く。終戦後退院し、水俣にて自宅療養につとめる。カトリックが西欧的な思想であり、日本人の感覚にはどうしても合わないと思いはじめ、日本の風土に受肉された神とは何か、という疑問を抱くようになる。このころトルストイの宗教論を耽読、そのロシア正教批判が、カトリックから脱け出すのに役立つ。	二十二歳　千葉県印旛郡の陸軍野戦重砲隊に入隊する。八ヶ月の兵隊生活で、三回営倉に入れられる。八月、敗戦後に復員して最初に読んだのは近松「国姓爺合戦」と「宮澤賢治名作選」。東京大学を繰り上げ卒業、福岡市の西日本新聞社に入社、整理部記者となる。この頃より詩作を始める。
一九四六年（昭和二一）	二十五歳　八代海に浮かぶ獅子島の幣串で半年ほど過ごす。	二十三歳　十月創刊の詩誌「九州詩人」の同人となり、岡部隆介、安西均と知り合う。当時、岡部は安西に言う。「谷川君はランボオみたいだ。いまに詩すら馬鹿げているといって書かなくなるよ、きっと」。
一九四七年（昭和二二）	二十六歳　この頃、時折、小説など書いて過ごす。	二十四歳　一月、「九州詩人」二号に詩「恵可」を、八月、「九州文学」に「天山」、「九州詩人」三号に「ゲッセマネの夜」を発表。この頃、日本共産党に入党。岡部隆介、安西均と、丸山豊、松永伍一らが参加する同人誌「母音」に加わる。西日本新聞社越年資金要求の争議で労組書記長として活躍、GHQと衝突、十二月、ゴロツキと規定されて馘首処分を受ける。
一九四八年（昭和二三）	二十七歳	二十五歳　三月、西日本新聞社に復帰。結核が悪化。安西均の厚意で「九州タイムズ」文化欄に匿名原稿を多数執筆する（翌年十二月まで）。四月、「母音」第六冊に、詩「たうん・あにま」を発表する。五月、「午前」に「自我処刑」、六月、「深淵もまた成長しなければならぬ」を発表。九月、「母音」に「雲よ」を発表。
一九四九年	二十八歳　この頃、熊本県立水俣高等学校の国語の教師	二十六歳　共産党九州地方委員会に属し、九州アカハタ

（昭和二四）	を務める。	支局長となる。
一九五〇年（昭和二五）	二十九歳　上京して大学に復学するが、アルバイトに追われ、形ばかりの大学生活を送る。この頃、郷土の偉人、徳富蘇峰を訪ねる。	二十七歳　結核で水俣市へ帰郷する。秋、長男空也死去（二歳十カ月）
一九五一年（昭和二六）	三十歳	二十八歳　一月、阿蘇山麓坊中の村立阿蘇中央病院で療養生活。
一九五二年（昭和二七）	三十一歳　三月、東京大学を卒業、五月、雁の知人である日高六郎の斡旋で平凡社に入社。五年間、『児童百科事典』の編集部に在籍し、入手した原稿のリライトに従事。上司は林達夫。	二十九歳　阿蘇から再び水俣へ帰る。この頃、実家敷地内に化粧品やアクセサリーなどを売る小さな店「にじや」を開店。近接した飲屋街を「夕焼け横町」と名づける。十一月、「詩学」に「東京へゆくな」を発表。
一九五三年（昭和二八）	三十二歳　平凡社の編集部に勤めていた源馬サダと結婚。長男章雄誕生。	三十歳
一九五四年（昭和二九）	三十三歳	三十一歳　五月、「母音」に「原点が存在する」。十一月、第一詩集『大地の商人』が、丸山豊によって刊行される。「原点が存在する」「商人」「母」「毛沢東」「故郷」「丸太の天国」「革命」「異邦の朝」「人間A」「晩夏郵便」「東京へゆくな」「漁夫の読書」「請願」「隊へ」「破産の月に」「おれたちの青い地区」を収録。「母音」第二十二冊は「大地の商人・特集号」を出し、松永伍一、中桐雅夫、谷川健一が執筆。
一九五五年（昭和三〇）	三十四歳	三十二歳　九月、「母音」に「おれは砲兵」と「森崎和江への手紙」を発表。十月、胸郭成形手術を受ける。十二月、「現代詩」に「東洋の村の入口で」を発表。「詩学」「谷川雁特集号」で、中村稔が谷川雁論を発表。
一九五六年（昭和三一）	三十五歳　この頃、柳田國男の『桃太郎の誕生』を読み、それまでにない感動を受ける。庶民に目を向ける姿勢が築かれる。その後、柳田國男の秘書役を務める鎌田久子の引き合わせで柳田に面会する。鎌田をとおして、柳田	三十三歳　「母音」が二十四冊で終刊。三月、「交叉点」に「死後轢断」を発表。四月、東京渋谷中村書店より『大地の商人』が再刊される。五月、詩集『天山』（国文社）を刊行。一九四五年から四八年に至る初期詩篇の

	から「これを読め」と『拾椎雑話』を渡される。また、この頃、宮本常一とも出会い、そのいきいきとした庶民感覚と豊富な旅行に裏付けられた常民の生活についての知識に驚く。	「或る光栄」「本郷」「道」「天山」「たうん・あにま」「わが墓標のオクターヴ」「自我処刑」「ゆうひ」等を収録。十二月、「群像」に「東京の進歩的文化人」を発表。
一九五七年（昭和三二）	三十六歳　『児童百科事典』が完結した後、民俗学への関心を生かす風土記を計画、鎌田久子、大藤時彦、宮本常一の三人を編集委員として『風土記日本』（全七巻）がスタートする。五月、第一巻『九州・沖縄篇』を刊行、反響を呼ぶ。	三十四歳　「農村と詩」「辺境の眼は疑う」「あじあ人の徒弟として」「組織とエネルギー」「民衆の無党派的エネルギー」等を発表。
一九五八年（昭和三三）	三十七歳　十二月、『風土記日本』最終第七巻「総記・索引篇」を刊行。	三十五歳　夏、福岡県中間市に移住。九月、上野英信、森崎和江らとともに雑誌「サークル村」を創刊（六一年十月に休刊）。「自分のなかの他人へ」「幻影の革命政府について」「無を噛みくだく融合へ」「工作者の死体に萌えるもの」「毛沢東の詩と中国革命」「さらに深く集団の意味を」「ペンでうらみを晴らす道」小説「蛮人」（「サークル村」）「組織と病識」「女たちの新しい夜」。「中央公論」が「戦後日本の思想の再検討（5）」で谷川雁に触れる。十二月、評論集『原点が存在する』（弘文堂）を小野二郎の企画編集で刊行。
一九五九年（昭和三四）	三十八歳　十一月、『日本残酷物語　第一部　貧しき人々のむれ』を刊行、これもベストセラーとなる（全五部・現代篇二巻）。長女祐子誕生。	三十六歳　「工作者の論理」「何が警職法を破ったか」「軸と回転」「女のわかりよさ」「伝達の可能性と統一戦線」「明日へ生きのびること」「私はロルカを買わない」「観測者と工作者」「『城下の人』覚え書」「分らないという非難の渦に」「日本国家改造法・軍事方針」「びろう樹の下の死時計」「庶民・吉本隆明」「荒野に言葉あり〈上野英信への手紙〉」「政治的前衛とサークル」。五月、臥蛇島へ渡る。秋、上野英信が転居。十月、評論集『工作者宣言』（中央公論社）を刊行。この年は、京都、大阪、

一九六〇年（昭和三五）	三十九歳　『日本残酷物語』各巻の序文を執筆。	九州各地でしばしば講演。 三十七歳　三月、既刊二詩集に未収録の詩篇を入れた『谷川雁詩集』（国文社）のあとがきで〈私のなかにあった「瞬間の王」は死んだ〉と書き、以後詩を書かないことを宣言する。四月、「熱い泥の激突」。六月、安保闘争を契機に日本共産党を脱党、翌月、除名される。八月、「さしあたってこれだけは」の草案を起草。九月、鶴見俊輔、吉本隆明、藤田省三と座談会「ゼロからの出発」。十月、『民主主義の神話』（現代思潮社）に「定型の超克」を寄稿。「乗りこえられた前衛」「近代の超克・私の解説」「私のなかのグァムの兵士」「前衛の不在をめぐって」「日本の歌」「転向論の倒錯」。「サークル村」の年末集会で報告。この年、三池闘争のなかで、中間市大正鉱業に大正行動隊を組織する。
一九六一年（昭和三六）	四十歳　一月、『日本残酷物語』最終巻、現代篇2「不幸な若者たち」を刊行。	三十八歳　四月、評論集『戦闘への招待』（現代思潮社）を刊行。五月、山崎里枝事件発生。六月十五日午前零時、対立労組員に襲われ左肘を骨折。九月、吉本隆明、村上一郎と思想・文学運動誌「試行」を創刊、「試行のために」を起草する（同誌は六四年より吉本が単独主宰）。十月、「サークル村」（第一次）休刊。「断言的肯定命題」「知識人と私のちがい」「現代的マチエールの喪失」「日本の二重構造」「骨折前後」「ミイケはどこへいったか」「文学は高くつく」「一九七〇年はどうなるか」「不可視の党のために」「カッコつき学生論〈君たちも悪徳の四十八手をみがきたまえ〉」等を発表。
一九六二年（昭和三七）	四十一歳　八月八日、柳田國男が死去。同二十日、「日本読書新聞」に「柳田国男の世界」を寄稿。	三十九歳　六月、大正鉱業退職者同盟を結成し、同盟の退職金闘争に関わる。一月二十六日正午、全学連社学同の学生と大正鉱業労組員が日銀本店と、福岡銀行東京支

		店を急襲、いわゆる「日銀デモ事件」発生。二月、「週刊新潮」が「ある強姦殺人の左翼的始末記」と題し山崎里枝事件を報道。六月、井上光晴、杉原茂雄らと北九州労働者「手をにぎる家」建設期成会を結成する。七月、「試行」五号で、村上一郎、吉本隆明と討議「『情況』と『行動』その他」。九月十五日、「自立学校」開校集会に吉本隆明、埴谷雄高と参加、「狐拳式の学校運営法」を提案。十二月、「思想の科学」座談会（竹内好、山田宗睦、日高六郎、吉本隆明）で吉本は「谷川雁が今大正炭鉱でやっていることは壊滅の敗軍のしんがりの戦いです。負けるにきまっていることは知りながらやっている。谷川も、これが全後退戦の最後の戦いだから、そこで出せるものを全部出そうと考えているとおもいます。彼がやっていることが終った時は、運動の痕跡さえも終った時だ……」と発言する。「袋は袋を破れるか」「百時間〈大正行動隊の手記〉」「サークル村始末記」「自立学校への招待」「隣の皿を横眼でにらめ〈柳田国男の土着性〉」「権力止揚の回廊」「戦闘的思想への招待」（講演速記）
一九六三年（昭和三八）	四十二歳　六月、月刊ビジュアル誌「太陽」創刊。任期一年の約束で初代編集長となる。五十万部を刷る。部員は三十五名。	四十歳　六月、評論集『影の越境をめぐって』（現代思潮社）を刊行。同月、筑豊企業組合発足。十月、大正闘争斡旋案を受諾。十一月、自力住宅の建設に着手。「政治同盟と思想同盟」「退職主義の発火〈筑豊・大正からの報告〉」「影の越境〈ロボットとの対話〉」「無の造型〈私の差別〝原論〟〉」「私のなかの〝死〟」（講演速記）
一九六四年（昭和三九）	四十三歳　「太陽」編集長を退き、仕事の合間に小説を書き始める。東大史料編纂所へ通い、「最後の攘夷党」執筆のための資料集めをする。	四十一歳　一月、鶴見俊輔と対談「うら目おもて目対話篇」。五月、「言論の自由を後退させないための抗議および勧告」に岩淵五郎、埴谷雄高、吉本隆明らと連名署名する。十二月、大正鉱山閉山。「原基体としての労働者

年	谷川健一	谷川雁
		組織」「心情的基礎を失ったナショナリズム」「わが組織空間」。
一九六五年（昭和四〇）	四十四歳	四十二歳　九月、上京。株式会社テックに開発部長として入社。十月、ラボ・テューター事業開始。十二月、「現代詩手帖」で座談会「日本人の経験をめぐって」（金子光晴、鮎川信夫、吉本隆明、谷川俊太郎、大岡信、岩田宏）「毛沢東という詩人」「暖色の悲劇〈鮎川信夫全詩集〉」「私の朝鮮問題の核〈朝鮮よ、九州の共犯者よ〉」。
一九六六年（昭和四一）	四十五歳　三月、小説『最後の攘夷党』を三一書房より刊行。直後、鎌倉在住の大佛次郎より読後感が届く。同書は第五十五回上半期直木賞候補となる（受賞作は立原正秋『白い罌粟』）。五月、肺結核の再々発で、川崎市の稲田登戸病院に入院する。	四十三歳　三月、ラボ・パーティ誕生。テックの一部門としてラボ教育センターを創設し、外国語習得運動の組織化に携わる。以後、七〇年代を通じてこどもたちの表現活動を指導し、そのなかで物語を通しての学習と創造をめざして「らくだ・こぶに」の筆名で「こつばめチュチュ」「かいだんこぞう」「国生み」など童話の創作・翻案を執筆し、多数の物語テープを制作する。四月、東京言語研究所を設立。六月、月刊言語研究誌「ことばの宇宙」を創刊。八月、ノーム・チョムスキーを招聘。一二月、「展望」に「吉本隆明『自立の思想的拠点』」を発表。これ以降、八〇年代初頭まで、一般メディアでの執筆をやめる。
一九六七年（昭和四二）	四十六歳　父重病の知らせを受け、仮退院し郷里に戻る。十一月、父侃二死去。病院には戻らず民俗学の道に進み、最初の調査地を沖縄と決める。	四十四歳　六月、専務に就任。七月、ローマン・ヤコブソンを招聘。十一月、テック労組が結成される。
一九六八年（昭和四三）	四十七歳　一月十一日、「明治大学新聞」に『神風連』の神慮と行動形態」を発表。明治百年について自分なりに結論を出したいと考え、女衒村岡伊平治をモデルにした戯曲「明治三文オペラ」を執筆。三月、平凡社を正式退社する。四月、編著『青春の記録　八　わが青春のと	四十五歳　一月、現代詩文庫『谷川雁詩集』（思潮社）刊行。八月、大合同ラボ・パーティを日本武道館で開催。九月、テック労組が無期限スト。十一月、争議終結。

	き』（三一書房）。『日本庶民生活史料集成』（全三十巻・別巻一、三一書房）を企画し、編集委員として加わる。七月、第一巻がスタート。同集成第一期（全十巻）は第二十七回毎日出版文化賞を受賞。	
一九六九年（昭和四四）	**四十八歳**　一月、「伝統と現代」に「魔の系譜」連載開始（十二月まで）。二月、初めて沖縄の地を訪れ、二十日間滞在する。このとき立ち寄った那覇の古本屋で仲松弥秀著『神と村』を買い求め、「青の世界」に強く心惹かれ、青について調べるきっかけとなる。『叢書　わが沖縄』（全六巻別巻一・木耳社）の企画編集に携わる（一九七二年まで）。埋もれた資料で綴る『ドキュメント日本人』を企画、鶴見俊輔、村上一郎と共編（全十巻、学藝書林）。六月、中島河太郎と編んだ『夢野久作全集』（全七巻）を三一書房より刊行（一九七〇年まで）。「現代の眼」一二月号に「祭りとしての〈安保〉」を寄稿。暮れから翌年一月にかけて二回目の沖縄旅行に出かけ、人頭税の聞き取り調査にあたる。また、与那国島まで足をのばし、玉祭を見る。帰りに訪れた宮古島狩俣では祖神祭を見学、その光景に心打たれる。	**四十六歳**　十一月、ラボ・パーティ教育の綜合システム化を打ち出す。
一九七〇年（昭和四五）	**四十九歳**　三月、『叢書　わが沖縄』第一巻を刊行。七月、宮古島の人頭税廃止運動に力を注いだ中村十作をとりあげた「北国の旅人」を「中央公論」に発表、大きな反響を呼ぶ。十月、「流動」十一月号に「文明の拒絶者・深沢七郎のパラドックス」を発表。十一月、『沖縄　辺境の時間と空間』を三一書房より刊行。この年、長崎県生月島、先島を訪れる。	**四十七歳**　九月、北川透編集で「あんかるわ」別号は「谷川雁未公刊評論」を特集、二編の未収録評論を集成。
一九七一年（昭和四六）	**五十歳**　「展望」二月号に「太陽の洞窟」を発表。五月、『魔の系譜』を紀伊国屋書店より刊行。六月一日、「共同	**四十八歳**　四月、テック労組に刑事弾圧が加わる。「朝日新聞」に「落ちた偶像？」の記事が出る。「ラボラン

	通信」に「土着観念の再生を」、六月、編著『近代民衆の記録　三　娼婦』七月、編著『沖縄の証言』上（下は九月。中公新書）、八月、『常民への照射』を冬樹社より刊行。秋、「青」地名を探るため、初めて若狭を訪れる。その後幾度となく若狭を訪れ、産小屋の調査を続ける。その際、立石半島常宮の産小屋で「ウブスナ」の語源を発見する。「流動」十一月号より「私説神風連」の連載を開始（十回連載）。十二月、信州遠山を訪れ霜月祭を見る。	ドくろひめ」開設。七〜八月、第一回黒姫サマーキャンプ実施。
一九七二年（昭和四七）	**五十一歳**　一月十七日、「朝日新聞」に「事大主義と事小主義——チッソの衝突を目撃して」を寄稿。二月、『埋もれた日本地図』を筑摩書房より刊行。九月、奄美大島で新節の行事を見る。十月、韓国を旅行し、現地の民俗学者と交流、「たまごとひさご」のヒントを得る。十月、『沖縄先島の世界』を写真家渡辺良正と共著で木耳社より刊行。十一月、『孤島文化論』を潮出版社より刊行。	**四十九歳**　四月、テック労組主催で、吉本隆明による雁批判講演会が開かれる（のち『政治的知識人の典型』に収録）。七〜八月、第一回ラボ国際交流。
一九七三年（昭和四八）	**五十二歳**　『常世論』（一九八三年刊行）の大部分を「流動」一〜十二月号に連載。二月、「季刊　柳田國男研究」を伊藤幹治、後藤総一郎、宮田登と共に編集（一九七五年四月発行の第八号まで続く）。四月、沖縄、宮古島を訪れる。池間島より船で、大潮のときだけ海上に現れる八重干瀬に行く。九月より「読売新聞」書評委員（翌年十二月まで）。十一月、母チカ死去。	**五十歳**　五月、財団法人ラボ国際交流センター設立、専務理事に就任。
一九七四年（昭和四九）	**五十三歳**　「アニマ」一月号から「動物民俗誌」を連載。「流動」二月号より「古代史ノオト」連載開始（翌年五月まで）。一月、宮古島島尻で祖神祭を見る。四月、能登鹿渡島を訪れる。八月中旬、新潟から東北への旅に出	**五十一歳**　九月、第三次労使紛争（七六年、和解）。

	る。九月、「日本及日本人」に「エトスとしての羯南の心火」を発表。十月、『原風土の相貌』を大和書房より刊行。十一月五日、池間島に渡って世乞いの祭りを見る。十一月、対談集『民俗論の原像』を伝統と現代社より刊行。「展望」十二月号に「豊玉姫考」を発表。	
一九七五年（昭和五〇）	五十四歳　四月、『古代史ノオト』を大和書房より刊行。五月、『民俗の神』（写真渡辺良正、淡交社）、十月、『女の風土記』（読売新聞社）、十一月、『神・人間・動物』（平凡社）、同月、『私説　神風連』（新人物往来社）。十一月八日、岐阜県不破郡垂井町の南宮大社にふいご祭を見に行く。宮司の話から伊吹山、伊富岐神社、伊福部氏と金属精錬の関連を連想し、調査を始める。以後三年にわたり、地名と神社を手がかりに実地検証を続ける。	五十二歳　三月二十九日、村上一郎が自刃。三十日の通夜に出席、埴谷雄高、吉本隆明、竹内好、橋川文三らと十数年ぶりに顔を合わせる。
一九七六年（昭和五一）	五十五歳　「すばる」に「青銅の神の足跡」を連載（翌年まで）十月、『黒潮の民俗学』を筑摩書房より刊行。	五十三歳　六月、『谷川雁作品集』（全五巻、潮出版社）の刊行がはじまる。七月、「現代詩手帖」が「谷川雁拒絶とメタファー」を特集。十二月、『無の造型――谷川雁未公刊論集　一九四五～六八』（八木俊樹編集・発行、私家版）が刊行される。
一九七七年（昭和五二）	五十六歳　入浜権運動に関心を持ち、三月十五日、「朝日新聞」夕刊に「なぎさの民俗学」を寄稿。五月、韓国旅行。慶州、済州島を廻る。同月、『古代史と民俗学』をジャパン・パブリッシャーズより刊行。九月、対談集『日本古代文化の原像』（三一書房）を大林太良と共編で出版。	五十四歳　この年、長崎県生月島を訪ねる。
一九七八年（昭和五三）	五十七歳　三月、『出雲の神々』を平凡社より刊行。三月十一日、「地名を守る会」を結成。地名改変に反対する運動を開始する。十二月、久高島を訪れて、旧暦十一月十五日から四日間くりひろげられるイザイホーの祭り	五十五歳　長野県上水内郡信濃町黒姫に居を定める。

	を見る。	
一九七九年（昭和五四）	五十八歳　五月、『青と白の幻想』を三一書房より刊行。同月、地名についての対談集『地名の話』を平凡社選書として出版。六月、『青銅の神の足跡』を集英社より刊行。七月、写真集『神々の島——沖縄久高島のまつり』（写真・比嘉康雄）を平凡社より刊行。小浜島の細崎に泊まり込み、糸満漁師の調査にあたる。十一月、『鍛冶屋の母』を思索社より刊行。この頃より物部氏の白鳥信仰を追って東北を旅する。	五十六歳　四月、谷川雁解雇事件が発生。十二月、ラボ・テープ『国生み』を刊行。
一九八〇年（昭和五五）	五十九歳　四月、『北国からの旅人』を筑摩書房より刊行。七月、「地名を守る会」が、第一回日本文化デザイン会議で「地域文化賞」を受賞。十月、『谷川健一著作集』（全十巻、三一書房）の刊行始まる（一九八八年十二月完結）。十一月、川崎市で開かれた映像祭の席上で、神奈川県知事と川崎市長に地名研究所設立構想を訴えて協力を要請、快諾を得る。十二月、写真集『琉球弧　女たちの祭』（写真・比嘉康雄）を朝日新聞社より、『神は細部に宿り給う』を人文書院より、池田弥三郎との対話『柳田国男と折口信夫』を思索社より刊行。	五十七歳　ラボ関係の職務を離れる。二月、「らくだ・こぶに」名で講話『根の国の力』（「葦牙」購読者の会刊）。三月二六日から四泊五日で黒姫学堂を開催。高校三年〜大学二年生くらいの若者たちが集う。雁の講話、テーマ活動、参加者が自らを語り雁の助言を受ける「未来への準備」が主なプログラム。合宿後の感想を集めた文集を発行。一九九三年まで毎年開催。九月、ラボを正式に退社。十二月、共著『物語としての日本神話』（テーマ活動文庫刊行会）を刊行。
一九八一年（昭和五六）	六十歳　四月十七・十八日、川崎市で「地名を通して「地方の時代」を考える全国シンポジウム」が開催され、日本地名研究所の設立が決議される。同月、対談集『民俗学の遠近法』を東海大学出版会より刊行。九月、『海の群星』を集英社より刊行。十月二十日、川崎市に「日本地名研究所」を設立。初代所長に就任。同三十一日、那覇市にて沖縄シンポジウムが開催され、パネリストの一人として参加。十二月、四月のシンポジウムをまとめた『シンポジウム　地名と風土』を小学館より刊行。	五十八歳　一月、「十代の会」を設立。三月、月刊誌「十代」創刊。九月、毎日新聞に「神話ごっこの十五年」を発表。十一月、『ピーターパンの世界』をテーマ活動文庫刊行会より、『青の発見——「テーマ活動」ノォト1』（らくだ・こぶに名）を物語テープ出版より刊行。

一九八二年（昭和五七）	六十一歳　「歴史公論」四月号より翌年三月号まで、誌上座談会「風土学ことはじめ」を連載。四月より東京大学教養学科講師（民俗学担当）を務める（翌年三月まで）。五月二十八・二十九日「柳田國男没後二十周年記念シンポジウム――柳田学の継承と展開・全国地名研究者大会」（第一回全国地名研究者大会）を川崎市にて開会。「すばる」九月号より「白鳥伝説」の連載を開始（一九八五年三月まで）。十一月、『わたしの「天地始之事」』を筑摩書房より刊行。十二月、地名ゼミナールの講演六名分を『日本の地名』（講談社）として出版。	五十九歳　九月、宮澤賢治没後五十年を機に、こどもたちを指導するテューターなど有志に呼びかけて「ものがたり文化の会」が発足。以後、賢治童話の音声・視聴化を進めるとともに、それに基づくこどもたちの表現活動として「人体交響劇」を提唱。
一九八三年（昭和五八）	六十二歳　二月、企画編纂にあたった『日本民俗文化体系』（全十四巻・別巻一、一九八七年完結、小学館）の刊行始まる。同叢書は一九八六年の毎日出版文化賞特別賞を受賞。四月、前年の地名研シンポジウムを『地名と日本人』と題して講談社より刊行。五月、『常世論――日本人の魂のゆくえ』（平凡社）、前年の沖縄シンポジウムが『シンポジウム　沖縄の古代文化』（小学館）として刊行される。六月より国立歴史民俗博物館評議委員（平成元年五月まで）。十二月、『失われた日本を求めて』を青土社より刊行。	六十歳　六月、評論集『意識の海のものがたりへ』（日本エディタースクール出版部）を刊行する。八月、谷川雁監修で「宮澤賢治童話シリーズ」をものがたり文化の会より刊行開始。C・W・ニコル・谷川雁・西藤和の英訳で、語り・音楽・絵画（彫刻）に各界で活躍するアーティストを迎え、CDと絵本で賢治童話を立体化する試み。第一巻は「どんぐりと山猫」。（一九九七年四月まで十五巻刊行、九～十五巻は日本語のみ）十一月、はじめて沖縄本島を訪れ、講演会を行う。
一九八四年（昭和五九）	六十三歳　四月、企画編纂にあたった『日本の神々』全十三巻（白水社）の刊行始まる（一九八七年まで）。同月、「歴史公論」連載の誌上座談会を『風土学ことはじめ』と題して雄山閣出版より出版。研究誌「地名と風土」（三省堂）創刊。十一月、山下欣一、荒木博之、波平恵美子との共同討議を『南島のフォークロア』と題して青土社より刊行。	六十一歳　七月一日から翌年一月二十七日まで「信濃毎日新聞」に隔週日曜日、連作詞を発表。のちに『海としての信濃』としてまとめられる。九月、『無の造型　60年代論草補遺』（潮出版社）を刊行。
一九八五年	六十四歳　二月三日、沖縄県浦添市で行われたＮＨＫ文	六十二歳　五月、『海としての信濃　谷川雁詞集』（深夜

(昭和六〇)	化講演会で「日本という国名」と題して講演。	叢書社)、十月、『賢治初期童話考』(潮出版社)を刊行。
一九八六年(昭和六一)	六十五歳　一月、『白鳥伝説』を集英社より刊行する。十一月、大山麟五郎、高良倉吉との鼎談『沖縄・奄美と日本』を同成社より刊行。	六十三歳
一九八七年(昭和六二)	六十六歳　三月、『私の民俗学』を東海大学出版会より刊行。同書は一九九一年に三一書房より出版された『わたしの民俗学』の基となった。七月、宮古島狩俣で粟プーズを見る。十月、近畿大学民俗学研究所設立、初代所長に就任。十二月、体調を崩して入院(翌年一月まで)。再び短歌をはじめる。	六十四歳
一九八八年(昭和六三)	六十七歳　八月、金達寿との共著『地名の古代史　九州篇』を河出書房新社より刊行。十一月、編纂にあたった『日本民俗文化資料集成』(全二十四巻、三一書房)がスタート(一九九八年まで。第十七巻・二十二巻未刊)。	六十五歳
一九八九年(昭和六四・平成元)	六十八歳　四月より近畿大学文芸学部文化学科教授。八月、『民俗・地名そして日本』を同成社より刊行。十月、第一歌集『海の夫人』を河出書房新社より刊行。	六十六歳　この頃より十代のための合唱曲集「白いうた青いうた」(新実徳英作曲)の作詞を始める。二月、『ものがたり交響』(筑摩書房)を刊行。
一九九〇年(平成二)	六十九歳　五月、馬場あき子と共に監修した『川崎地名百人一首』を川崎市文化財団より刊行。七月、網野善彦、森浩一、大林太良、宮田登と共に編纂した『海と列島文化』(全十巻別巻一、一九九三年完結、小学館)がスタート。十一月、『大嘗祭の成立――民俗文化論からの展開』を小学館より刊行。	六十七歳　四月、小原秀雄との対談『モグラの鼻ゾウの鼻』(ちくまプリマーブックス)を刊行。
一九九一年(平成三)	七十歳　四月、『わたしの民俗学』(三一書房)、六月、『地名の古代史　近畿篇』(河出書房新社)、七月、対談集『南方熊楠、その他』(思潮社)、『地名と風土』(同)を刊行。八月刊行の『南島文学発生論』(思潮社)は、平成三年度の芸術選奨文部大臣賞ならびに第二回	六十八歳

	南方熊楠賞を受賞。「新潮」十月〜十二月号に「聖なる疲れ」「反時代的考察」（のちに「神を失った近代知識人——三島由紀夫への異和感」）「さまよえる天女」を寄稿。	
一九九二年（平成四）	七十一歳　人文の部で第二回南方熊楠賞を受賞する。十二月、山下欣一と共編で『南島の文学・民俗・歴史』を三一書房より刊行。	六十九歳　六月、「井上光晴への弔辞」。『極楽ですか』（集英社）を刊行。
一九九三年（平成五）	七十二歳　「新潮」二月号に「永久の帰郷者」を発表。九月、『民俗の宇宙Ⅰ』を三一書房より刊行（Ⅱは、十一月）。	七十歳　のちに『幻夢の背泳』としてまとめられる「単眼ノート」を「文藝」に連載。
一九九四年（平成六）	七十三歳　三月、『海神の贈物』（小学館）、七月、歌集『青水沫』（三一書房）、同月、編纂した『稲生物怪録絵巻——江戸妖怪図録』を小学館より刊行。十一月二十三日、宮古島に滞在中の五月に、開発により森林資源が減少しているという新聞記事を読み、宮古島のウタキと自然を守るべく「宮古島の神と森を考える会」を発足させる。以後毎年集会を開く。	七十一歳　十月二十六日、清瀬市の国立東京病院に入院。右気管支に癌腫瘍が発見される。「西日本新聞」に自らの幼年時代を語った「北がなければ日本は三角」を連載。
一九九五年（平成七）	七十四歳　「歌壇」九月号より連載「旅の手帖」を開始（一九九七年二月号まで）。十二月、『古代海人の世界』を小学館より刊行。	七十一歳　二月、『北がなければ日本は三角』（河出書房新社）を刊行。二月二日、肺癌のため、川崎市の聖マリアンナ医科大病院で永眠。三月四日、「ものがたり文化の会」主催による「お別れの会」が行なわれる。三月、『幻夢の背泳』（河出書房新社）が刊行される。六月、『谷川雁の仕事』（全二冊）が河出書房新社より刊行される。
一九九六年（平成八）	七十五歳　十月、『独学のすすめ　時代を超えた巨人たち』を晶文社より、同時代ライブラリー『民俗の思想』を岩波書店より刊行。	
一九九七年（平成九）	七十六歳　四月、妹徳子死去。同月、岩波新書『日本の地名』を刊行。秋、水俣病患者の田中実子氏宅を訪問する。十一月、岡谷公二・山下欣一編『「青」の民俗学　谷川健一の世界』（三一書房）が刊行される。	六月、松本健一が『谷川雁　革命伝説　一度きりの夢』（河出書房新社）を刊行する。

一九九八年（平成一〇）	**七十七歳**　五月、岩波新書『続日本の地名』を刊行。同月、一九九六年春の地名研究者大会の発表をまとめた『金属と地名』を三一書房より刊行。同書に「俘囚の役割」を発表。六月、歌集『海境』をながらみ書房より刊行。七月、「青の会」を立ち上げる。	
一九九九年（平成一一）	**七十八歳**　六月、岩波新書『日本の神々』を刊行。同月、文化交流誌「青」創刊。水俣市政五十周年の記念講演で徳冨蘆花について話す。	
二〇〇〇年（平成一二）	**七十九歳**　「新潮」一月号に「『海上の道』など」を発表。七月、講談社現代新書『うたと日本人』を刊行。同月、『神に追われて』を新潮社より刊行。	
二〇〇一年（平成一三）	**八十歳**　六月、岩波新書『柳田国男の民俗学』刊行。九月、「海霊・水の女」で短歌研究社より短歌研究賞が贈られる。	
二〇〇二年（平成一四）	**八十一歳**　「短歌往来」五月号より「ああ曠野」と題して一頁エッセイを連載開始。五月二十七日、「毎日新聞」に「新市名は安易にすぎないか」を発表。	四月、「現代詩手帖」が「よみがえる谷川雁」を特集する。
二〇〇三年（平成一五）	**八十二歳**　二月、監修にあたった『東北の地名　岩手』（本の森）を刊行。九月、『古代人のコスモロジー』を作品社より刊行。「新潮」十月号に「孤独の実相――古代人の『妣の国』」を発表。十二月、自筆の歌碑が宮古島上野村に建立される。	
二〇〇四年（平成一六）	**八十三歳**　九月、『心にひびく小さき民のことば』を岩波書店より、十二月、『渚の思想』を晶文社より刊行。	
二〇〇五年（平成一七）	**八十四歳**　五月二十一・二十二日、第二十四回全国地名研究者大会のテーマは、「平成の大合併と地名」。八月、「季刊東北学」に「民間信仰史研究序説」の連載を開始（二〇〇九年五月まで）。同月、南九州と南西諸島をフ	一月、谷川雁『汝、尾をふらざるか』（詩の森文庫）が思潮社より刊行される。

二〇〇六年（平成一八）	イールドとする同人誌「花礁」を創刊。 八十五歳　二月、『古代歌謡と南島歌謡』を春風社より刊行。三月、大江修編『魂の民俗学――谷川健一の思想』（冨山房インターナショナル）が刊行される。五月、『水俣再生への道――谷川健一講演録』（水俣学ブックレットNO1）を熊本日日新聞社より刊行。同月、谷川健一全集（冨山房インターナショナル）刊行開始。『四天王寺の鷹』を河出書房新社より刊行。十一月五日、「日本経済新聞」に「偉大な独学者の魂――白川静さんを悼む」を寄稿。	
二〇〇七年（平成一九）	八十六歳　三月、文春新書『甦る海上の道・日本と琉球』、四月、『谷川健一全歌集』を春風社より刊行。五月十九・二十日、宮城県松島で「東北のアイヌ語地名と蝦夷語地名」をテーマに第二十六回全国地名研究者大会開催。七月、『明治三文オペラ』を現代書館より刊行。十一月、文化功労者に選出される。	
二〇〇八年（平成二〇）	八十七歳　三月、東京神田如水会館にて文化功労者祝賀会が催される。同月、『源泉の思考――谷川健一対談集』を冨山房インターナショナルより刊行。五月一日～三十一日、「日本経済新聞」に「私の履歴書」を連載。八月、『隠された物部王国「日本」』（情報センター出版局）、十月、『民俗学の愉楽』（現代書館）を刊行。日本地名研究所が神奈川文化賞を受賞する。	九月、『谷川雁さんからのバトン』がものがたり文化の会から刊行される。
二〇〇九年（平成二一）	八十八歳　一月十五日、新年の歌会始で召人をつとめ、「陽に染まる飛魚の羽きらきらし海中(わたなか)に春の潮(うしお)生れて」が朗詠される。同月、『妣の国への旅』を日本経済新聞社より刊行。六月、「東北学」に連載した「民間信仰史研究序説」を、『賤民の異神と芸能	三月、〈KAWADE道の手帖〉『谷川雁　詩人思想家、復活』を刊行。五月、『谷川雁セレクション』（全二冊、日本経済評論社）、十一月、松原新一編『原点が存在する　谷川雁詩文集』（講談社文芸文庫）が刊行される。

年	谷川健一	谷川雁
	山人・浮浪人・非人』として河出書房新社より刊行。	
二〇一〇年（平成二二）	**八十九歳**　二月、『古代学への招待』（日経ビジネス人文庫）五月、『列島縦断　地名逍遥』（冨山房インターナショナル）を刊行。同月、編纂にかかわった『父を語る柳田国男と南方熊楠』（同）が刊行される。五月二十二・二十三日、遠野市で第二十九回全国地名研究者大会『「遠野物語」と地名』を開催。	九月、『談論風発のすすめ　谷川雁対談・座談集』がものがたり文化の会より刊行される。
二〇一一年（平成二三）	**九十歳**　NHKテレビテキスト「NHK短歌」六月号より「はるかなる歌よ」を連載開始。十二月、「やま　かわ　うみ」が「谷川健一　自然への畏敬、民俗への愛」を特集する。	
二〇一二年（平成二四）	**九十一歳**　一月、『蛇　不死と再生の民俗』を冨山房インターナショナルより刊行。四月、編纂にかかわった『民衆史の遺産』（全十四巻別巻一、大和書房）刊行開始。六月、『日本人の魂のゆくえ』（冨山房インターナショナル）、折口信夫との共著『琉球王権の源流』（榕樹書房）を刊行。六月九・十日、「災害と地名」をテーマに第三十一回全国地名研究者大会開催。七月、玉田尊英と共に編纂した岩手・宮城・福島の詩人・歌人を中心とした東日本大震災詩歌集『悲しみの海』を冨山房インターナショナルより刊行。	
二〇一三年（平成二五）	**九十二歳**　三月、編纂にかかわった『地名は警告する日本の災害と地名』を冨山房インターナショナルより刊行。五月、『谷川健一全集』全二十四巻が完結。六月七日、二弟谷川道雄死去。七月、『魂の還る処』（アーツアンドクラフツ）を刊行。八月二十三日、『露草の青　歌の小径』を冨山房インターナショナルより刊行。八月二十四日、死去。	

二〇一四年（平成二六）	二月、〈KAWADE道の手帖〉『谷川健一　越境する民俗学の巨人』が刊行される。五月十日、丸の内の日本工業倶楽部で「故谷川健一先生と花礁に遊ぶ会」が開催される。同月、『谷川健一先生追悼　神は細部に宿り給う』（日本地名研究所）、八月、遺著『柳田民俗学存疑　稲作一元論批判』（冨山房インターナショナル）が刊行される。	五月、松本輝夫『谷川雁　永久工作者の言霊』が平凡社より刊行される。十一月、「脈」八二号が「谷川雁　永久工作者の言霊」を特集。十二月、谷川雁後期単行本未収載散文集『不知火海への手紙』がアーツアンドクラフツより刊行される。
二〇一五年（平成二七）	五月九日、三弟吉田公彦死去。八月発行の「脈」八五号が、「谷川健一と沖縄」を特集する。	
二〇一六年（平成二八）	十二月、「やま　かわ　うみ」別冊が『前田速夫編　谷川健一　民俗のこころと思想』を刊行。	二月、「脈」八七号が没後二十年記念「谷川雁　幻の論考・エッセイ拾遺」を特集。
二〇一八年（平成三〇）		一月、松本輝夫編『〈感動の体系〉をめぐって　谷川雁　ラボ草創期の言霊』がアーツアンドクラフツより刊行される。
二〇一九年（平成三一・令和元）	十一月、冨山房インターナショナルが『谷川健一コレクション』全六巻の刊行を開始する。	
二〇二一年（令和三）	五月二十二、二十三日、第四〇回全国地名研究者大会は健一の生誕百年を記念して「谷川民俗学の可能性」をテーマに開催する。	

＊主に、健一は冨山房インターナショナル版全集24巻の年譜を、雁は斎藤慎爾氏作成の「略年譜」（『谷川雁の仕事』所収）と坂口博氏作成（講談社文芸文庫『原点が存在する』所収）の年譜を参照しながら作成し、安仲祐子氏による新たな補筆と訂正を加えた。

主な参考文献

＊谷川健一・雁の著作で、ここに挙げてないものは、冨山房インターナショナル版『谷川健一全集』全二十四巻（二〇〇六―一三）および同『谷川健一コレクション』全六巻（二〇一九―二〇）と、河出書房新社版『谷川雁の仕事』全二巻（一九九六）および日本経済評論社版『谷川雁セレクション』全二巻（二〇〇九）に収録されている。本欄には、それ以外の著作と、他の執筆者の著作を掲げる。

序

八木俊樹編　谷川雁『私家版　無の造型』一九七六年

1　最後の戦中派

村上兵衛「国破レテ四十年」（『繁栄日本への疑問』所収）一九八四年、サイマル出版会
石牟礼道子『葭の渚　石牟礼道子自伝』二〇一四年、藤原書店
谷川雁編著『ピーターパンの世界』一九八一年、テーマ活動文庫刊行会
谷川健一「ある記憶」（『江原文集』第三十七号）熊本中学校国漢科編輯、一九三七年五月
谷川雁「夏日」（同、第四十二号）同、一九三八年十二月
吉田満「死者の身代りの世代」「戦後日本に欠落したもの」「戦中派の死生観」（『戦中派の死生観』所収）二〇一五年、文春学藝ライブラリー

2　遅れてきた青年

徳富蘇峰『吉田松陰』一九八一年、岩波文庫
徳冨蘆花『黒潮』一九八六年、岩波文庫
中野好夫『蘆花徳冨健次郎』一九八四年、筑摩書房
石光真清『城下の人』一九七八年、中公文庫
渡辺京二『熊本県人』一九七三年、新人物往来社

3　原点が存在する

谷川雁「小伝」（『汝、尾をふらざるか』所収）二〇〇五年、思潮社
安西均「むかしの痣」（現代詩文庫『谷川雁詩集』所収）一九六八年、思潮社
斎藤慎爾・定村忠士編「谷川雁略年譜」（『現代詩手帖』三十八巻四号）一九九五年四月、思潮社
谷川健一「頌　『大地の商人』評」（『母音』第二十二冊）一九五五年四月

同「人間イエス」(『母音』第八冊) 一九四九年二月

4　成熟へのひとしずく

谷川健一「異邦人の神」(『南北』第六号) 一九九六年、南北社
小林祥一郎『死ぬまで編集者気分』二〇一二年、新宿書房
宮本常一「長身荘重の〝火山〟」(『日本読書新聞』一九六三年十月七日)
山折哲雄・赤坂憲雄・谷川健一「いま、民俗学は可能か」(『源泉の思考』所収) 二〇〇八年、冨山房インターナショナル

5　サークル村から

内田聖子『森崎和江』二〇一五年、言視社
森崎和江「ゆきくれ家族論」(『産小屋日記』所収) 一九七九年、三一書房
上野英信「私と炭鉱との出会い」(『上野英信集・巻一』所収) 一九八五年、径書房
森崎和江『闘いとエロス』一九七〇年、三一書房
上野英信『追われゆく坑夫たち』一九六〇年、岩波新書
谷川雁「荒野に言葉あり　上野英信への手紙」(『サークル村』二巻九号) 一九五九年九月
石牟礼道子「奇病」(『サークル村』第三巻一号) 一九六〇年一月

7　三池闘争から安保闘争へ

谷川雁「あとがき」(国文社版『谷川雁詩集』) 一九六〇年、国文社
同「欠席した人々へ──ランボオについて」(『汝、尾をふらざるか』所収) 二〇〇五年、思潮社
同「熱い泥の激突」(『無の造型』所収) 一九八四年、潮出版社
同「『試行』創刊のために」(『試行』創刊号) 一九六一年九月

8　知識人と大衆

吉本隆明「谷川雁論──不毛なる農本主義者」(『吉本隆明全集6』所収) 二〇一四年、晶文社
谷川雁「吉本隆明『自立の思想的拠点』」(『展望』一九六六年十二月号)
吉本隆明「情況とは何か」(『自立の思想的拠点』所収) 一九六六年、徳間書店
松本健一「伝説の詩人」(『谷川雁の仕事Ⅰ』付録) 一九九七年、河出書房新社

9　民俗世界への眼差し
「太陽」創刊号　一九六三年六月、平凡社
『叢書　わが沖縄』一九七〇～七二年、木耳社

10　挫折と転生
森崎和江「対馬への小さな旅」（「太陽」第九号）一九六四年三月
石牟礼道子「反近代の花火」（「現代詩手帖特集・よみがえる谷川雁」収録）二〇〇二年四月、思潮社
谷川健一「谷川雁　ふたたびの息吹」（「毎日新聞」二〇一〇年二月二十六日）
松本輝夫『谷川雁　永久工作者の言霊』二〇一四年、平凡社新書
同編『〈感動の大系〉をめぐって　谷川雁　ラボ草創期の言霊』二〇一八年、アーツアンドクラフツ
谷川雁「こどもたちの意識の根を強くおおらかに育てよう」（同右所収）
内田聖子『谷川雁のめがね』一九九八年、山人舎
谷川雁「「うそっこ」の「うそっこ」」（『意識の海のものがたりへ』所収）一九八三、日本エディタースクール出版部
同「ことばでないことば」（『谷川雁さんからのバトン』所収）二〇〇八年、ものがたり文化の会
同「ラボ・テープの考え方」（松本輝夫編『〈感動の大系〉をめぐって　谷川雁　ラボ草創期の言霊』所収）
「テューター通信」一九七一年一月十三日
門脇厚司『社会力育ての現場を訪ねて』二〇二〇年、冨山房インターナショナル
合田真『20億人の未来銀行』二〇一八年、日経ＢＰ社
「落ちた偶像？」（「朝日新聞」一九七一年四月十五日朝刊）
らくだ・こぶに『国生み　二ケ国語絵本』一九七九年、ラボ教育センター

11　谷川民俗学の場所
谷川健一「永久歩行者、流動する自由」（「図書新聞」二〇一二年五月二十六日）

12　稀代のオルガナイザー
「十代の会設立趣意書」「自分ってなんだろう――十代創刊のことば」「ものがたり文化の会趣意書」（「『谷川雁さんからのバトン』所収」）二〇〇八年、ものがたり文化の会
谷川雁「神話ごっこの十五年」（「毎日新聞」一九八一年九月五日）

谷川健一「地名は大地に刻まれた歴史の索引」「日本地名研究所の設立まで」（『日本地名研究所の歩み』所収）一九九一年、日本地名研究所
「青」創刊号　一九九九年、「青」の会

13　宮澤賢治vs.夢野久作

谷川雁「虚空に季節あり」（『意識の海のものがたりへ』所収）一九八三、日本エディタースクール出版部
宮澤賢治「農民藝術概論綱要」（『新修宮澤賢治全集15』所収）一九八〇年、筑摩書房
『夢野久作全集』全七巻　一九六九～七〇年、三一書房

14　青の思想家

柳田國男「海上の道」（『定本柳田國男集一』所収）一九六八年、筑摩書房
谷川雁作詞『白いうた　青いうた』二〇〇八年、ものがたり文化の会

15　ロゴスとパトス

岡井隆・佐々木幹郎「オルガナイザーの悲劇」（「図書新聞」一九九六年九月二十八日）

16　精神共同体の運命

谷川雁『幻夢の背泳』一九九五年、河出書房新社
「東日本大震災に思う」（「海の宮」第三号・夏）二〇一一年七月、「海の宮」編集室
谷川健一巻頭インタビュー「自然への畏敬、民俗への愛」（「やま　かわ　うみ」二〇一一年冬）アーツアンドクラフツ
谷川健一・玉田尊英編『悲しみの海　東日本大震災詩歌集』　二〇一二年、冨山房インターナショナル
谷川健一編『地名は警告する　日本の災害と地名』　二〇一三年、冨山房インターナショナル

結びにかえて

谷川健一・岡野弘彦・前登志夫「わが国土の再建」（「新潮」一九九九年三月号）
谷川健一「独学できわめた「神遊の学」」（「週刊読書人」二〇〇一年二月十六日）
鶴見俊輔「彼がいた」（第Ⅲ期「サークル村」二〇〇四年春）

前田速夫（まえだ　はやお）
民俗研究者。1944年、疎開先の福井県勝山生まれ。東京大学文学部英米文学科卒。68年新潮社入社。95年から2003年まで文芸誌『新潮』編集長を務める。87年より白山信仰などの研究を目的に「白山の会」を結成。主な著書に、『異界歴程』『白の民俗学へ』『古典遊歴』『白山信仰の謎と被差別部落』『辺土歴程』『海を渡った白山信仰』『北の白山信仰』『「新しき村」の百年』など多数。『余多歩き　菊池山哉の人と学問』で読売文学賞受賞。

谷川健一と谷川雁
精神の空洞化に抗して

2022年4月27日　　第1刷発行

著　者　前　田　速　夫
発行者　坂　本　喜　杏
発行所　株式会社　冨山房インターナショナル
〒101-0051
東京都千代田区神田神保町 1-3
TEL 03(3291)2578
FAX 03(3219)4866
URL:www.fuzambo-intl.com

印　刷　株式会社　冨山房インターナショナル
製　本　加藤製本株式会社

ISBN 978-4-86600-107-4